De: ______________________________

Para: ______________________________

PUBLICAÇÕES RBC

NOSSO ANDAR DIÁRIO®

A intimidade do S*ENHOR é para os que o temem, aos quais ele dará a conhecer a sua aliança.*

—SALMO 25:14

MEDITAÇÕES DIÁRIAS

ESCRITORES:
Dave Branon • Anne Cetas • William E. Crowder • Martin R. De Haan II
David C. Egner • H. Dennis Fisher • Hia Chek Phang • Cindy Hess Kasper
Randy Kilgore • Albert Lee • Julie Ackerman Link • David C. McCasland
David H. Roper • Jennifer Benson Schuldt•Joseph M. Stowell
Marvin L. Williams • Philip D. Yancey

TRADUTORES: Lilian Steigleder Cabral, Elisa Tisserant de Castro,
Claudio Fava Chagas, Cordélia Willik
REVISÃO EDITORIAL: Rita Rosário, Thaís Soler
PROJETO GRÁFICO: Audrey Novac Ribeiro

CRÉDITOS:
Artigos: 13 de janeiro, 20 de fevereiro,17 e 30 de abril, 14 de maio, 14 de junho extraídos e adaptados do livro *Grace Notes* (Anotações sobre a Graça) de Philip Yancey. © 2009 Zondervan. Publicado com a permissão de Zondervan.
Artigo: 21 de julho, extraído e adaptado do livro *Onde está Deus quando Chega a Dor?* de Philip Yancey. © 1997 Zondervan. Publicado com a permissão de Zondervan.
Hino: 23 de outubro, *The Lord my Shepherd Guards me Well* (O Senhor, meu Pastor me Protege bem). Letra: Carl P. Daw, Jr. © 1990 Hope Publishing Company. Todos os direitos reservados. Publicado com permissão.

Exceto se indicado o contrário, as citações bíblicas são extraídas da Edição Revista e Atualizada de João F. de Almeida © 1993 Sociedade Bíblica do Brasil.

Pedidos de permissão para usar citações deste livro devem ser direcionados a:
permissao@publicacoesrbc.com

O texto inclui o acordo ortográfico conforme Decreto n.° 6.583/08.

PUBLICAÇÕES RBC

Publicações RBC
Rua Nicarágua, 2128, Bacacheri, 82515-260, Curitiba/PR, Brasil
E-mail: vendas_brasil@rbc.org
Internet: www.publicacoesrbc.com.br • www.ministeriosrbc.org
Telefone: (41) 3257-4028

Código: CK438
ISBN: 978-1-60485-559-3

Impresso na China • Printed in China
12 13 14/ /3 2 1

INTRODUÇÃO

Oramos continuamente ao Senhor para que cada um dos leitores do *Nosso Andar Diário* cresça em sua intimidade no relacionamento pessoal com Deus. E que as meditações diárias com reflexões inspiradoras e, principalmente, a leitura bíblica diária enriqueçam a sua comunhão e o seu momento a sós com o eterno Deus.

Dedique um momento diário para apresentar-se diante do Seu trono, cheio de graça. Peça-lhe por orientação em todas as circunstâncias do dia por meio da compreensão da Sua Palavra. Nela, você descobrirá a força para o presente e a esperança para o futuro. Encerre o seu momento devocional falando diretamente com Deus, o Senhor dos senhores.

Deus quer conhecê-lo melhor e ter maior intimidade com você.

Você aceita este desafio? Viver ao lado dele é excelente. Ato de maior excelência ainda é compartilhar as bênçãos deste livro com seus amigos e familiares. Um presente que perdura o ano inteiro.

—Dos editores do *Nosso Andar Diário*

FALANDO COM DEUS DURANTE O DIA TODO

Você alguma vez dedicou bastante atenção espiritual ao seu momento de meditação e em seguida deixou estes pensamentos para trás para enfrentar os problemas do dia com as suas próprias forças? O encontro de nosso Senhor com os dois homens caminhando na estrada de Emaús, relatado no evangelho de Lucas 24:13-32, é cheio de sugestões sobre como manter um diálogo com Deus ao longo do dia.

Encontre-se com Jesus em meio aos problemas da vida real

Jesus nunca quis que vivessemos sós. Ele está ansioso para nos ajudar a lidar com os problemas da vida. Vejamos como Ele agiu no caminho para Emaús.

Naquele mesmo dia, dois deles estavam de caminho para uma aldeia chamada Emaús, distante de Jerusalém sessenta estádios.E iam conversando a respeito de todas as coisas sucedidas. Aconteceu que, enquanto conversavam e discutiam, o próprio Jesus se aproximou e ia com eles. Os seus olhos, porém, estavam como que impedidos de o reconhecer (Lucas 24:13-16).

Sabemos pouco a respeito dos dois homens que andaram por este caminho tão conhecido de Jerusalém à aldeia de Emaús. Mas a Bíblia indica que eles estavam preocupados. Enfrentavam um conflito interior; uma luta emocional que resultara de uma experiência decepcionante. Os dois amigos discutiam o ocorrido, algo natural para os seres humanos que precisam de alguém com quem dialogar.

Foi neste contexto de necessidade humana que Jesus se aproximou dos dois homens, enquanto eles caminhavam. "...o próprio Jesus se aproximou e ia com eles..." (v.15). Que belas palavras! O Cristo ressurreto realmente sente empatia por nossas circunstâncias humanas e deseja dialogar conosco. A vida é uma jornada e Cristo quer ser o nosso companheiro, não apenas alguém com quem falamos na última parada que, porventura, tenhamos acabado de fazer.

Encontre sentido nos caminhos de Deus

Um dos maiores desafios da vida cristã é tentar encontrar o sentido das aparentes contradições e reveses que todos nós enfrentamos. Grande parte da nossa perplexidade é o resultado de conhecermos somente uma parte do todo, e esta distorce a nossa perspectiva. Os dois homens no caminho para Emaús ilustram essa inadequação e como o Senhor Jesus os ajudou a corrigi-la. Jesus lhes disse: "...Que é isso que vos preocupa e de que ides tratando à medida que caminhais?..." (Lucas 24:17).

Em resposta à pergunta de Cristo, os dois homens contaram em detalhes o que os atormentava. O breve relato que eles deram é um resumo da esperança que eles tinham de que o Jesus de Nazaré fosse o Messias que iria redimir a nação de Israel. Em vez disso, Ele tinha sido condenado à morte mais cruel de execução — a crucificação. E para agitar ainda mais os seus pensamentos, havia relatos de que o túmulo de Jesus estava vazio e que mensageiros angelicais tinham aparecido.

Os dois que caminhavam ao lado do Senhor sentiam-se perturbados por suas crescentes esperanças serem seguidas, imediatamente, por sonhos despedaçados. A experiência deles é muito semelhante às que alguns de nós já temos experimentado. Ser humano significa olhar os acontecimentos da vida pelo buraco de uma fechadura. Cada um de nós é finito e pode absorver apenas parte do todo de qualquer circunstância.

Tantas vezes acreditamos que os ensinos bíblicos não fazem sentido diante de nossa limitada perspectiva a respeito de prováveis tragédias.

Somos limitados em nossa compreensão, quer sejam as nossas expectativas sobre como Deus deveria responder a uma oração ou como vemos os aparentes infortúnios da vida. No entanto, Jesus quer que levemos a Ele as nossas preocupações. Ele tem ouvidos atentos e está preocupado com todos os detalhes de nossas vidas. Nosso relacionamento singular com Cristo permite-nos comunicar com Ele por meio da oração em qualquer experiência de nossa vida.

Permita que Jesus se explique

Deve ter sido devastador para os seguidores de Jesus verem suas esperanças e sonhos desmoronar diante dos seus olhos. Mas ao permitirem que Cristo esclarecesse a sua compreensão da Palavra de Deus no momento de dor, eles começaram a perceber algo em suas circunstâncias.

> *Então, lhes disse Jesus: Ó néscios e tardos de coração para crer tudo o que os profetas disseram! Porventura, não convinha que o Cristo padecesse e entrasse na sua glória? E, começando por Moisés, discorrendo por todos os Profetas, expunha-lhes o que a seu respeito constava em todas as Escrituras (Lucas 24:25-27).*

A resposta de nosso Senhor soou áspera. Mas, na verdade, em educação, esta situação é um estudo de caso. Veja os termos usados: "néscios e tardos" é uma expressão composta que literalmente significa "sem conhecimento". Os discípulos no caminho para Emaús estavam em desvantagem, pois tinham somente uma parte da informação. "Tardos de coração para crer" é uma reprovação por sua lentidão em confiar em Deus e naquilo que Ele prometera.

Nesta oportunidade, Jesus supriu-os com o único remédio para a ignorância espiritual — mais informação. O Mestre os fez prestar atenção nas passagens-chave do Antigo Testamento que explicam que o Messias deveria sofrer antes de ser glorificado.

Para nós, a lição hoje é a seguinte: apesar de, às vezes, lutarmos com a decepção, com frequência, não temos toda a informação necessária para encontrarmos a razão nas adversidades. Eventualmente, o Senhor pode disponibilizar pessoas ou informação necessária para trazer solução ao nosso problema. Em alguns casos, não receberemos a resposta até nos encontrarmos com Cristo face a face na eternidade. Mas como a vida na terra é um treinamento espiritual, é essencial que sejamos ensináveis e que mantenhamos contato regular com o nosso Mestre. Somente assim, a nossa fé e conhecimento poderão crescer.

Aprenda a manter a continuidade da conversa

Um relacionamento significativo com o Cristo ressurreto nos faz desejar permanecer em Sua presença. Quando os dois viajantes chegaram ao seu destino final, ambos sentiram uma forte necessidade de permanecer próximos ao Salvador.

Quando se aproximavam da aldeia para onde iam, fez ele menção de passar adiante. Mas eles o constrangeram, dizendo: Fica conosco, porque é tarde, e o dia já declina. E entrou para ficar com eles (Lucas 24:28-29).

Os discípulos ouviram por muitos quilômetros o que esse "misterioso estrangeiro" tinha a dizer, mas queriam ouvi-lo mais. "Fica conosco" foi a resposta deles. Eles queriam demonstrar hospitalidade àquele que tinha lhes dado tantos esclarecimentos sobre as profecias messiânicas.

Todos nós temos momentos em que as nossas circunstâncias ou nos nutrem ou impedem nosso desenvolvimento espiritual. Precisamos ser sensíveis nesses momentos em que começamos a perder o contato com o Senhor. Devemos então, encontrar maneiras de nos adaptar a essas circunstâncias para que possamos restabelecer nossa proximidade a Ele.

Reaja aos vislumbres da atividade divina

O estrangeiro que tinha caminhado com os dois em sua jornada, juntou-se a eles para o jantar. E pelo hóspede ser quem era, esta refeição teria um toque sobrenatural. Incluir o Senhor em nossas rotinas diárias, com frequência, nos faz admirar Sua obra divina em ação.

No jantar daquela noite, após Jesus partir o pão e abençoá-lo, os olhos dos discípulos se abriram e eles o reconheceram. Antes, os seus olhos "...estavam como que impedidos de o reconhecer" (Lucas 24:16). Mas agora, seus olhos estavam abertos.

É interessante observar neste contexto que ao terem seus olhos abertos, já não eram mais néscios e tardos. Vemos ainda no versículo 31 a expressão "...se lhes abriram os olhos" com o significado de "abrindo a mente". E uma vez que suas mentes tinham compreendido quem Jesus era, eles o reconheceram de encontros anteriores.

Surpreendentemente, o desaparecimento sobrenatural do nosso Senhor não suscitou qualquer comentário entre os dois. Em vez disso, eles refletiram sobre o que significava estar na estrada conversando com Jesus sobre as Escrituras.

Os seus corações ardiam com o discernimento de que o próprio Jesus lhes tinha explicado sobre o Antigo Testamento durante o caminho. A mesma palavra grega utilizada para "se lhes abriram os olhos" para reconhecê-lo (v.31) é utilizada para explicar como Ele lhes expôs as Escrituras (v.32). Jesus abriu as suas mentes para a compreensão.

Reconhecer Cristo nas Escrituras e em nossas experiências de vida deve ser uma ação contínua ao longo do dia e não limitar-se a uma ocorrência por dia, apenas no momento da meditação.

Portanto, a partir deste acontecimento o que podemos aprender sobre prolongar o nosso momento de comunhão diária com o Senhor ressurreto?

- Aprenda a orar enquanto estiver "andando pelo caminho".
- Permita que Deus o ajude a resolver os problemas diários.
- Reconheça diante dos outros a sua necessidade de ajuda divina.
- Reflita sobre um tema bíblico em cada dia.
- Encoraje-se por Jesus ter permanecido conosco em todas as circunstâncias da vida.

Adaptado de: *Cumprindo Nossa Agenda com Deus* (DY863)

1 de janeiro

COMA MUITO, PAGUE POUCO

Leitura: **Salmo 63:1-8**

... a minha alma tem sede de ti; meu corpo te almeja.

—SALMO 63:1

Um hotel em Singapura lançou um serviço de *buffet* expresso — coma tudo o que puder em 30 minutos e pague apenas metade do preço! Depois da experiência, um hóspede relatou: "Perdi o meu decoro, enchendo a boca com mais comida a cada vez. Perdi minhas boas maneiras... e meu apetite pelo resto do dia, tão severa a minha azia."

Algumas vezes penso que, em nossas leituras devocionais, tratamos a Palavra de Deus como um *balcão de alimentos prontos.* Devoramos tudo o mais depressa possível e admiramo-nos de não aprender com a experiência. Assim como o alimento físico, o alimento espiritual precisa ser mastigado! Muitos de nós, cristãos há bastante tempo, podemos tender a passar os olhos sobre versículos que já lemos muitas vezes antes. Ao agir assim, porém, perdemos o que Deus pretende nos mostrar. Temos a certeza de que isso acontece quando não aprendemos nada de novo com a passagem lida.

O desejo de Davi estava correto quando escreveu no Salmo 119:15: "Meditarei nos teus preceitos e às tuas veredas terei respeito." Essa é a maneira de tratar a Palavra de Deus — dedicar tempo para apreciá-la em profundidade.

Jamais nos aproximemos da Bíblia como se estivéssemos indo a um *buffet* de restaurante! Somente ao meditarmos na Palavra de Deus, obteremos o que é de maior valor para nosso bem-estar espiritual. —CPH

LER A BÍBLIA SEM REFLETIR
É COMO COMER SEM MASTIGAR.

2 de janeiro

PROBLEMAS

Leitura: **1 Pedro 4:12-19**

Amados, não estranheis o fogo ardente que surge no meio de vós, destinado a provar-vos... —1 PEDRO 4:12

Você se surpreende que os problemas sejam parte da vida? É provável que não. Todos temos problemas íntimos e pessoais — falta de saúde, conta bancária vazia, amor frustrado, luto, perda do emprego e a lista continua.

Não deveria nos surpreender, portanto, que Deus permita as provações extras ao sermos ridicularizados e odiados por seguirmos a Cristo (1 Pedro 4:12). Mas os problemas, sejam comuns ao ser humano ou exclusivos aos cristãos, podem nos revelar o tecido moral de nossa alma.

Obstáculos fazem parte do jogo. Jamais vi um campo de golfe sem obstáculos. Os jogadores citam os campos com mais empecilhos como sendo os mais desafiadores, e percorrem um longo trajeto para testar suas habilidades nos campos mais difíceis.

Oliver Wendell Holmes disse: "Se eu tivesse a fórmula para transpor os problemas, não a distribuiria por aí. Não faria um favor a ninguém, pois os problemas trazem consigo a capacidade para lidar com eles. Enfrente-os sem medo, pois eles surgirão, e é melhor estar preparado para encará-los."

Não devemos estranhar quando as adversidades surgem, pois Deus as usa para testar a força de nossas almas. A melhor maneira de lidar com os problemas é entregar a "...alma ao fiel Criador, na prática do bem" (v.19). —DJD

GRANDES VITÓRIAS SURGEM DE GRANDES PROBLEMAS.

3 de janeiro

A SUPERAÇÃO DA FÉ

Leitura: **1 Samuel 1:1-18**

Com a minha voz clamo ao S*ENHOR,*
e ele do seu santo monte me responde. —SALMO 3:4

Poucas atitudes incapacitam mais as pessoas recém-contratadas do que críticas de veteranos. Bons empregadores sabem como proteger seus novos funcionários ao cercá-los com mentores dispostos a ampará-los de críticas desnecessárias.

Em questões como críticas e profundos desejos do coração, Ana é um exemplo de mentora (1 Samuel 1:1-18). Cercada por um marido que não a compreendia, uma rival provocativa e um sacerdote preconceituoso, ao esperar em Deus, Ana encontrou um caminho através do nevoeiro (v.10). Mesmo sabendo que Deus respondeu a oração do coração de Ana dando-lhe um filho, não sabemos ao certo se a bênção de Eli foi um desejo ou uma promessa de Deus (v.17). Creio que seu semblante agora alegre, resultou, acima de tudo, da paz que recebeu por confiar no Senhor.

Fomos criados para nos relacionarmos com Deus; e quando tornamos nosso relacionamento mais íntimo, somos unidos não apenas à Sua presença, mas à Sua força. Orações que expressam nossos sofrimentos e emoções são seguramente bem recebidas pelo Senhor, pois demonstram nossa confiança nele. Com frequência, encontraremos perspectivas e quase sempre sairemos confortados, cientes que lhe entregamos tudo o que nos incomoda — sejam críticas ou desejos profundos — ao único capaz de perscrutá-los. —RKK

NA ORAÇÃO, É MELHOR TER UM CORAÇÃO SEM PALAVRAS,
DO QUE PALAVRAS SEM CORAÇÃO.

4 de janeiro

AMOR A DEUS

Leitura: **Mateus 22:34-40**

... Amarás o Senhor, teu Deus, de todo o teu coração, de toda a tua alma e de todo o teu entendimento. —MATEUS 22:37

Em sua breve biografia de São Francisco de Assis, G. K. Chesterton inicia por um olhar do interior do coração deste homem compassivo e singular que nasceu no século 12. Chesterton escreve: "Assim como São Francisco não amava a natureza humana, e sim o homem, do mesmo modo não amava o cristianismo, mas Cristo... O leitor não conseguirá nem mesmo começar a perceber o sentido de uma história que pode bem lhe parecer muito louca, até entender que, para esse grande místico, a sua religião era mais que uma teoria, algo que exigia grande envolvimento."

Quando perguntaram a Jesus qual era o maior mandamento da Lei, Ele respondeu: "Amarás o Senhor, teu Deus, de todo o teu coração, de toda a tua alma e de todo o teu entendimento. Este é o grande e primeiro mandamento" (Mateus 22:37-38). Quem perguntou queria testar Jesus, mas o Senhor lhe respondeu com o mais importante elemento para se agradar a Deus. Primeiro e antes de tudo, nosso relacionamento com Ele é uma questão de intimidade.

Se vemos Deus como um feitor e consideramos a obediência a Ele como um fardo, nos identificamos então com aqueles a quem o Senhor se referiu: "Tenho, porém, contra ti que abandonaste o teu primeiro amor" (Apocalipse 2:4).

O caminho da alegria é amar o Senhor de todo o nosso coração, alma e entendimento. —DCM

DÊ A CRISTO O PRIMEIRO LUGAR,
E VOCÊ ENCONTRARÁ A ALEGRIA ETERNA.

5 de janeiro

LEÃO DE JUDÁ

Leitura: **Isaías 31:1-5**

... Não chores; eis que o Leão da tribo de Judá, a Raiz de Davi, venceu... —APOCALIPSE 5:5

Os leões preguiçosos da reserva de caça *Masai Mara* do Quênia pareciam inofensivos. Rolavam de costas por entre os arbustos rasteiros. Esfregavam suas caras nos galhos como se estivessem tentando pentear suas jubas magnificentes. Bebiam despreocupadamente em um riacho. Caminhavam vagarosamente pelos campos secos e ressequidos como se tivessem todo o tempo do mundo. A única vez em que vi seus dentes foi quando um deles bocejou.

Entretanto, essa aparência serena é enganosa. A razão de poderem estar tão à vontade é que não têm nada a temer — sem falta de alimentos e sem predadores naturais. Os leões parecem preguiçosos e indiferentes, mas são os mais fortes e ferozes animais. Um rugido faz todos os outros correrem para salvar suas vidas.

Às vezes, parece que Deus está inerte. Quando não o vemos trabalhar, concluímos que não está agindo. Ouvimos as pessoas escarnecerem de Deus e negarem Sua existência, e nos perguntamos ansiosamente, por que motivo Ele não se defende. Deus nada tem a temer "...não se espantam das suas vozes, nem se abatem pela sua multidão" (Isaías 31:4). A um rugido Seu esses difamadores sairão a correr, espalhados como roedores.

Se você questiona por que Deus não fica ansioso quando você está, saiba que Ele tem tudo sob controle. Ele sabe que Jesus, o Leão de Judá, triunfará. —JAL

COM DEUS NO CONTROLE, NADA TEMOS A TEMER.

6 de janeiro

ENVOLVA-SE

Leitura: **João 4:7-26**

E era-lhe [Jesus] necessário atravessar a província de Samaria. —JOÃO 4:4

No sul da Flórida, uma casa foi severamente danificada durante o Furacão Andrew, em 1992. A proprietária recebeu uma cobertura do seguro e iniciou a reconstrução. Mas a firma contratada se foi quando o dinheiro acabou, deixando uma casa inacabada, sem eletricidade. Durante 15 anos, Norena sobreviveu com uma geladeira minúscula, apenas, e algumas lâmpadas conectadas às extensões. Surpreendentemente, seus vizinhos não pareciam perceber seu dilema. Então, após receber uma informação, o prefeito se envolveu e contatou um empreiteiro eletricista que dentro de poucas horas, restaurou a energia em sua casa.

Quando Jesus se encontrou com a mulher samaritana no poço (João 4), envolveu-se em sua vida e lhe falou sobre sua necessidade de força espiritual. Ele estabeleceu afinidade com ela (água, v.7) e despertou seu interesse espiritual e curiosidade (vv.9-14). Jesus foi misericordioso e sensível ao confrontar o pecado dela (vv.16-19) e manteve a conversa centrada na questão principal (vv.21-24). Em seguida, confrontou-a diretamente com quem Ele era como o Messias (v.26). Como resultado, a mulher e muitos outros samaritanos creram nele (vv.39-42).

Envolvamo-nos com a vida de outras pessoas, falando-lhes sobre Jesus. Ele é a única fonte de poder espiritual, e satisfaz nossos mais profundos anseios. —MLW

UMA FÉ DIGNA, TAMBÉM É DIGNA PARA SER COMPARTILHADA.

7 de janeiro

PRECISA SER INCRÍVEL

Leitura: **Romanos 5:6-11**

Vede que grande amor nos tem concedido o Pai, a ponto de sermos chamados filhos de Deus... —1 JOÃO 3:1

Li estas palavras no site de uma jovem: "Eu só quero ser amada — e ele precisa ser incrível!"

Não é o que todos nós desejamos — ser amados, sentir que alguém se importa conosco? E ainda melhor, se ele ou ela for incrível!

Jesus Cristo preenche essa descrição completamente. Em uma demonstração de amor sem precedências, Ele deixou Seu Pai nos céus e veio à Terra como o bebê que celebramos no Natal (Lucas 2). E após ter uma vida perfeita, a entregou como oferta a Deus na cruz em nosso favor (João 19:17-30). Assumiu o nosso lugar porque precisávamos ser libertos do nosso pecado e da pena de morte. O livro de Romanos 5:8 afirma que Cristo morreu por nós, sendo nós ainda pecadores. E três dias depois, o Pai o ressuscitou (Mateus 28:1-8).

Quando nos arrependemos e recebemos de Jesus o presente do amor incrível, Ele se torna nosso Salvador (João 1:12; Romanos 5:9), Senhor (João 13:14), Mestre (Mateus 23:8) e Amigo (João 15:14). "Vede que grande amor nos tem concedido o Pai, a ponto de sermos chamados filhos de Deus!" (1 João 3:1).

Você está a procura de alguém que o ame? Jesus nos ama muito mais do que qualquer outra pessoa poderia jamais amar. E Ele é verdadeiramente incrível! —AMC

A MARAVILHA DE TUDO ISSO?
IMAGINAR QUE JESUS ME AMA!

8 de janeiro

CONSCIÊNCIA PURA

Leitura: **1 João 1**

Por isso, também me esforço por ter sempre consciência pura diante de Deus e dos homens. —ATOS 24:16

Após Ffyona Campbell tornar-se famosa como a primeira mulher a fazer a volta ao mundo a pé, sua alegria foi curta. Apesar da adulação que recebeu, algo a perturbava. A culpa a atingiu e a levou à beira de um esgotamento nervoso.

O que a incomodava? "Não deveria ser lembrada como a primeira mulher a dar a volta ao mundo a pé", finalmente admitiu: "Eu trapaceei." Durante sua caminhada, quebrou as normas do *Livro de Recordes Guinness* ao fazer uma parte do caminho a bordo de um caminhão. Para aliviar a consciência, chamou seu patrocinador e confessou sua fraude.

Deus tem dado a cada um de nós uma consciência que produz culpa ao cometermos erros. Em Romanos, Paulo descreve nossa consciência como "...mutuamente acusando-se ou defendendo-se..." (2:15). Para o obediente seguidor de Cristo, o cuidado com a consciência é um método importante para manter os limites morais apesar da imperfeição moral. Confessar o pecado, deixá-lo e praticar a restituição deveria ser uma maneira de viver (1 João 1:9; Levítico 6:2-5).

Paulo foi modelo de uma consciência bem cuidada, ao dizer, "...[Eu] me esforço por ter sempre consciência pura diante de Deus e dos homens" (Atos 24:16). Através da confissão e arrependimento, manteve uma conta sempre em dia com Deus. O pecado o incomoda? Siga o exemplo de Paulo. Empenhe-se para ter uma consciência pura.

—HDF

SE A PALAVRA DE DEUS GUIA SUA CONSCIÊNCIA, PERMITA QUE SUA CONSCIÊNCIA O GUIE.

9 de janeiro

NUNCA DORMIMOS

Leitura: **Salmo 121**

Na minha angústia, clamo ao SENHOR, e ele me ouve.

—SALMO 120:1

Em meados dos anos 1800, o detetive Allan Pinkerton tornou-se famoso por esclarecer uma série de roubos de trens e frustrar uma conspiração para assassinar Abraham Lincoln, quando este viajava a caminho de sua primeira solenidade inaugural. Sendo uma das primeiras agências desse tipo nos EUA, a *Agência de Detetives Pinkerton* ganhou ainda maior importância devido à sua logomarca de um olho bem aberto e uma frase: "Nunca Dormimos."

Não há melhor sensação do que sentir-se protegido e seguro. Você se sente sereno ao pegar no sono à noite com as portas trancadas e tudo silencioso. Muitos, porém, ficam acordados em suas camas com pensamentos apreensivos sobre o presente ou pavor do futuro. Alguns têm medo do tumulto lá fora ou de um cônjuge que tem sido violento. Alguns não conseguem descansar por se preocuparem com um filho rebelde. Outros ficam escutando, ansiosamente, para ver se o filho muito doente ainda respira.

São essas as horas em que nosso Deus amoroso nos encoraja a clamar a Ele, àquele que "...não dormita, nem dorme..." (Salmo 121:4). O Salmo 34:15 nos lembra que "Os olhos do SENHOR repousam sobre os justos, e os seus ouvidos estão abertos ao seu clamor."

Pinkerton pode ter sido o *olho particular* inicial, mas aquele que realmente tem o olho que nunca dorme está atento aos clamores dos justos (Salmo 34:17). —CHK

QUANDO LEMBRAMOS QUE DEUS ESTÁ ACORDADO, PODEMOS DORMIR EM PAZ.

10 de janeiro

CHAMADOS POR DEUS

Leitura: **Gênesis 12:1-9**

Disse o S*ENHOR a Abrão: Sai da tua terra, da tua parentela e da casa de teu pai e vai para a terra que te mostrarei.* —GÊNESIS 12:1

Uma das pessoas mais inteligentes que conheço é um amigo que se tornou cristão quando estudava numa universidade estadual. Formou-se com honras e foi estudar em um conceituado seminário. Após servir como pastor em uma pequena igreja por vários anos, aceitou um chamado para outra igreja pequena, longe da família e dos amigos. Após 12 anos naquela igreja, sentiu que a congregação precisava de nova liderança, e deixou sua posição. Não havia recebido oferta de trabalho em outra igreja maior, ou um convite para lecionar em alguma faculdade ou seminário. Na realidade, nem mesmo tinha outro emprego. Sabia apenas que Deus o guiava em uma direção diferente, então seguiu em frente.

Ao discutirmos o assunto, meu amigo disse: "Muitas pessoas falam a respeito de ser chamados para realizar algo, mas não ouço muito sobre ser chamado a parar de realizar."

De várias maneiras, a obediência de meu amigo era como a de Abraão — patriarca de Israel, que saiu sem saber para onde Deus o guiava (Hebreus 11:8-10). Dificuldades como fome (Gênesis 12:10), medo (vv.11-20) e disputas familiares (13:8) deram motivo para dúvidas, mas Abraão perseverou, e por sua fé Deus o considerou justo (Gálatas 3:6).

Uma vida de obediência pode não ser fácil, mas será abençoada (Lucas 11:28). —JAL

VOCÊ NÃO PRECISA SABER PARA ONDE ESTÁ INDO SE SOUBER QUE DEUS O ESTÁ GUIANDO.

11 de janeiro

POR QUE NÃO AGORA?

Leitura: **João 13:33-38**

Tendo Davi servido à sua própria geração [...] adormeceu. —ATOS 13:36

Tenho um amigo querido que por muitos anos serviu como missionário no Suriname, mas em seus últimos anos foi atacado por uma doença que o paralisou. Às vezes, ele se perguntava por que Deus não o levava, pois ele ansiava por partir e estar com o Senhor.

Talvez a vida seja muito dura para você ou para um ente querido, e você se questiona por que Deus permite que o sofrimento continue. Quando Jesus falou que estava indo para o céu, Pedro perguntou, "Senhor, por que não posso seguir-te agora?" (João 13:37). Você, como Pedro, pode se perguntar por que a entrada no céu foi adiada: "Por que não agora?"

Deus tem um propósito sábio e amoroso em nos deixar para trás. Há um trabalho a ser feito em nós que só pode ser feito aqui na terra. Nossas aflições, que são momentâneas, estão produzindo para nós um "...eterno peso de glória, acima de toda comparação" (2 Coríntios 4:17). E há trabalho a ser feito por outras pessoas — ainda que seja amar e orar. Nossa presença pode também ter o propósito de dar aos outros a oportunidade de aprender o amor e a compaixão.

Portanto, apesar de você desejar a libertação para si mesmo ou alguém querido, viver na carne pode significar o frutificar em Cristo (Filipenses 1:21). E há conforto na espera: embora o céu seja adiado, Deus tem suas razões. Não há dúvidas a respeito! —DHR

NOSSO MAIOR CONSOLO É SABER QUE DEUS ESTÁ NO CONTROLE.

12 de janeiro

BASTIDORES

Leitura: **Mateus 6:1-6,16-18**

... teu Pai, que vê em secreto, te recompensará.

—MATEUS 6:6

Estive recentemente num culto em memória de uma talentosa musicista cuja vida havia tocado muitas pessoas. A homenagem a esta cristã incluiu clipes de áudio e vídeo, fotos, instrumentistas e pessoas que falaram a seu respeito. Após todos terem saído da igreja, parei para agradecer aos técnicos, cujo trabalho impecável nos painéis de controles tinham contribuído para esse tributo emocionante. "Ninguém percebeu o que fizeram", disse-lhes. "Assim é que gostamos," responderam.

Em Mateus 6, Jesus disse a Seus discípulos para ofertar (vv.1-4), orar (vv.5-6) e jejuar (vv.16-18) com a intenção de agradar a Deus, e não para receber o reconhecimento das pessoas. "Quando orares, entra no teu quarto e, fechada a porta, orarás a teu Pai, que está em secreto" (v.6). Seja dar, orar ou jejuar, Jesus disse: "...teu Pai, que vê em secreto, te recompensará" (vv.4,6,18).

Algo em nós faz-nos desejar sermos vistos e reconhecidos por nossas boas obras. Apesar de não haver nada de errado com o encorajamento e a apreciação, o desejo de ser louvado pode minar nosso serviço porque desvia o foco dos outros para nós mesmos. Quando não há um agradecimento público, podemos nos sentir menosprezados. No entanto, mesmo quando servimos a Deus em segredo, Ele tudo vê. —DCM

É MELHOR MERECER RECONHECIMENTO SEM RECEBER, DO QUE RECEBER RECONHECIMENTO SEM MERECER.

13 de janeiro

CONTRATO DE FÉ

Leitura: **Romanos 8:28-39**

... todas as coisas cooperam para o bem daqueles que amam a Deus... —ROMANOS 8:28

Algumas vezes as pessoas que servem a Deus vivem com um "contrato de fé" não declarado. Por darem tempo e energia no trabalho para Deus, pensam que merecem um tratamento especial em troca.

Porém, não o meu amigo Douglas. Ele vive em muitos aspectos uma experiência de Jó, experimentando o fracasso de um ministério, a morte de sua esposa por câncer, e ferimentos impostos a ele e seu filho por um motorista bêbado. Entretanto, Douglas aconselha: "Não confunda Deus com a vida."

Quando as tribulações vêm e dúvidas se levantam, recorro frequentemente ao livro de Romanos 8. "Quem nos separará do amor de Cristo?" questiona Paulo. "Será tribulação, ou angústia, ou perseguição, ou fome, ou nudez, ou perigo, ou espada?" (v.35). Nessa única sentença, Paulo resume a autobiografia de seu ministério. Ele suportou provações por amor do evangelho; no entanto, de alguma forma teve fé para crer que estas "coisas" — com certeza não são boas em si mesmas — poderiam ser usadas por Deus para alcançar o bem. Ele havia aprendido a olhar para além das dificuldades, para um Deus amoroso que um dia prevalecerá e escreveu: "Porque eu estou bem certo de que (nada) [...] poderá separar-nos do amor de Deus, que está em Cristo" (vv.38-39).

A confiança, dessa maneira, pode ajudar a superar o desânimo quando a vida não ocorre como pensávamos que deveria. —PY

...AQUELE QUE COMEÇOU BOA OBRA EM VÓS HÁ DE COMPLETÁ-LA ATÉ AO DIA DE CRISTO... —FILIPENSES 1:6

14 de janeiro

CONSIDERAR BOM?

Leitura: **Salmo 13**

... confio na tua graça ...

—SALMO 13:5

Podemos realmente determinar se as circunstâncias da vida são boas ou más?

Por exemplo, seu carro quebra bem na hora de sair com a família em viagem. No entanto, quando você leva o carro para a oficina, o mecânico diz: "Foi bom não ter saído com isto na estrada. Poderia ter incendiado." Será que isso é mau, pela inconveniência, ou bom pela proteção de Deus?

Ou, talvez, sua filha decide ter interesses diferentes dos seus. Você gostaria que ela praticasse um esporte na escola, mas ela preferiu cantar e tocar um instrumento. Você se sente frustrado, mas ela se sobressai e termina recebendo uma bolsa de estudos em música. Será que isso é mau, por que seus sonhos para ela não se realizaram, ou bom, porque Deus a dirigiu de maneira que você não poderia ter previsto?

Algumas vezes é difícil perceber como Deus está trabalhando. Seus mistérios nem sempre nos revelam os segredos de Deus, e muitas vezes o curso de nossa jornada é alterado por desvios impossíveis de evitar. Pode ser que o Pai esteja nos mostrando uma direção melhor.

Para termos a certeza de que aquilo que nos parece mau venha a nos beneficiar, precisamos reconhecer e confiar no amor imutável de Deus (Salmo 13:5). No final, seremos capazes de dizer: "Cantarei ao SENHOR, porquanto me tem feito muito bem" (Salmo 13:6). —JDB

PODEMOS SER INCAPAZES DE CONTROLAR ACONTECIMENTOS, MAS CAPAZES DE CONTROLAR NOSSAS ATITUDES.

15 de janeiro

LIBERDADE NA PRISÃO

Leitura: **Filemom 1:4-16**

... solicito-te em favor de meu filho Onésimo,
que gerei entre algemas. —FILEMOM 1:10

Uma visita a uma prisão federal, na Baía de São Francisco, deixou-me com algumas imagens inesquecíveis. Quando nosso barco turístico atracou no cais, pude ver por que essa prisão federal de segurança máxima, agora fechada, foi conhecida como "A Rocha."

Mais tarde, em seu interior, fiquei olhando para os raios de luz que entravam através de janelas com grossas barras de ferro. Vi fileiras e fileiras de celas como gaiolas onde moraram presos famosos como Al Capone e Robert Stroud, o "Homem-Pássaro de Alcatraz".

Outra imagem provocou uma impressão mais profunda. Entrando em uma cela vazia, vi o nome de Jesus rabiscado em uma parede. Em outra, uma Bíblia encontrava-se em uma prateleira. Juntas, falavam silenciosamente da maior de todas as liberdades.

Paulo conhecia tal liberdade enquanto esperava para ser executado. Considerando a si mesmo um "prisioneiro de Cristo", usou seu encarceramento para ajudar outros cativos a descobrir o que significa ser um membro querido da família de Deus, e eternamente perdoado (Filemom 1:10).

Janelas e portas com grades representam uma espécie de confinamento. A paralisia física, a pobreza sem possibilidade de escape e o desemprego prolongado, são outras. Talvez você suporte ainda outra. Nenhuma delas deve ser desejada, entretanto quem trocaria a "prisão" com Cristo, pela vida *em liberdade* sem Ele? —MRD

ESTAR SOB O CONTROLE DE CRISTO
É TER VERDADEIRA LIBERDADE.

16 de janeiro

ESVAÍDO DE FORÇAS

Leitura: **Isaías 40:25-31**

Faz forte ao cansado e multiplica as forças ao que não tem nenhum vigor. —ISAÍAS 40:29

Quando era adolescente, meu pai e eu fizemos muitas viagens para caçar e pescar. A maioria delas traz memórias felizes, mas uma expedição de pesca foi quase um desastre. Fomos de carro até o alto da serra e acampamos numa área remota. Em seguida, percorremos um longo caminho montanha abaixo para chegar a um riacho e pescar. Após um longo dia pescando sob sol quente, era hora de retornar ao acampamento. Mas, quando começamos a voltar, a face de papai empalideceu. Ele sentiu tontura e náusea, e perdeu quase todas as forças.

Tentando não entrar em pânico, fiz com que se sentasse e ingerisse líquidos. Depois, orei em voz alta a Deus, pedindo por ajuda. Reforçado por oração, repouso e nutrição, papai sentiu-se melhor e começamos a subir lentamente a montanha. Ele se segurou no meu cinto afrouxado enquanto eu rastejava para cima — liderando nossa volta ao acampamento.

Às vezes, nos encontramos naquilo que parece ser um vale sem esperanças, sem força para prosseguirmos. Quando isso acontece, é importante recordar-se da promessa de Deus: "Faz forte ao cansado e multiplica as forças ao que não tem nenhum vigor" (Isaías 40:29).

Você se sente esgotado? Exausto? Peça ajuda a Deus. Dependa dele por força para continuar e resistência para atravessar o vale. —HDF

QUANDO TEMOS SOMENTE DEUS,
DESCOBRIMOS QUE ELE É SUFICIENTE.

17 de janeiro

DIRIGINDO NO ESCURO

Leitura: **Salmo 119:105-112**

Lâmpada para os meus pés é a tua palavra e, luz para os meus caminhos. —SALMO 119:105

Sempre pensei que poderia passar por qualquer dificuldade, se o Senhor me dissesse qual seria o resultado final. Creio que "...todas as coisas cooperam para o bem..." (Romanos 8:28), mas eu me sairia muito melhor nas horas escuras, se soubesse exatamente como seria esse "bem".

Entretanto, Deus geralmente não nos mostra para onde está nos levando. Pede apenas que confiemos nele. É como dirigir um carro à noite. Nossos faróis nunca iluminam todo o caminho; iluminam apenas uns 50 metros à frente. Isso, porém, não nos impede de avançar. Confiamos em nossos faróis. Tudo o que realmente precisamos é luz suficiente para seguir adiante.

A Palavra de Deus é como os faróis nas horas escuras. Está repleta das promessas necessárias para nos impedir de dirigir nossas vidas para dentro da vala da amargura e do desespero. Sua Palavra promete que Ele nunca vai nos deixar ou abandonar (Hebreus 13:5). Sua Palavra nos garante que Ele sabe que planos tem para nós, pensamentos de paz e não de mal, para nos dar um futuro e uma esperança (Jeremias 29:11). E Ele nos diz que nossas tribulações estão presentes para nos tornar melhores, não piores (Tiago 1:2-4).

Portanto, da próxima vez em que se sentir dirigindo no escuro, lembre-se de confiar em seus faróis — a Palavra de Deus iluminará o seu caminho. —JMS

AO ANDAR À LUZ DA PALAVRA DE DEUS,
VOCÊ NÃO TROPEÇARÁ NO ESCURO.

18 de janeiro

UM LIVRO ABERTO

Leitura: **Jeremias 31:31-34**

... estando já manifestos como carta de Cristo...

—2 CORÍNTIOS 3:3

Por ser um escritor, de vez em quando um amigo me diz: "Algum dia quero escrever um livro."

"É um propósito digno", respondo, "e espero que você realmente escreva um livro. Mas é melhor ser do que escrevê-lo".

Estou pensando a respeito das palavras do apóstolo Paulo: "Estando já manifestos como carta de Cristo [...] escrita não com tinta, mas pelo Espírito do Deus vivente, não em tábuas de pedra, mas em tábuas de carne, isto é, nos corações" (2 Coríntios 3:3).

Em seu livro *The Practice of Piety* (A Prática da Compaixão), Lewis Bayly, capelão do rei Tiago I da Inglaterra, disse que "...alguém que planeja fazer algum bem através de seus escritos" descobrirá que vai "instruir muito poucos... O exemplo é o modo mais poderoso para promover o que é bom... Um homem entre mil pode escrever um livro para instruir o seu próximo... Cada homem, porém, pode ser um padrão de excelência de vida para aqueles que o cercam."

O trabalho que Cristo faz na vida dos cristãos pode resultar em influência muito superior a qualquer livro que venham a escrever. Através da Palavra de Deus, escrita "no coração" (Jeremias 31:33), o Senhor demonstra Seu amor e bondade para que todos vejam.

Como cristão, talvez você nunca escreva um livro, mas vivendo para Deus será um livro aberto, uma "carta de Cristo" para que todos leiam.

—DHR

SE ALGUÉM FOSSE LER SUA VIDA COMO UM LIVRO, ENCONTRARIA JESUS EM SUAS PÁGINAS?

19 de janeiro

QUANDO ALGUÉM CAI

Leitura: **1 Coríntios 10:1-13**

Aquele, pois, que pensa estar em pé veja que não caia.
—1 CORÍNTIOS 10:12

Ouvir a respeito da má conduta de uma respeitável figura pública se tornou tão comum que, mesmo que fiquemos profundamente decepcionados, raramente nos surpreendemos. Como, porém, deveríamos reagir à notícia de uma falha moral, seja de uma pessoa em proeminência ou de um amigo? Podemos começar olhando para nós mesmos. Há um século, Oswald Chambers falou a seus alunos no Colégio de Treinamento Bíblico em Londres: "Permaneçam sempre alertas ao fato de que, onde um homem retrocedeu é exatamente o ponto onde qualquer um pode retroceder... Força desprotegida é dupla fraqueza."

As palavras de Chambers fazem eco aos avisos de Paulo para ficarmos cientes de nossa própria vulnerabilidade quando vemos os pecados de outros. Após recordar a desobediência dos israelitas no deserto (1 Coríntios 10:1-5), Paulo persuadiu seus leitores a aprender com esses pecados para que não os repetissem (vv.6-11). Ele não se fixou em fracassos passados, mas no orgulho presente, quando escreveu: "Aquele, pois, que pensa estar em pé veja que não caia" (v.12).

O ato de balançar a cabeça em desaprovação é uma reação comum ao pecado público. De maior ajuda é a cabeça que consente: "sim, sou capaz disso", e se curva em oração por aquele que caiu e aquele que pensa estar em pé. —DCM

A SOBERBA PRECEDE A RUÍNA,
E A ALTIVEZ DO ESPÍRITO, A QUEDA. —PROVÉRBIOS 16:18

20 de janeiro

MEDO E AMOR

Leitura: **Deuteronômio 10:12-17**

... que é que o SENHOR *requer de ti?*
Não é que temas o SENHOR, *teu Deus [...] e o ames...*

—DEUTERONÔMIO 10:12

Alguém compartilhou comigo as suas observações a respeito de dois chefes. Um é amado, mas não é temido por seus subordinados. Por amarem seu patrão, sem respeitar sua autoridade, não seguem suas diretrizes. O outro chefe é temido e amado por aqueles que o servem, e os bons comportamentos de seus subordinados revelam isso.

O Senhor deseja que Seu povo o tema e o ame também. A passagem bíblica de hoje, Deuteronômio 10 afirma que guardar as orientações de Deus compreende os dois. No verso 12, nos é dito: "...que temas o SENHOR, teu Deus [...] e o ames..."

"Temer" o Senhor Deus significa dar-lhe o mais alto respeito. Para o cristão, não é uma questão de sentir-se intimidado por Ele ou por Seu caráter. Nós, porém, pelo respeito que temos por Sua pessoa e autoridade, andamos em todos os Seus caminhos e guardamos os Seus mandamentos. Por "amor", o servimos com todo nosso coração e com toda a nossa alma — ao invés de fazê-lo meramente por dever (v.12).

O amor emerge de nossa profunda gratidão por Seu amor por nós, ao invés de fluir de nossos gostos e desgostos. "Nós amamos porque ele nos amou primeiro" (1 João 4:19). Nosso temor e amor por Deus nos capacitam a andar prontamente em obediência à lei de Deus. —AL

SE TEMERMOS E AMARMOS A DEUS,
SEREMOS OBEDIENTES A ELE.

21 de janeiro

ABOMINANDO O VÁCUO

Leitura: **Efésios 3:14-21**

... sejais tomados de toda a plenitude de Deus.

—EFÉSIOS 3:19

De acordo com o antigo filósofo Aristóteles, "A natureza abomina o vácuo." Aristóteles baseou sua conclusão na constatação de que a natureza requer que todos os espaços sejam preenchidos com algo, mesmo se este, for incolor ou inodoro.

O mesmo princípio funciona em nossa vidas espirituais. Quando o Espírito Santo começa a nos convencer do pecado, a ideia de dar início a um plano pessoal de melhorias contínuas surge de imediato à mente. Exercemos nossos melhores esforços para derrotar nossos piores hábitos. Mas todas as tentativas de livrar-nos de pensamentos, atitudes e desejos impuros são fadadas a falhar porque livrar-nos de um mau hábito cria um vácuo em nossas almas. Tão logo nos esvaziamos de um vício, outros vêm para tomar seu lugar, e terminamos tão mal ou pior do que quando começamos.

Pensar em vácuos nos ajuda a compreender a importância do que Paulo estava dizendo aos efésios quando orou para que Cristo habitasse em seus corações através da fé, e que pudessem "...conhecer o amor de Cristo [...] para que [fossem] tomados de toda a plenitude de Deus" (Efésios 3:19).

A única solução permanente para o problema do pecado em nossas vidas é substituí-lo com o amor de Jesus, que preenche o vácuo. Quanto mais plenos estivermos do Seu amor, menos espaço haverá para qualquer mal. —JAL

NÃO É PRECISO ARRUMAR A CASA PARA JESUS ENTRAR;
ELE MESMO A ARRUMA APÓS A SUA ENTRADA.

22 de janeiro

REJEITADO

Leitura: **Tiago 2:1-9**

Se, todavia, fazeis acepção de pessoas, cometeis pecado.

—TIAGO 2:9

Sua face estava cheia de fuligem, seu cabelo longo e sujo, a cerveja manchava suas roupas, emanando o odor ao redor. Quando entrou no salão da igreja, os adoradores dominicais o ignoraram. Ficaram boquiabertos quando o homem chegou perto do púlpito, tirou sua peruca e começou a pregar. Foi então que perceberam tratar-se do seu pastor.

Não sei como é com você, mas tenho a tendência de ser amigável e estender a mão às pessoas que conheço e àquelas que se apresentam bem.

Tiago emitiu uma séria advertência a pessoas como eu. Ele disse: "Se [...] fazeis acepção de pessoas, cometeis pecado" (Tiago 2:9). O favoritismo baseado em aparência ou posição econômica não tem lugar na família de Deus. Na realidade, significa que nos tornamos "...juízes tomados de perversos pensamentos" (v.4).

Felizmente, podemos evitar o tratamento preferencial às pessoas, amando nosso próximo como a nós mesmos — sem nos importar com quem nosso próximo possa ser. Estender a mão ao homem em situação de rua, à mulher faminta ou ao adolescente profundamente magoado significa que observamos "...a lei régia segundo a Escritura" (Tiago 2:8).

Em um mundo que mantém o rejeitado à distância, mostremos o amor de Cristo e acolhamos os que mais precisam de nosso cuidado.

—JBS

O VERDADEIRO AMOR CRISTÃO
AJUDA OS QUE NÃO PODEM RETRIBUIR O FAVOR.

23 de janeiro

DEUS ESTÁ TRABALHANDO

Leitura: **Êxodo 14:26–15:2**

... este é o meu Deus; portanto, eu o louvarei.
—ÊXODO 15:2

Um casal dirigia-se ao hospital, tarde da noite, para o nascimento de seu segundo filho, quando algo inesperado aconteceu. A mãe entrou em trabalho de parto! O marido chamou o serviço de emergência e a atendente encarregada de enviar o socorro, orientou-o enquanto ele fazia o parto. O bebê, porém, não respirava. Então, a atendente o ensinou a fazer a respiração boca a boca, a qual teve de ser feita por seis tensos minutos. Finalmente, o recém-nascido tomou um fôlego e chorou. Quando perguntaram, depois, como todos eles haviam passado por essa provação e permanecido calmos, a atendente respondeu: "Fico feliz por Deus trabalhar no turno da noite!"

Gosto muito de ouvir reportagens nas quais Deus recebe a glória que merece por algo bom que aconteceu. Na leitura bíblica de hoje, é óbvio que Deus deve receber o crédito por abrir o Mar Vermelho para ajudar Seu povo a escapar de Faraó, mesmo que Moisés tenha sido quem estendeu a mão sobre o mar (Êxodo 14:26-27). Moisés e todos os israelitas reuniram-se e cantaram os louvores do Senhor: "Ó SENHOR, quem é como tu entre os deuses? Quem é como tu, glorificado em santidade, terrível em feitos gloriosos, que operas maravilhas?" (15:11).

Quando algo de bom acontece, o Senhor merece a glória, porque Ele é a fonte de tudo o que é bom. Dê a glória a Ele. Você não se alegra por Deus trabalhar no turno da noite? —AMC

VER DEUS TRABALHAR
PÕE UM CÂNTICO EM NOSSO CORAÇÃO.

24 de janeiro

AINDA É VERDADE

Leitura: **Atos 17:16-31**

Enquanto Paulo os esperava em Atenas, o seu espírito se revoltava em face da idolatria dominante na cidade. —ATOS 17:16

Na cidade de Dublin, na Irlanda, existe uma biblioteca com uma vasta coleção de fragmentos bíblicos que datam do segundo século da Era Cristã. Um fragmento em exposição é uma parte de Atos 17:16.

A mensagem que esse fragmento apresenta, no entanto, é tão atual quanto a do jornal de hoje. Lê-se: "Enquanto Paulo os esperava em Atenas, o seu espírito se revoltava em face da idolatria dominante na cidade." Paulo zangou-se com a proliferação de ídolos na antiga Atenas, e estou convencido de que ele ficaria frustrado conosco hoje.

Alguns ídolos que vemos no mundo de hoje são diferentes daqueles dos dias de Paulo. Sejam riquezas, fama, poder, atletas, cantores, artistas ou políticos, os ídolos contemporâneos abundam. Como sempre, nosso inimigo espiritual, Satanás, procura nos afastar do Salvador, atraindo-nos à adoração dos ídolos. Os cristãos não estão imunes, e devemos, portanto, guardar nossos corações contra a ira moralista para com os não-cristãos que parecem adorar tudo, exceto a Deus.

Também devemos ser orientados pelo amor de Cristo para alcançar aqueles que não o conhecem. E então, assim como os cristãos da Tessalônica, "...eles poderão converter-se ao Deus vivo e verdadeiro [...] deixando os ídolos..." (1 Tessalonicenses 1:9). —WEC

UM ÍDOLO É TUDO O QUE OCUPA O LUGAR QUE PERTENCE A DEUS.

25 de janeiro

SEM MAIS SOFRIMENTO

Leitura: **Apocalipse 21:1-4**

E lhes enxugará dos olhos toda lágrima…

—APOCALIPSE 21:4

Fay Weldon passou pelo que achou ser uma experiência de quase morte, em 2006, quando uma reação alérgica parou seu coração. Ela recontou sua experiência a um jornal inglês. Disse que uma "terrível criatura" tentava puxá-la através de portas de pérolas, enquanto os médicos tentavam puxá-la de volta. Disse mais tarde: "Se eu estava morrendo, não quero tornar a fazê-lo." É "só mais do mesmo, mais luta."

Em geral, o processo de morrer é uma luta, mas a morte em si mesma não precisa ser temida pelos que creem em Cristo, pois esta nos levará para o céu. Em Apocalipse, João nos dá uma descrição maravilhosa da eternidade com Deus (21:1-4). Ele vê a Nova Jerusalém descendo dos céus. A cidade de Jerusalém era um sinal físico do povo de Deus, e foi descrita como o lugar onde Deus habita (Salmo 76:2). A Nova Jerusalém, por outro lado, não será feita por mãos humanas. Ela será um lugar onde Deus vive com o Seu povo, eternamente, um lugar onde não mais haverá — dor, tristeza e doença.

Não sabemos muito sobre a eternidade; mas temos a certeza, que para o cristão, sejam quais forem nossas lutas físicas e emocionais agora, elas cessarão. A vida com Deus será insuperavelmente melhor. —MLW

OS PRAZERES DO CÉU EXCEDERÃO AS DIFICULDADES DA TERRA.

26 de janeiro

COMO UM HIPÓCRITA

Leitura: **Efésios 2:1-10**

Mas Deus sendo rico em misericórdia
por causa do [Seu] grande amor [...]
nos deu vida juntamente com Cristo... —EFÉSIOS 2:4-5

Ray Stedman contou sobre um rapaz que havia deixado de ir à igreja que ele pastoreava. O jovem disse que, às vezes, no escritório, ficava com raiva, perdia a cabeça e tratava mal seus colegas de trabalho. Então, quando chegava o domingo, não queria ir à igreja porque sentia-se um hipócrita.

Stedman disse a seu jovem amigo: "Um hipócrita é alguém que age como se fosse algo que não é. Quando você vem para a igreja, você está agindo como um cristão. Você não é um hipócrita na igreja." Repentinamente, o rapaz percebeu onde estava sendo hipócrita. Ele reconheceu que a resposta não era evitar a igreja, mas mudar sua maneira de ser no trabalho.

O termo hipócrita vem de uma palavra grega que quer dizer ator. Significa que fingimos ser algo que não somos. Às vezes nos esquecemos de nossa verdadeira identidade como pessoas que creem em Jesus. Esquecemos que somos responsáveis diante de Deus. Quando fazemos isso, vivemos da maneira como andávamos outrora (Efésios 2:2) e, neste caso, somos hipócritas.

Não permitamos que nossas velhas maneiras nos façam agir como alguém que não somos. Ao contrário, através da graça de Deus, vivamos de maneira a demonstrar que somos "...vida juntamente com Cristo" (v.5). Essa é uma cura garantida para a hipocrisia. —JDB

QUEM MAIS AJUDA O DIABO É O CRISTÃO INCONSISTENTE.

27 de janeiro

DE CABEÇA PARA BAIXO

Leitura: **Mateus 5:38-48**

Ouvistes que foi dito: Amarás o teu próximo e odiarás o teu inimigo. Eu, porém, vos digo: amai os vossos inimigos...

—MATEUS 5:43-44

Se você me perguntasse quem sou, eu lhe diria que sou um seguidor de Jesus. Devo admitir, porém, que, às vezes, segui-lo é um verdadeiro desafio. Ele me diz para fazer coisas como alegrar-me quando sou perseguido (Mateus 5:11-12); dar a outra face (vv.38-39); dar a alguém que deseja tirar de mim (vv.40-42); amar os inimigos, abençoar os que me amaldiçoam e fazer o bem aos que me odeiam (vv.43-44). Esse estilo de vida me parece uma inversão.

Compreendi, no entanto, que Ele não está de cabeça para baixo — eu estou. Todos nós nascemos em pecado. Sendo emaranhados pelo pecado, nossos primeiros instintos são em geral errados, o que inevitavelmente resulta em uma grande confusão.

Somos como torradas cobertas de geleia que caíram de cabeça para baixo no chão da cozinha. Deixados por nossa própria conta, podemos fazer de tudo uma grande confusão. Então, Jesus se aproxima de nós como uma espátula divina, raspa-nos do chão de nossos caminhos pecaminosos e vira-nos de cabeça para cima. E, ao seguir Seus caminhos sempre corretos, descobrimos que dar a outra face nos protege de sermos envolvidos numa briga, que é mais abençoado dar do que receber e que morrer para o meu eu é vida em seu melhor momento.

Afinal, Seus caminhos não são nossos caminhos (Isaías 55:8), e descobri que os Seus caminhos são sempre melhores! —JMS

O QUE TALVEZ NOS PAREÇA ESTAR DE CABEÇA PARA BAIXO ESTÁ DO LADO CERTO PARA DEUS.

28 de janeiro

CIDADE TERREMOTO

Leitura: **Atos 16:23-34**

De repente, sobreveio tamanho terremoto, que sacudiu os alicerces da prisão. —ATOS 16:26

No livro *A Crack in the Edge of the World* (Uma Fenda na Extremidade do Mundo), Simon Winchester escreveu sobre Parkfield, pequena cidade na Califórnia, sujeita a terremotos. Para atrair turistas, um letreiro de hotel diz: "Durma Aqui Quando Acontece." O cardápio de um restaurante local oferece um enorme bife chamado "O Grande", e sobremesas chamadas "Abalos Posteriores." Brincadeiras à parte, um terremoto real pode ser uma experiência aterrorizante. Sei disso, passei por terremotos na Califórnia.

No livro de Atos, Deus usou um terremoto para abrir o coração de alguém ao evangelho. Tendo sido acusados falsamente, Paulo e Silas foram encarcerados em Filipos. Por volta da meia-noite, um terremoto sacudiu a prisão, abrindo as portas e soltando-lhes as correntes. Quando o carcereiro soube que Paulo e Silas não tinham escapado, perguntou: "...que devo fazer para que seja salvo?" (Atos 16:30). Paulo respondeu: "Crê no Senhor Jesus e serás salvo, tu e tua casa" (v.31). Naquela mesma noite o carcereiro e sua família creram e foram batizados. E tudo isso começou com um terremoto.

Às vezes, as perturbações da vida podem tornar as pessoas mais abertas ao evangelho. Você conhece alguém que esteja passando por uma crise? Fique em contato com ele em atitude de oração e prepare-se para compartilhar uma palavra de testemunho, com sensibilidade. —HDF

MUITOS SÃO TRAZIDOS PARA A FÉ POR MEIO DE AFLIÇÕES.

29 de janeiro

PALAVRAS DE SALOMÃO

Leitura: **1 Reis 10:23; 11:1-10**

... Teme a Deus e guarda os seus mandamentos; porque isto é o dever de todo homem. —ECLESIASTES 12:13

A revista virtual *Smith*, que "celebra a alegria de contar histórias", convidou os leitores para que submetessem relatos de experiências que descrevessem suas vidas, usando apenas seis palavras. Milhares responderam com breves biografias variando desde o bem-humorado "Doce esposa, bons filhos — sou rico" ao doloroso "Sessenta. Ainda não perdoei meus pais."

Baseado nas Escrituras, tentei imaginar como o rei Salomão teria resumido sua vida em seis palavras. Quando jovem, poderia ter escrito: "Deus me deu tão grande sabedoria." Anos mais tarde, porém, talvez dissesse: "Deveria ter praticado o que preguei."

Durante um reinado marcado por paz e prosperidade, Salomão desenvolveu problemas espirituais em seu coração. Quando ficou velho, "...suas mulheres lhe perverteram o coração para seguir outros deuses; e o seu coração não era de todo fiel para com o SENHOR, seu Deus, como fora o de Davi, seu pai" (1 Reis 11:4). O resultado foi a reprovação de Deus e um triste fim para uma vida anteriormente exemplar (v.9).

As múltiplas vezes em que Salomão usou a palavra vaidade (ou "sem sentido"), em Eclesiastes, podem indicar sua desilusão com a vida. Esse rei, um dia tão sábio, teve tudo, perdeu tudo e refletiu sobre tudo, terminou o livro com esta conclusão decisiva: Tema a Deus, guarde os Seus mandamentos (Eclesiastes 12:13).

Estas são palavras dignas de atenção. —DCM

OBEDIÊNCIA A DEUS É A CHAVE PARA UMA VIDA DE BÊNÇÃOS.

30 de janeiro

OLHANDO E APRENDENDO

Leitura: **Deuteronômio 11:18-21**

Ensina a criança no caminho em que deve andar...

—PROVÉRBIOS 22:6

O árbitro postado atrás da base de partida em um jogo de *softball* de meninas ouviu a mãe de uma das jogadoras cantarolando: "Queremos outro juiz! Queremos outro juiz!" Logo, os outros pais juntaram-se à cantoria.

O juiz sorriu, e então se virou para a multidão e gritou: "Quero outros pais! Quero outros pais!" A gritaria silenciou.

É importante para os pais dar bons exemplos, porque seus filhos os observam. Pais cristãos podem encorajar bons comportamentos e bons hábitos adotando atitudes como:

• Orar por, e, com eles — assim aprendem como conversar com Deus. "Perseverai na oração, vigiando..." (Colossenses 4:2).

• Ler e ensinar a Bíblia a eles — assim aprendem a verdade divina. "Tu as inculcarás [as ordenanças de Deus] a teus filhos, e delas falarás assentado em tua casa, e andando pelo caminho, e ao deitar-te, e ao levantar-te" (Deuteronômio 6:7).

• Falar-lhes sobre Jesus — e guiá-los à fé nele. "...Se alguém não nascer de novo, não pode ver o reino de Deus" (João 3:3).

A melhor maneira de dar bom exemplo para nossos filhos é viver nossa fé diante deles. Enquanto observam — aprendem sobre o que tem verdadeira importância. —CHK

FILHOS PODEM NÃO HERDAR O TALENTO DOS PAIS, MAS ABSORVERÃO SEUS VALORES.

31 de janeiro

GRAÇA IGNORADA

Leitura: **Mateus 7:13-23**

Estreita é a porta, e apertado, o caminho que conduz para a vida, e são poucos os que acertam com ela. —MATEUS 7:14

No movimentado centro de uma das grandes cidades da Ásia, fiquei muito admirado com as confusas calçadas cheias de gente. Parecia não haver lugar para se mover no aperto da multidão e, no entanto, parecia, também, que todos se movimentavam em velocidade máxima.

O suave e quase choroso som de um único trompetista tocando *Graça Eterna* atraiu minha atenção. A multidão parecia ignorar o músico e sua melodia. Mesmo assim, ele tocava — enviando uma mensagem musical do amor de Deus a quem conhecesse a música e pensasse sobre as palavras enquanto ele tocava.

Considerei essa experiência como uma parábola. A música parecia ser um convite às massas para seguir a Cristo. Da mesma maneira que acontece com a mensagem de boas-novas, alguns creem na graça eterna de Deus e escolhem o caminho estreito. Outros ignoram Sua graça, o que vem a ser o caminho largo que leva à destruição eterna. Jesus disse: "Entrai pela porta estreita (larga é a porta, e espaçoso, o caminho que conduz para a perdição, e são muitos os que entram por ela), porque estreita é a porta, e apertado, o caminho que conduz para a vida, e são poucos os que acertam com ela" (Mateus 7:13-14).

Jesus morreu para que "todo aquele que invocar" o Seu nome (Romanos 10:13) possa encontrar perdão em Sua graça. —WEC

AO ACEITAR CRISTO COMO SALVADOR, VOCÊ GARANTE A SUA SALVAÇÃO.

1 de fevereiro

ENGANOS DO CORAÇÃO

Leitura: **Jeremias 17:5-11**

Enganoso é o coração, mais do que todas as coisas...

—JEREMIAS 17:9

Histórias verdadeiras sobre enganos e decepções podem parecer mais estranhas do que ficção. De acordo com um artigo de uma agência de notícias, uma mulher americana foi presa após tentar pagar uma compra de mais de mil e quinhentos dólares com uma nota falsa de um milhão de dólares. Esta senhora ao ser interrogada, disse envergonhada, que fora iludida e que seu ex-marido, dono de uma coleção de moedas, lhe dera a tal nota.

O tamanho da nota nos faz questionar se qualquer pessoa poderia realmente acreditar que a nota fosse verdadeira. Talvez isso ilustre bem o quase inacreditável problema do autoengano, sobre o qual, o profeta nos adverte. Quando Jeremias disse: "Enganoso é o coração, mais do que todas as coisas, e desesperadamente corrupto; quem o conhecerá?" (17:9), ele expressa um sentido de surpresa que está além da nossa capacidade de compreender. O profeta não está dizendo que alguns de nós temos dificuldade em ser honestos conosco mesmos; ele está afirmando que todos têm.

Felizmente, Deus sonda nossos corações e compreende aquilo que não podemos ver (v.10). Ele nos dá toda razão para dizermos: "Senhor, precisamos da Sua ajuda. Por favor, mostre-nos se estamos sendo honestos conosco e contigo. Se não estivermos, ajude-nos a mudar e depender de Ti em vez de dependermos de nós mesmos." —MRD

A ÚNICA MANEIRA DE SOBREVIVER A TANTAS DECEPÇÕES É CONFIAR NAQUELE QUE JAMAIS NOS ENGANARÁ.

2 de fevereiro

JUNTANDO OS PEDAÇOS

Leitura: **Salmo 55:1-8**

Confia os teus cuidados ao SENHOR, e ele te susterá…

—SALMO 55:22

De vez em quando, meu computador fica lento. O uso frequente de certos programas e documentos, faz desaparecer parte das informações, exigindo que meu computador as procure antes de poder usá-las. Para consertá-lo, preciso acessar um programa que as recupere e agrupe onde são facilmente acessadas. Este processo é chamado de "desfragmentação".

Assim como meu computador, minha vida também fica fragmentada. Uma situação consome as minhas emoções, enquanto tento me concentrar em outra questão. Exigências de todos os lados me bombardeiam. Quero fazer tudo o que precisa ser feito, mas minha mente não para e meu corpo não reage. Logo começo a me sentir cansada e inútil.

Participei recentemente de um retiro e, um dos folhetos que recebi incluía uma oração com palavras que expressavam como eu me sentia: "Senhor, estou disperso, inquieto, e só parte de mim está aqui."

O rei Davi também passou por tempos assim (Salmo 55:2). Em oração, Davi apresentou suas necessidades a Deus pela manhã, ao meio-dia e à noite, confiante de que seria ouvido (v.17).

A oração pode ajudar a desfragmentar nossas vidas. Quando entregarmos nossos fardos aos cuidados do Senhor, Ele nos mostrará o que precisamos fazer, e o que somente Ele pode fazer. —JAL

QUANDO TEMOS MENOS TEMPO PARA ORAR,
MAIS PRECISAMOS DA ORAÇÃO.

FELICITAÇÕES

Leitura: **Filipenses 1:9-18**

E também faço esta oração: que o vosso amor aumente mais e mais em pleno conhecimento e toda a percepção. —FILIPENSES 1:9

Em Singapura, os jantares sociais e de negócios na época do Ano Novo Chinês geralmente começam com um prato que consiste de saladas, molhos, picles e peixe cru. O nome do prato, *Yu Sheng*, é um trocadilho que soa como "ano da prosperidade". É tradição os participantes misturarem as saladas juntos. Enquanto o fazem, repetem-se algumas frases para trazer prosperidade.

Nossas palavras podem expressar o que desejamos aos outros para o ano vindouro, mas elas não podem trazer prosperidade. A questão importante é — o que Deus quer ver em nós no ano que se aproxima?

Em sua carta aos filipenses, Paulo expressou seu desejo e oração para que o amor deles "...aumente mais e mais em pleno conhecimento e toda percepção" (Filipenses 1:9). A igreja tinha sido uma grande torre de suporte para ele (v.7), e mesmo assim os estimulou a continuar crescendo em amor uns com os outros. Paulo não estava falando sobre conhecimento intelectual, mas conhecimento de Deus. O amor para com os outros começa com um relacionamento íntimo com Ele. Com um conhecimento mais completo do Senhor, podemos então discernir entre o certo e o errado.

Felicitar os outros pelo novo ano é bom. Porém, nossa oração sincera deve ser para que cresçamos em amor, para que estejamos "...cheios do fruto da justiça [...] para a glória e louvor de Deus (Filipenses 1:11).

—CPH

AS PESSOAS QUE TÊM CORAÇÃO PARA DEUS
O TÊM PARA PESSOAS TAMBÉM.

4 de fevereiro

VISITA REAL

Leitura: **1 Coríntios 6:12-20**

... vosso corpo é santuário do Espírito Santo, que está em vós, [...] e não sois de vós mesmos. —1 CORÍNTIOS 6:19

Meu amigo Timóteo conta a história de sua infância em Trinidad e Tobago, quando a rainha Elizabeth visitou a cidade onde morava. Ele se lembra de ir com seus pais, missionários, juntar-se às centenas de pessoas que se reuniram para cumprimentar a rainha. Acenando sua pequena bandeira, ele observou a comitiva descer a rua — primeiro os soldados, então a guarda montada e em seguida a limusine, da qual ela acenou para a entusiasmada multidão. Ele ficou observando enquanto a rainha saía da cidade, deixando todos voltarem à normalidade. Nas palavras de Timóteo: "A realeza veio à cidade e nada mudou!"

Para nós que aceitamos Jesus como Salvador, houve um dia em que a realeza chegou — em nosso coração. Como disse Paulo, nosso corpo é "o santuário do Espírito Santo" (1 Coríntios 6:19) — uma realidade que tem extensas ramificações. A morada dele em nossa vida visa nos transformar para vivermos de maneira a dar-lhe glória. Nossos relacionamentos, o modo como servimos nosso empregador; usamos nosso dinheiro; tratamos nossos inimigos e o restante em nossas vidas devem refletir a realidade maravilhosa de que a realeza habita em nós.

Algo mudou desde que o Rei Jesus entrou em seu coração? O mundo ao seu redor percebe ou pensa que Jesus estava somente de passagem?

—JMS

SE JESUS FEZ MORADA EM NÓS, O MUNDO DEVE PERCEBER UMA MUDANÇA PERMANENTE.

5 de fevereiro

FUNDAÇÃO INSTÁVEL

Leitura: **Mateus 7:24-27**

Todo aquele, pois, que ouve estas minhas palavras e as pratica será comparado a um homem prudente que edificou a sua casa sobre a rocha. —MATEUS 7:24

A prefeitura da cidade de Hayward, Califórnia, construiu sua primeira sede em 1931. Naquela época, a estrutura, com suas colunas gregas custou 100 mil dólares e foi considerada uma maravilha. Só havia um problema — fora construída sobre a Falha de Hayward. dividindo-se gradativamente. Um terremoto forçou seu fechamento e agora ela está interditada.

Não é sábio construir sobre uma fundação instável, o mesmo é verdade para nossas vidas espirituais. Jesus ensinou esta verdade aos Seus discípulos com uma ilustração: "E todo aquele que ouve estas minhas palavras e não as pratica será comparado a um homem insensato que edificou a sua casa sobre a areia; e caiu a chuva, transbordaram os rios, sopraram os ventos e deram com ímpeto contra aquela casa, e ela desabou, sendo grande a sua ruína" (Mateus 7:26-27).

A inconstante moralidade do nosso mundo atual pode ser confusa. Podemos ser persuadidos a permitir que a cultura ou as opiniões da sociedade sejam o fundamento das decisões que tomamos. Contudo, a obediência à verdade inabalável da Palavra de Deus traz a estabilidade que não existe em qualquer outro lugar. "Todo aquele, pois, que ouve estas minhas palavras e as pratica será comparado a um homem prudente que edificou a sua casa sobre a rocha" (v.24). —HDF

EDIFIQUE SUA VIDA SOBRE A ROCHA — JESUS CRISTO.

6 de fevereiro

SUPERANDO OS PRECONCEITOS

Leitura: **Colossenses 3:8-17**

... no qual não pode haver grego nem judeu, circuncisão nem incircuncisão [...] escravo, livre; porém Cristo é tudo em todos.

—COLOSSENSES 3:11

O artigo de um jornal americano relatou que estudos recentes sobre a natureza do preconceito constataram que quase todas as pessoas têm preconceitos, e estas atitudes afetam até mesmo aqueles que as resistem ativamente. Um psicólogo da Universidade de Kentucky — EUA, afirma que grande parte do nosso amor-próprio provém de sentirmo-nos melhor a respeito de nós mesmos do que em relação a outros, devido ao grupo que pertencemos. Não é fácil superar o preconceito, até mesmo na família de Deus.

As palavras de Paulo aos cristãos de Colossos nos instruem hoje, dizendo que o nosso modo de falar e nosso comportamento com outros cristãos devem refletir nossa unidade em Cristo. "E vos revestistes do novo homem," disse Paulo, "...no qual não pode haver grego nem judeu, circuncisão ou incircuncisão, bárbaro, cita, escravo, livre; mas Cristo é tudo em todos" (Colossenses 3:10-11). Em vez de superioridade e favoritismo devemos demonstrar compaixão, amabilidade, humildade, bondade e paciência com os outros (v.12). Acima de tudo, "...esteja o amor, que é o vínculo da perfeição" (v.14).

No corpo de Cristo, nenhuma raça, nacionalidade ou classe social é melhor que a outra. Pela cruz, Cristo nos fez um, e devemos tratar uns aos outros com honestidade, dignidade e amor. —DCM

O PRECONCEITO DISTORCE O QUE VÊ,
ENGANA QUANDO FALA E DESTRÓI QUANDO AGE.

7 de fevereiro

OS EXÉRCITOS DE DEUS

Leitura: **2 Reis 6:8-17**

Porque aos seus anjos dará ordens a teu respeito, para que te guardem em todos os teus caminhos. —SALMO 91:11

Quando nossa neta Júlia era bem pequena, nós a levamos numa viagem de carro pelas estradas montanhosas. Mais tarde, ela e sua babá estavam conversando sobre a *aventura*. "Eu não me preocupo porque papai tem um anjo da guarda", disse a babá. E Júlia replicou: "Acho que ele deve ter uma equipe de anjos da guarda!"

A missão dos anjos é proteger e servir os filhos de Deus (Hebreus 1:13-14). O salmista disse que "Os carros de Deus são [...] milhares de milhares. No meio deles, está o Senhor" (Salmo 68:17). "Deus é o Senhor dos senhores," que significa *exércitos*. Os anjos são o exército do Senhor.

No livro de 2 Reis lemos sobre Eliseu e seu servo que estavam cercados pelo exército sírio. O servo de Eliseu gritou: "...Ai! Meu senhor! Que faremos?" Eliseu respondeu: "...Não temas, porque são mais os que estão conosco do que os que estão com eles." Então o Senhor abriu os olhos do servo e ele viu que "...o monte estava cheio de cavalos e carros de fogo em redor..." (2 Reis 6:15-17). O exército do Senhor estava à disposição!

Embora não possamos vê-los com nossos olhos naturais, podemos descansar na confiança de que o Senhor dos exércitos está constantemente cuidando de nós e Ele tem um exército invisível sob o Seu comando para enviar onde Ele quiser. —DHR

OS ANJOS DE DEUS PROTEGEM O SEU POVO ENQUANTO FAZEM A OBRA DE DEUS.

8 de fevereiro

ESCOTEIROS DO ESPAÇO

Leitura: **Efésios 6:1-4**

E vós, pais [...] criai [vossos filhos] na disciplina e na admoestação do Senhor. —EFÉSIOS 6:4

Muitos dos primeiros astronautas foram escoteiros. Os escoteiros eram bons em atrair a imaginação dos jovens e induzir disciplina para atingir seus alvos — mesmo que isso significasse alcançar as estrelas.

Os escoteiros estavam ocupados festejando em uma conferência no dia 20 de julho de 1969. Durante o encontro, ouviram felizes o escoteiro do grupo *Eagle*, Neil Armstrong, que lhes enviou felicitações do espaço. Um dos seus crescera para realizar um sonho maravilhoso!

Em alguns aspectos, o lar cristão pode ser comparado a um acampamento espiritual de escoteiros solidários. A Bíblia encoraja os pais a providenciarem um ambiente positivo de crescimento para os filhos em casa. Os pais são exortados a criar os filhos na "...disciplina e na admoestação do Senhor" (Efésios 6:4). *Criar* refere-se a nutri-los, providenciando recursos para suas necessidades físicas, mentais e espirituais. *Disciplina* inclui preocupação sobre todos os aspectos do desenvolvimento da criança. E *admoestação* inclui a orientação com palavras bem escolhidas, adequadas a cada criança, individualmente.

Esforcemo-nos para tornar o nosso lar um lugar onde a disciplina amorosa capacite as crianças sob nossa responsabilidade a alcançarem o seu potencial para a glória de Deus. —HDF

O QUE VOCÊ COLOCA NOS CORAÇÕES DE SEUS FILHOS HOJE INFLUENCIA O CARÁTER DELES AMANHÃ.

9 de fevereiro

CHORAR E ALEGRAR-SE

Leitura: **Romanos 12:9-16**

Alegrai-vos com os que se alegram e chorai com os que choram.

—ROMANOS 12:15

Golda Meir conheceu lutas e sucessos durante sua vida. Como primeira-ministra de Israel, ela experimentou muitas situações de conflito e perda, e períodos alegres de sucessos e vitória na vida do novo Estado de Israel. Golda afirmou o seguinte sobre alegria e tristeza: "Aqueles que não sabem chorar com todo o seu coração, também não sabem rir."

O apóstolo Paulo nos chamou para uma vida de choro e de alegria — mas com um diferencial. Em Romanos 12:15, o apóstolo nos desafiou a olharmos para fora de nossas próprias experiências, para as necessidades dos outros. Ele disse: "Alegrai-vos com os que se alegram e chorai com os que choram."

Se nos alegrarmos apenas com nossas próprias vitórias, perderemos a maravilha de celebrar o poder do Senhor, que deseja cumprir Seus propósitos em e por meio dos outros também. Se chorarmos apenas nossas próprias perdas, não teremos a oportunidade de "estar lá" para aqueles que estão machucados, mostrando-lhes compaixão.

A vida está repleta de extremos: alegria e tristeza, vitória e derrota. Entretanto, recebemos o privilégio de participar destes momentos das vidas das pessoas, para vermos a graça de Deus atuando. Não perca esta oportunidade! —WEC

ATENDER AS NECESSIDADES DOS OUTROS, HONRA A CRISTO.

10 de fevereiro

ACLAMAÇÃO EM PÉ

Leitura: **Atos 6:8-15; 7:54-60**

Eis que vejo [...] o Filho do Homem, em pé à destra de Deus.

—ATOS 7:56

Susan Boyle viveu a maior parte de sua vida adulta com seu gato Pebbles, cuidando de sua mãe idosa e cantando na igreja. Ela certamente não parecia uma superestrela musical. Talvez, este tenha sido o provável motivo que fez o público rir desta mulher de meia-idade, indiferente à mídia, antes de se apresentar num show de talentos. Intrépida, Susan encarou a multidão pouco amável, cantou maravilhosamente, e foi aclamada em pé.

Estêvão foi confrontado por uma multidão hostil nos dias da igreja primitiva (Atos 6–7). Um grupo de autoridades religiosas ouviu testemunhas mentirosas acusá-lo de blasfêmia (Atos 6:13). Estevão respondeu falando a verdade da Palavra de Deus, que reforçou sua fé em Cristo. No final de seu discurso, ele disse: "Eis que vejo os céus abertos e o Filho do homem, em pé à destra de Deus!" (Atos 7:56). Em seguida, a multidão apedrejou-o (v.58). Jesus, que o observava do céu, acolheu Estevão em casa.

A maioria dos cristãos não é confrontada com hostilidades desse gênero. Mesmo assim, precisamos permanecer "firmes no Senhor" diante das aflições (Filipenses 4:1). Não podemos permitir que outros silenciem nossa voz para Cristo. Falar a favor de Jesus nem sempre recebe o apreço da multidão aqui na terra, mas assegura Sua aprovação no céu, onde isso mais importa. —JBS

SE VOCÊ ENFRENTAR OPOSIÇÃO, TALVEZ ISSO MOSTRE QUE ESTÁ FAZENDO ALGO QUE VALE A PENA.

11 de fevereiro

TEREI QUE CONTAR?

Leitura: **2 Coríntios 5:12-21**

... se alguém está em Cristo, é nova criatura...

—2 CORÍNTIOS 5:17

Jaime compartilhava o evangelho com Ana. Disse-lhe que ela estava separada de um Deus santo devido aos seus pecados, e que Jesus morrera e ressuscitara para sua salvação. Ela sempre apresentava uma razão após outra para não crer. "Se eu recebê-lo, não terei que contar às outras pessoas sobre isto, terei? Não quero fazer isto." Ela disse que isso não combinava com a sua personalidade, e não queria ter que contar aos outros sobre Jesus.

Jaime explicou que prometer testemunhar sobre Jesus não era uma exigência antes de recebê-lo. Mas ele também afirmou que uma vez que ela conhecesse o Senhor, se tornaria uma embaixadora de Jesus para o mundo (2 Coríntios 5:20).

Após conversarem um pouco mais, Ana reconheceu sua necessidade de salvação por meio de Cristo, e voltou para sua casa feliz e em paz. Algo engraçado aconteceu — no espaço de 24 horas, ela contou a três pessoas sobre o que Deus tinha feito em sua vida.

Porque fomos reconciliados com Deus por meio de Jesus, temos agora o "ministério da reconciliação", de acordo com o apóstolo Paulo (2 Coríntios 5:18). Somos Seus embaixadores, e, portanto imploramos às pessoas "Em nome de Cristo, reconciliai-vos com Deus" (2 Coríntios 5:20).

Quando somos gratos queremos compartilhar o que Deus tem feito.

—AMC

NÃO EXISTEM MELHORES NOTÍCIAS
DO QUE O EVANGELHO — ESPALHE A PALAVRA.

12 de fevereiro

ATIVIDADE VULCÂNICA

Leitura: **Efésios 4:29-32**

O homem irado provoca brigas, e o gênio violento comete muitos pecados. —PROVÉRBIOS 29:22

Ele entra em erupção e derrete tudo que está em seu caminho. Suas rajadas são tão poderosas quanto uma explosão nuclear!

Bem, talvez não — mas um descontrole pode parecer tão intenso quanto um vulcão quando é dirigido diretamente a outra pessoa na família. O momento pode passar rápido, mas pode deixar atrás de si uma devastação emocional e sentimentos amargos.

É triste ver que as pessoas que mais amamos são geralmente o alvo de nossas palavras nocivas. No entanto, mesmo quando sentimos que fomos provocados, temos uma escolha. Reagiremos com ira ou bondade?

A Bíblia nos instrui a nos livrarmos de toda amargura e ira, e a sermos "...uns para com os outros benignos, compassivos, perdoando [...] uns aos outros, como também Deus, em Cristo, vos perdoou" (Efésios 4:32).

Se você estiver lutando com uma ira crônica, e esta estiver afetando seus relacionamentos, entregue esta parte vulnerável de suas emoções à força de Cristo (Filipenses 4:13). Peça para Deus perdoá-lo pelo descontrole de seu temperamento e para mostrar como moderar suas emoções e ensinar-lhe como honrar os outros acima de si mesmo (Romanos 12:10). Procure ajuda de outros para aprender como lidar de maneira apropriada, com as suas fortes emoções.

Ao procurarmos amar os outros e agradar a Deus, honestamente, podemos obter a vitória sobre um temperamento vulcânico. —CHK

PERDER O CONTROLE DE UMA SITUAÇÃO,
NÃO É A MANEIRA DE LIVRAR-SE DELA.

13 de fevereiro

EXALTE-O

Leitura: **Salmo 46**

... eu sou Deus; sou exaltado...

—SALMO 46:10

“Aquietai-vos, e sabei que eu sou Deus; sou exaltado entre as nações...” (Salmo 46:10). Estas palavras pertencem a uma canção de louvor entoada há muito tempo no templo em Jerusalém, lembram-nos de uma de nossas tarefas mais importantes — adorar o nosso maravilhoso Deus.

Meditar em Seus muitos atributos é uma das maneiras de praticarmos adoração. Exalte a Deus, pois Ele é fiel, eterno, onisciente, justo, imutável, gracioso, santo, misericordioso, paciente, imparcial e infinito.

Exalte a Deus por saber que Ele é Todo-poderoso, onipotente, pessoal, justo, insondável, sábio, trino, acessível, único, glorioso e compassivo.

Outra maneira de adorar a Deus é contemplar Seus nomes. Exalte Deus, pois Ele é o Criador. Ele é Amor. Ele é Redentor. Ele é Pastor. Ele é Salvador, Senhor e Pai. Ele é Juiz. Ele é Consolador. Ele é Mestre. Ele é EU SOU. Nosso Deus é Soberano.

Habite em Sua identidade. Deus é nosso amparo. Nossa fortaleza. Nossa luz. Nossa força. Nosso provedor. Nosso Resgatador. Nosso castelo forte.

Medite nos atributos de Deus. Contemple Seus nomes. Habite em Sua identidade. Adore-o. Respeite-o. Honre-o. Ame-o. Exalte-o. Use o restante de sua vida preparando-se para adorar nosso Deus majestoso para sempre. —JDB

TODO SER QUE RESPIRA LOUVE AO SENHOR.

—SALMO 150:6

14 de fevereiro

A GRANDE SUPERAÇÃO

Leitura: **Atos 2:14-21,37-41**

Então, se levantou Pedro, com os onze;
e, erguendo a voz, advertiu-os nestes termos:
Varões judeus [...] atentai nas minhas palavras. —ATOS 2:14

Gostamos de ler sobre superações — sobre pessoas ou empresas que encaram um desastre iminente e revertem a situação. A *Ford Motor Company* é um exemplo disso. Nos anos 40 do século 20, uma relutância da liderança em modernizar a empresa quase a destruiu. Na verdade, o governo quase encampou a empresa para que seu fim não ameaçasse o esforço de guerra dos EUA. Mas, quando Henry Ford II foi liberado dos seus deveres militares para administrar a empresa, as coisas se inverteram. A Ford se tornou uma das maiores corporações do mundo.

Ocasionalmente, precisamos de um retorno. Precisamos corrigir os rumos errados ou compensar as decisões incorretas. Nos tempos antigos, temos um exemplo em Pedro. Tudo nele era fracasso. Primeiro, ele quase submergiu quando sua fé enfraqueceu (Mateus 14:30). Depois, fez declarações tão erradas que Jesus o chamou "Satanás" (16:22-23). E, quando Jesus mais precisou de Pedro, ele negou até mesmo que o conhecia (26:74).

Mas, esse não é o fim da história. No poder do Espírito, Pedro voltou atrás. No dia de Pentecostes, ele pregou e três mil pessoas se converteram a Cristo (Atos 2:14,41). Pedro voltou a ser eficiente porque sua fé foi renovada, ele guardou o que disse e defendeu Jesus.

Está difícil? Se para Pedro foi possível voltar à condição anterior, você também pode. —JDB

PARA TORNAR-SE COMPLETO,
RENDA-SE AO ESPÍRITO SANTO.

15 de fevereiro

CALOR E SANTIDADE

Leitura: **Isaías 43:1-13**

... quando passares pelo fogo, não te queimarás...

—ISAÍAS 43:2

Por que está demorando tanto para secar meus cabelos? questionei. Como sempre, estava com pressa, e não queria sair no vento frio com cabelos molhados. Então percebi o problema. Eu tinha mudado a regulagem do secador de cabelos para "morno" em vez de "quente" para atender as preferências de minha sobrinha.

Muitas vezes, eu gostaria de poder controlar as condições da vida com a mesma facilidade que posso mudar a regulagem do meu secador de cabelos. Eu escolheria uma regulagem confortável — não muito quente, nem muito fria. Certamente não escolheria o calor da adversidade ou o fogo da aflição. Mas no reino espiritual, o morno não resolve, não é suficiente. Somos chamados à santidade, e santidade geralmente envolve calor. Ser santo significa ser separado para Deus — separado de qualquer coisa suja ou impura. Para nos refinar e purificar, Deus às vezes usa a fornalha da aflição.

O profeta Isaías disse: "...quando passares pelo fogo, não te queimarás..." (Isaías 43:2); ele não disse se passares. E o apóstolo Pedro afirma que não deveríamos nos surpreender com as provações (1 Pedro 4:12).

Nenhum de nós sabe quando seremos chamados para andar pelo fogo ou qual será o calor da fornalha. No entanto, sabemos que o propósito de Deus para as chamas é a nossa purificação, não para nos destruir. —JAL

A ÚNICA MANEIRA DE DEUS APRESSAR A SANTIDADE
É AUMENTANDO O CALOR.

16 de fevereiro

TESOUROS ENTERRADOS

Leitura: **Levítico 19:9-15**

Desvenda os meus olhos, para que eu contemple as maravilhas da tua lei. —SALMO 119:18

Tendo crescido na área rural do Missouri, EUA, onde o fora da lei, Jesse James (1847–82) tinha vivido, meus amigos e eu estávamos convencidos de que ele havia enterrado tesouros naqueles arredores. Passeávamos pela floresta na esperança de encontrar um alforje ou outro tesouro. Seguidamente, encontrávamos um senhor idoso cortando madeira com um grande machado. Durante anos observamos este misterioso "homem do machado" caminhar pelas estradas em busca de latas de refrigerante, seu próprio tipo de tesouro. Após trocar as latas por dinheiro, ele voltava ao seu abrigo desgastado e sem-teto, com uma garrafa num saco de papel marrom. Após sua morte, sua família encontrou um pacote de dinheiro guardado em sua humilde choupana.

Como este homem que ignorou o seu tesouro, nós cristãos às vezes ignoramos partes da Escritura. Esquecemos que a Bíblia inteira é nossa para dela nos utilizarmos; que cada passagem tem uma razão de ter sido incluída no cânone. Quem diria que o livro de Levítico tinha tantos tesouros guardados? No capítulo 19 deste, Deus nos ensina em sete fascinantes versículos, como prover para o pobre e incapacitado, sem tirar deles sua dignidade (vv.9-10,14), como conduzir nossos negócios eticamente (vv.11,13,15), e como implantar respeito por Ele em nossas vidas diárias (v.12).

Se alguns versículos podem conter tanto tesouro, pense em tudo que pode ser nosso se esquadrinharmos nossas Bíblias todos os dias. —RKK

CADA PALAVRA ESCRITA NA BÍBLIA TEM UM PROPÓSITO, OS TRECHOS NÃO LIDOS SÃO SEUS TESOUROS ENTERRADOS.

17 de fevereiro

MUDANÇAS

Leitura: **Mateus 3:1-12**

Arrependei-vos, porque está próximo o reino dos céus [...] Produzi, pois, frutos dignos de arrependimento. —MATEUS 3:2,8

Estudos médicos demonstraram que, apesar de terem sido alertadas para mudar o seu estilo de vida ou morrerão, 90% das pessoas que passaram por uma cirurgia para colocar marca-passo não o mudam. É comum ver que, dois anos após a cirurgia, os pacientes não alteraram seu estilo de vida. Parece que a maioria prefere morrer a mudar.

Assim como os médicos pregam uma mensagem de mudança física para prevenir a morte, João Batista veio anunciar uma mensagem de mudança espiritual. "Arrependei-vos, porque está próximo o reino dos céus" (Mateus 3:2). Ele estava preparando o caminho para a suprema manifestação do reino de Deus — o Messias, Jesus.

Arrependimento significa mudar a mente e atitude a respeito de Deus, o qual finalmente transforma as ações e decisões da pessoa. Aqueles que se arrependem e aceitam a provisão feita por Cristo para o perdão dos seus pecados através da morte na cruz, escaparão da morte espiritual (João 3:16). O arrependimento envolve a confissão dos pecados com profunda tristeza e consequente abandono destes. João Batista estava conclamando as pessoas para mudarem o seu estilo de viver para honrar Deus.

Hoje o Senhor ainda nos convida ao arrependimento e em seguida para produzir os "...frutos dignos de arrependimento" (Mateus 3:8). —MLW

ARREPENDIMENTO SIGNIFICA ODIAR O PECADO O SUFICIENTE PARA AFASTAR-SE DELE.

18 de fevereiro

SONHOS OU ESCOLHAS?

Leitura: **Filipenses 1:1-11**

Para aprovardes as coisas excelentes
e serdes sinceros e inculpáveis... —FILIPENSES 1:10

Eu já recebi inúmeros bons conselhos em minha vida. Quase no topo da lista há uma sábia observação de um amigo: "A vida não é feita dos sonhos que você tem, mas das escolhas que você faz."

Ele está certo — sua vida hoje é a somatória de todas as escolhas que você fez até este momento. O apóstolo Paulo deu um conselho semelhante em Filipenses 1:10, quando disse: "...aprovardes as coisas excelentes..." Em qualquer situação, temos uma infinidade de escolhas — variando de realmente péssimas, para a mediocridade das escolhas comuns, até atingirmos as boas escolhas, e então àquelas que são excelentes. Deus quer nos mover através dessas possibilidades, passando por cima dos nossos impulsos naturais, até atingirmos as escolhas excelentes.

Em geral, é um desafio fazer a melhor escolha, especialmente se não houver muitos outros unindo-se a nós. Às vezes, pode parecer que nossos desejos e liberdade foram reprimidos. Mas, se você seguir o conselho de Paulo notará alguns resultados bem positivos — como ser sincero, inculpável e frutífero (Filipenses 1:11).

Decida-se a ter uma vida cheia de amor, alegria, paz, paciência, benignidade, bondade, fidelidade, mansidão e domínio próprio (Gálatas 5:22-23). Depois deleite-se com os resultados! —JMS

FAÇA UMA ESCOLHA EXCELENTE E OBSERVE
O DESENROLAR DAS BÊNÇÃOS.

19 de fevereiro

COMUNHÃO NA SALA DE EMERGÊNCIA

Leitura: **Gálatas 6:1-10**

Levai as cargas uns dos outros e, assim, cumprireis a lei de Cristo. —GÁLATAS 6:2

Há pouco tempo, minha esposa, Janete, e eu aceitamos o convite para uma refeição com uma senhora cristã que frequenta a nossa classe de Escola Dominical. Em seu zelo em nos preparar uma refeição, fez um corte profundo no dedo indicador. Enquanto a levávamos para a sala de emergência, oramos por ela, e depois lhe fizemos companhia na sala de espera. Várias horas mais tarde, nossa amiga finalmente viu o médico.

Ao voltarmos à sua casa, nossa anfitriã insistiu que ficássemos para a refeição que ela havia preparado. Tivemos um tempo precioso de conversas animadas e comunhão espiritual. Enquanto comíamos, ela compartilhou um pouco do sofrimento pelo qual havia passado, e como, através dos altos e baixos, encontrara a maravilhosa graça de Deus invadindo sua vida.

Mais tarde, minha esposa e eu refletimos sobre a ida inesperada ao hospital e na subsequente comunhão que compartilhamos como resultado disso. Este versículo veio à mente: "Levai as cargas uns dos outros e, assim, cumprireis a lei de Cristo" (Gálatas 6:2). Por darmos apoio à nossa anfitriã ferida, ela foi abençoada. E, em seguida, ela tornou-se uma bênção para nós por meio de sua hospitalidade e deliciosa refeição.

Pensando nisso, aprendemos que experiências dolorosas podem ser uma maravilhosa entrada para uma rica comunhão, à medida que "levamos as cargas uns dos outros." —HDF

UMA MÃO AMIGA PODE ALIVIAR O FARDO DE OUTRA PESSOA.

QUEM ESTÁ OBSERVANDO?

Leitura: **Salmo 50:7-15**

O que me oferece ações de graças, esse me glorificará...

—SALMO 50:23

Eu costumava ver o culto de adoração na igreja como um tempo de entretenimento. Falando sobre pessoas como eu, o filósofo e teólogo Sören Kierkegaard disse que tendemos a pensar que a igreja é um tipo de teatro: Sentamos na plateia, e observamos atentamente os atores no palco. Se formos entretidos o suficiente, mostramos nossa gratidão com aplausos. A igreja, porém, deveria ser o oposto do teatro. Deus é a plateia da nossa adoração.

O que mais importa acontece nos corações dos membros da congregação — não no palco. Deveríamos sair do culto de adoração nos perguntando não "O que eu ganhei com isso?", mas "Deus se agradou com o que aconteceu?"

Foi difícil para Deus especificar os detalhes dos sacrifícios de animal para os antigos israelitas na adoração que praticavam. No entanto, Ele afirmou que não precisava de seus animais: "De sua casa não aceitarei novilhos, nem bodes, dos teus apriscos. Pois são meus todos os animais do bosque e as alimárias aos milhares sobre as montanhas" (Salmo 50:9-10). Ele queria o louvor e obediência deles (v.23).

Ao nos concentrarmos nos aspectos exteriores da adoração, também perdemos o ponto: O Senhor está interessado em um sacrifício do coração, uma atitude interna de submissão e ações de graça. Encontrar-se com Deus e agradá-lo é o alvo da nossa adoração. —PY

NA ESSÊNCIA DA ADORAÇÃO ESTÁ O VERDADEIRO LOUVOR.

21 de fevereiro

RESOLUÇÃO

Leitura: **Atos 15:36-41; 1 Coríntios 9:1-6**

Houve entre eles tal desavença, que vieram a separar-se...

—ATOS 15:39

Em maio de 1884, um casal discordou sobre qual seria o segundo nome de seu filho recém-nascido. A mãe preferia Salomão; o pai, Shippe — ambos eram nomes de membros da família. Por não chegarem a um acordo, os pais optaram por "S". Portanto, Harry S. Truman tornou-se o único presidente dos Estados Unidos com uma inicial para seu nome do meio.

Mais de 120 anos depois, ainda ouvimos sobre esse impasse — mas também conhecemos o consenso alcançado.

No Novo Testamento, lemos sobre outra discórdia que perpetuou-se na história. Esta ocorreu entre dois missionários: Paulo e Barnabé (Atos 15). Barnabé queria levar Marcos com eles numa viagem para visitar algumas igrejas, as quais haviam ajudado anteriormente (v.37). Mas Paulo não confiava em Marcos devido a um incidente anterior (v.38). Paulo e Barnabé discordaram tão intensamente que seguiram caminhos diferentes (v.39).

Já se passaram dois mil anos e ainda lemos sobre esta ocorrência. A importância não advém de sua perpetuação na história, mas por não ter deixado cicatrizes permanentes no relacionamento. Paulo, aparentemente, reconciliou-se com Barnabé, e em seus últimos dias pediu que Marcos ficasse com ele porque "...me é útil no ministério" (2 Timóteo 4:11).

Desentendimentos acontecem. Contudo, certifiquemo-nos de que sejam resolvidos. Ressentimentos são fardos pesados demais para se carregar. —JDB

NUTRIR RESSENTIMENTOS NÃO MELHORA A SITUAÇÃO.

22 de fevereiro

MAIOR COMPAIXÃO

Leitura: **Isaías 49:13-18**

Acaso pode uma mulher esquecer-se do filho [...]? Mas ainda que esta viesse a se esquecer dele, eu, todavia, não me esquecerei de ti. —ISAÍAS 49:15

Conheci minha esposa, Marlene, na faculdade. Eu estava me formando pastor, e ela estava estudando para se tornar professora no Ensino Infantil e Fundamental. A primeira vez que a vi trabalhando com crianças, percebi como isso era natural para ela, pois amava crianças. Isso tornou-se mais óbvio quando nos casamos e tivemos nossos filhos. Vê-la com eles foi um aprendizado de amor e aceitação incondicionais. Ficou claro para mim que nada no mundo se compara ao amor carinhoso e a compaixão de uma mãe por seu filho recém-nascido.

Fatos assim tornam o livro de Isaías 49:15 tão notável. Foi aqui que Deus disse ao Seu povo, que se sentia desamparado e esquecido (v.14), que Sua compaixão era bem maior que a de uma mãe: "Acaso pode uma mulher esquecer-se do filho que ainda mama, de sorte que não se compadeça do filho do seu ventre? Mas ainda que esta viesse a se esquecer dele, eu, todavia, não me esquecerei de ti."

Às vezes, passamos por lutas na vida, e somos propensos a pensar que Deus esqueceu-se de nós. Podemos até crer que Ele deixou de nos amar. Contudo, o amor de Deus por nós é tão amplo quanto os braços abertos de Cristo na cruz. E a compaixão amorosa de nosso Pai celestial é mais confiável e mais duradoura do que o amor de uma mãe com o seu filho que amamenta.

Console-se — o amor de Deus nunca falha. —WEC

O AMOR DE DEUS POR NÓS É TÃO AMPLO QUANTO OS BRAÇOS ABERTOS DE CRISTO NA CRUZ.

23 de fevereiro

A VARIEDADE DA CRIAÇÃO

Leitura: **Jó 12:7-13**

Na sua mão está a alma de todo ser vivente...

—JÓ 12:10

Você alguma vez parou para admirar as características surpreendentes que Deus colocou em cada animal que Ele criou? Jó parou, e um dos mais interessantes que admirou e sobre o qual escreveu, foi a avestruz. Apesar de sua aparente falta de entendimento e sua excêntrica habilidade como mãe, seus filhos sobrevivem (Jó 39:13-16). E, apesar de pertencer à família das aves, não pode voar — entretanto, a sua velocidade ultrapassa a de um cavalo (Jó 39:18).

Outra criatura notável é a abelha africana. Este inseto dispara dois tipos de substâncias comuns: peróxido de hidrogênio e hidroquinona, que saem de glândulas gêmeas situadas em suas costas. Separados, esses elementos são inofensivos; juntos, cegam seus predadores. Um tubo especial dentro da abelha mistura as substâncias químicas permitindo que seu veneno seja lançado sobre a vítima em velocidades incríveis. E a abelha pode direcionar o seu "canhão" para atirar em qualquer direção.

Como é possível? Como uma avestruz sem entendimento sobrevive apesar da aparente inabilidade de cuidar de seus filhotes enquanto a abelha africana precisa de uma reação química sofisticada para assegurar a continuidade de sua espécie na terra? Porque as habilidades criativas de Deus não têm limites. "...mandou ele, e foram criados" diz o salmista (Salmo 148:5). Da avestruz à abelha, a obra da criação de Deus é clara para todos verem. "Louvem o nome do SENHOR..." —DCE

O PROJETO DA CRIAÇÃO DESTACA O PROJETISTA MESTRE.

24 de fevereiro

O QUE REALMENTE IMPORTA

Leitura: **Mateus 16:21-28**

Pois que aproveitará o homem se ganhar o mundo inteiro e perder a sua alma?... —MATEUS 16:26

Vários anos atrás um amigo meu visitou uma exposição de relíquias da viagem do Titanic, de triste memória. Os visitantes da exposição receberam uma réplica do bilhete de viagem com o nome de um dos passageiros ou de membros da tripulação, que décadas antes, tinham embarcado para a viagem de suas vidas. Após o grupo de turistas andar pela exposição observando jogos de talheres de prata e outras peças de arte, o passeio acabou com uma virada inesquecível.

Num grande quadro estavam os nomes de todos os passageiros, incluindo sua posição social — primeira classe, segunda classe, tripulação. Enquanto meu amigo procurava o nome da pessoa cujo bilhete ele estava segurando, percebeu que havia uma linha no quadro dividindo os nomes. Acima da linha estavam os nomes dos que foram *salvos* e abaixo da linha os nomes dos que estavam *perdidos*.

O paralelo com a nossa vida na terra é intenso. Na verdade, é indiferente como o mundo classifica nossa posição social.

O único fato que realmente importa é se você está "salvo" ou "perdido". Como disse Jesus: "Pois que aproveitará o homem se ganhar o mundo inteiro e perder a sua alma?..." (Mateus 16:26). Talvez você já creu em Jesus Cristo para sua salvação. E os seus companheiros de viagem? Ao invés de avaliá-los por sua aparência exterior, converse com eles sobre o seu destino final. —JMS

À LUZ DA ETERNIDADE, O QUE A PESSOA CRÊ É BEM MAIS IMPORTANTE DO QUE AQUILO QUE CONQUISTA.

25 de fevereiro

PAZ E DESCANSO PERFEITO

Leitura: **Salmo 71:19-24**

Tu, que me tens feito ver muitas angústias e males, me restaurarás ainda a vida... —SALMO 71:20

O salmista tinha visto "...muitas angústias e males..." (Salmo 71:20). Porém, pairado em sua mente estava o pensamento de que Deus o "restauraria" novamente. O sentido literal desta frase é "trazê-lo à vida novamente". Ele elaborou assim: "...de novo me tirarás dos abismos da terra [do túmulo]. Aumenta a minha grandeza e conforta-me novamente" (Salmo 71:20-21). Se os problemas não terminassem nesta terra, certamente terminariam no céu.

Este pensamento — que um dia estaremos na presença de Deus e desfrutaremos dele para sempre — coroa muitos salmos e nos dá a certeza de que os problemas atuais da vida desaparecerão (Salmos 16; 17; 49; 73).

Talvez somente Deus conheça os problemas pelos quais você tem passado, mas isso não é tudo o que irá acontecer. Um dia seu Pai "aumentará [sua] grandeza" — você será vestido de glória incomparável. Haverá conforto "por todos os lados". Sua presença e Seu amor trarão perfeita paz e descanso.

Richard Baxter escreve: "Oh que dia abençoado será, quando eu estiver [...] em pé às margens e olhar para trás, para os mares agitados pelos quais passei seguramente; quando eu voltar a ver as minhas dores e sofrimentos, meus medos e tristezas, e possuir a glória que era a razão de tudo"! —DHR

QUANDO DEUS ENXUGA NOSSAS LÁGRIMAS,
A TRISTEZA CEDE O LUGAR A UM CÂNTICO ETERNO.

26 de fevereiro

JAMAIS SEM ESPERANÇA

Leitura: **Êxodo 6:1-13**

Eu vos livrarei da sua servidão, e vos resgatarei com braço estendido e com grandes manifestações de julgamento. —ÊXODO 6:6

Sixteen Tons (Dezesseis Toneladas) escrito por Merle Travis e gravado por Tennessee Ernie Ford tornou-se uma das músicas mais populares dos EUA em meados de 1950. As pessoas pareciam identificar-se com o lamento deste mineiro que se sentia preso numa cilada e incapaz de mudar sua situação não importando o quanto ele trabalhasse. Os mineiros geralmente moravam em casas da própria companhia e eram pagos com "vales" — cujos cupons eram válidos somente no mercado da própria empresa. Mesmo se fosse chamado aos céus, disse o mineiro, não poderia ir porque devia sua alma ao armazém da empresa.

Esse sentimento de resignação sem esperanças pode nos ajudar a entender os sentimentos do povo hebreu durante os 400 anos de cativeiro no Egito. Quando Moisés falou-lhes da promessa de Deus de libertá-los da escravidão, não lhe deram ouvidos "...por causa da ânsia de espírito" (Êxodo 6:9). Eles estavam tão desconsolados que não podiam olhar para cima.

Mas Deus fez algo por eles, pois não podiam fazer por si próprios. A milagrosa libertação do povo do Senhor prefigurava Sua intervenção poderosa em nosso favor através de Seu Filho Jesus Cristo. Foi "...quando nós ainda éramos fracos, [Cristo] morreu a seu tempo pelos ímpios" (Romanos 5:6).

Quando a vida está em seu momento mais difícil, não percamos a esperança, pois temos a maravilhosa graça de Deus. —DCM

NÃO HÁ DESESPERANÇA,
QUANDO A ESPERANÇA ESTÁ EM DEUS.

27 de fevereiro

UM BUQUÊ DE LOUVOR

Leitura: **1 Pedro 4:7-11**

... para que, em todas as coisas, seja Deus glorificado, por meio de Jesus Cristo... —1 PEDRO 4:11

Corrie ten Boom (1892–1983) sobreviveu aos campos de concentração durante a Segunda Guerra Mundial e se tornou uma palestrante cristã conhecida mundialmente. Milhares de pessoas assistiam suas reuniões, nas quais ela contava como tinha aprendido a perdoar os que a capturaram, da mesma maneira como Cristo havia perdoado os seus pecados.

Após cada reunião, as pessoas a cercavam e abraçavam-na por suas qualidades cristãs e agradeciam por encorajá-las no seu caminho com o Senhor. Corrie contou que ao retornar ao seu quarto de hotel, ajoelhava-se e entregava aqueles elogios em agradecimento a Deus. Ela dizia que isto significava dar a Deus "um buquê de louvor".

O Senhor deu a cada um de nós dons para serem usados para ministrar uns aos outros (1 Pedro 4:10) para que "...em todas as coisas, seja Deus glorificado, por meio de Jesus Cristo, a quem pertence a glória e o domínio pelos séculos dos séculos..." (v.11). Nada temos a oferecer aos outros que não tenhamos recebido do Senhor (1 Coríntios 4:7), portanto a glória pertence a Ele.

Para aprendermos humildade, poderíamos, talvez, seguir o exemplo de Corrie. Quando recebermos um elogio por algo que tenhamos dito ou feito, vamos, secretamente, dar *um buquê de louvor* a Deus pela glória que somente Ele merece. —AMC

O LOUVOR É A FLOR MAIS JUSTA QUE BROTA DA ALMA.

28 de fevereiro

O CENTRO DO PROBLEMA

Leitura: **Romanos 3:10-18**

Porque eu sei que em mim, isto é, na minha carne, não habita bem nenhum, pois o querer o bem está em mim; não, porém, o efetuá-lo.

—ROMANOS 7:18

Quando era menino, um dos meus desenhos animados favoritos da televisão era *Tom o Bom*. Quando Tom encarava um desafio, colocava seu boné pensador e lidava com o problema junto ao seu fiel assistente Poderoso Manfred, o cão maravilha. Geralmente, a fonte dos problemas vinha do maior inimigo de Tom, Appleton, o Terrível. Lembro até hoje como este vilão era descrito no show. Ele era: "Appleton, o Terrível — podre até o âmago."

Na verdade, todos nós compartilhamos do problema principal de Appleton, o Terrível — longe de Cristo, todos nós estamos podres até o âmago. O apóstolo Paulo descreveu-nos desta maneira: "...Não há justo, nem um sequer; não há quem entenda, não há quem busque a Deus" (Romanos 3:10-11). Nenhum de nós é capaz de viver o perfeito padrão de santidade de Deus. Por causa de nossa condição de estarmos separados de um Deus santo, Ele enviou Seu Filho Jesus para dar-se a Si mesmo para morrer na cruz pelo castigo que nós merecemos, e depois ressuscitar. Agora podemos ser "...justificados gratuitamente, por sua graça..." através da fé nele (Romanos 3:24).

Jesus Cristo veio para pessoas "podres até o âmago" e nos faz "...uma nova criatura..." pela fé nele (2 Coríntios 5:17). Em Sua bondade, Ele resolveu completamente nosso problema — até o mais profundo. —WEC

PRECISAMOS MAIS DO QUE UM NOVO COMEÇO
— PRECISAMOS DE UM NOVO CORAÇÃO.

1 de março

GANHAR OU PERDER

Leitura: **2 Timóteo 4:1-8**

Combati o bom combate, completei a carreira, guardei a fé.

—2 TIMÓTEO 4:7

Durante a temporada de futebol americano universitário em 2009, o jogador na posição de *quarterback* (lançador — o cérebro da equipe) da Universidade do Texas, Colt McCoy iniciava cada uma das entrevistas após uma partida agradecendo a Deus por ter a oportunidade de jogar. Ele foi forçado a assistir no banco de reservas a derrota de sua equipe, pois se machucou no início do campeonato nacional.

Após o jogo, ele disse a um repórter: "Eu daria tudo o que tenho para estar lá jogando com minha equipe... sempre dou a glória a Deus. Nunca questiono por que as coisas acontecem da forma como acontecem. Deus está no controle da minha vida e eu sei que independentemente de qualquer coisa estou firmado na Rocha."

O apóstolo Paulo experimentou a libertação de Deus muitas vezes, mas nunca insistiu para que as coisas fossem do modo como ele desejava. Quando estava na prisão em Roma escreveu para Timóteo: "Quanto a mim, estou sendo já oferecido por libação, e o tempo da minha partida é chegado" (2 Timóteo 4:6). Alguns podem até dizer que Paulo havia falhado em atingir seus objetivos e que sua vida estava prestes a terminar em derrota. Mas ele via isso de forma diferente: "Combati o bom combate, completei a carreira, guardei a fé" (2 Timóteo 4:7). Ele olhava adiante, contemplando a coroa eterna (v.8).

Ao caminharmos com Deus, podemos louvá-lo por Sua fidelidade — ganhando ou perdendo. —DCM

EM TODAS AS MUDANÇAS ELE PERMANECERÁ FIEL.

—KATHARINA VON SCHLEGEL

2 de março

VIRTUOSO

Leitura: **1 Coríntios 10:31–11:1**

Portanto, quer [...] façais outra coisa qualquer, fazei tudo para a glória de Deus. —1 CORÍNTIOS 10:31

Um jornal americano muito conhecido classifica Christopher Parkening como "o principal e mais virtuoso violonista de nossos tempos, combinando profundo critério musical com completo domínio técnico do instrumento". Houve uma época, no entanto, em que Parkening desistiu de tocar violão profissionalmente. Aposentou-se aos 30 anos, ápice de sua carreira, comprou uma fazenda no estado de Montana, EUA, e passava seu tempo fazendo *flyfishing* (pesca com mosca). Mas a aposentadoria antecipada não lhe trouxe a satisfação pela qual ansiava.

Durante uma viagem à Califórnia, foi convidado a ir numa igreja onde ouviu uma explanação clara do evangelho. Sobre isso ele escreveu: "Naquela noite permaneci acordado, quebrantado por causa de meus pecados... eu tinha vivido egoisticamente e não era feliz... Foi então que pedi a Jesus Cristo que se tornasse meu Senhor e Salvador. Pela primeira vez, lembro-me de ter dito a Ele: 'Aquilo que o Senhor quiser que eu faça com a minha vida, Senhor, eu o farei.'"

Um dos seus versículos favoritos é 1 Coríntios 10:31, "Portanto, quer [...] façais outra coisa qualquer fazei tudo para a glória de Deus." Ele agora voltou a tocar violão, mas desta vez com a motivação de glorificar a Deus.

Cada um de nós recebeu dons, e quando os usamos para a glória de Deus, eles nos trazem satisfação e alegria. —HDF

FOMOS CRIADOS PARA DAR GLÓRIA A DEUS.

3 de março

QUEM E COMO

Leitura: **Marcos 8:27-33**

... Tu és o Cristo.

—MARCOS 8:29

Sempre que leio os evangelhos, me identifico com os discípulos. Como eu, eles pareciam ser um pouco lentos para entender as coisas. Jesus sempre dizia coisas como: "...vós também não entendeis?" e "...não compreendeis...?" (veja Marcos 7:18). Pedro, entretanto, finalmente *entendeu* pelo menos uma parte. Quando Jesus perguntou: "...Mas vós, quem dizeis que eu sou?" Pedro respondeu, "...Tu és o Cristo" (Marcos 8:29).

Pedro estava certo sobre o "quem", Jesus, mas ainda estava errado sobre o "como." Quando Jesus profetizou Sua morte, Pedro o repreendeu por fazê-lo. Jesus reagiu repreendendo Pedro: "...Arreda, Satanás! Porque não cogitas das coisas de Deus e sim das dos homens" (Marcos 8:33).

Pedro ainda estava pensando na maneira humana de estabelecer reinos. Um governante destruiria outro e estabeleceria um novo governo. Ele esperava que Jesus fizesse o mesmo, mas o reino de Cristo viria de uma forma nova — através do Seu servir e do sacrifício de Sua vida.

O método que Deus utiliza hoje permanece o mesmo. Enquanto a voz de Satanás nos tenta a obter poder, a voz de Jesus nos diz que o manso herdará a terra (Mateus 5:5). Para ganhar cidadãos para o reino de Deus, devemos seguir o exemplo de Jesus, que abriu mão de ambições egoístas, serviu aos outros e chamou as pessoas ao arrependimento de seus pecados. —JAL

UM CRISTÃO É UM EMBAIXADOR QUE REPRESENTA O REI DOS REIS.

ESPERANÇA

Leitura: **1 Tessalonicenses 4:13-18**

... voltarei e vos receberei para mim mesmo...

—JOÃO 14:3

Minha amiga começou uma contagem regressiva no início de março. No calendário de seu escritório havia a marcação nos 20 dias que restavam até o início da primavera no hemisfério norte. Uma manhã, quando a vi, ela falou: "Só mais 12 dias!" Alguns dias depois, "Só mais seis!" Seu entusiasmo me contagiou e eu passei a fazer a contagem também. "Só mais dois dias, Janete!" "Eu sei!" ela sorria radiante.

Como cristãos, temos algo pelo que esperar ainda mais empolgante do que a espera por botões de flores se abrindo e pelo calor dos raios solares após um longo inverno. Deus, em Sua Palavra, fez muitas promessas, e cada uma delas foi ou será cumprida. Mas a certeza de que Cristo voltará é uma das maiores promessas de todas. "Porquanto o Senhor mesmo, dada a sua palavra de ordem, ouvida a voz do arcanjo, e ressoada a trombeta de Deus, descerá dos céus [...] depois, nós, os vivos, os que ficarmos, seremos arrebatados juntamente com eles, entre nuvens, para o encontro do Senhor nos ares, e, assim, estaremos para sempre com o Senhor" (1 Tessalonicenses 4:16-17).

Embora ninguém saiba o dia exato, temos a promessa de Deus de que Jesus voltará (Atos 1:7-11). Ao celebrarmos uma nova estação e a chegada da época da Páscoa, encorajemo-nos uns aos outros na espera por esse dia! —CHK

CRISTO ESTÁ VOLTANDO — TALVEZ VENHA HOJE!

5 de março

LÁGRIMAS DE MEDO

Leitura: **Apocalipse 5:1-12**

E eu chorava muito, porque ninguém foi achado digno de abrir o livro, nem mesmo de olhar para ele. —APOCALIPSE 5:4

João, o grande apóstolo e aquele a quem Jesus amava, foi reduzido a lágrimas. Em uma visão que recebeu durante seu tempo de cárcere (Apocalipse 5:1-12), ele percebeu que estava na sala do trono de Deus enquanto desdobravam-se os eventos futuros. No céu, João viu Deus segurar um livro selado. Ele chorou porque ao observar as glórias da presença de Deus, não viu alguém que pudesse abrir o selo — ninguém com o poder de anunciar a revelação final de Deus e de completar o capítulo conclusivo no enredo da história.

Como apóstolo, João tinha observado o poder do pecado no mundo e testemunhara a vida e morte de Jesus para vencer o pecado. João o viu ascender ao céu, mas agora temia ao ver que ninguém era digno de abrir o livro e derrotar o pecado para sempre (Apocalipse 5:4).

Imagine a cena que ocorreu depois: um ancião abordou João e disse: "...Não chores..." e o dirigiu a Alguém que ele conhecia: "...eis o Leão da tribo de Judá..." (Apocalipse 5:5). João olhou e viu Jesus — o único com o poder de tomar o livro, abrir os selos e completar a história. Logo as lágrimas de João secaram e milhões de anjos proclamaram, "Digno é o Cordeiro!" (Apocalipse 5:12).

Você está chorando? Olhe para o amigo de João — Jesus. Ele é digno. Entregue tudo a Ele. —JDB

O CORDEIRO QUE MORREU PARA NOS SALVAR
É O PASTOR QUE VIVE PARA NOS GUIAR.

6 de março

O FLANELÓGRAFO DE DEUS

Leitura: **Salmo 19**

Os céus proclamam a glória de Deus,
e o firmamento anuncia as obras das suas mãos.

—SALMO 19:1

Nesta era de tecnologia de vídeo, pode ser difícil acreditar que alguns professores ainda achem que para representar histórias bíblicas, o antigo flanelógrafo é adequado. Lembro-me de que meus professores de Escola Bíblica Dominical usavam esses quadros cobertos com flanela, que os permitia exibir imagens desenhadas de personagens como Davi, Daniel, Jonas, Jesus e outros. Os flanelógrafos ajudavam meus professores a capturar com arte, a essência da história da Bíblia.

No entanto, esses flanelógrafos antiquados não são os recursos de ensino mais antigos. Há muito tempo, Deus tinha o seu próprio *flanelógrafo* chamado criação. Ele usa a maravilha da criação para nos instruir e para manifestar Seu poder.

No Salmo 19:1, Davi escreveu, "Os céus proclamam a glória de Deus, e o firmamento anuncia as obras das suas mãos." Na criação, Deus se revelou tão claramente que Paulo declarou: "Porque os atributos invisíveis de Deus [...] claramente se reconhecem...". Aqueles que têm o testemunho da criação são *indesculpáveis* (Romanos 1:20). Por quê? No flanelógrafo da criação de Deus vemos a ordem e o projeto divino. Vemos Seu poder e glória, e isto deveria nos levar a adorá-lo. "Ó SENHOR, Senhor nosso, quão magnífico em toda terra é o teu nome!" (Salmo 8:1). —WEC

A CRIAÇÃO É A TELA EM QUE DEUS DESENHOU SUA PERSONALIDADE.

7 de março

ESQUECENDO-NOS DE NÓS MESMOS

Leitura: **Filipenses 2:1-4**

...Todo homem, pois, seja pronto para ouvir, tardio para falar...

—TIAGO 1:19

No verão passado, enquanto eu pescava trutas num riacho local, um peixe que se alimentava próximo dali chamou minha atenção. Olhando ao redor, enxerguei Dave Tucker, um guia reconhecido nacionalmente e fornecedor de roupas para *flyfishing* (pesca com mosca). Imediatamente, passei a prestar atenção no meu desempenho, lancei o anzol de forma desajeitada e perdi o peixe. É isso que acontece quando desviamos nossa atenção da atividade à mão e passamos a pensar em nós mesmos.

W. H. Auden compôs um pequeno e simpático poema sobre aqueles que se esquecem de si mesmos ao executar uma atividade — um cozinheiro preparando um molho, um cirurgião fazendo uma incisão, um funcionário preenchendo um documento chamado "conhecimento de embarque marítimo". O poema diz que todos "têm a mesma fisionomia absorta, esquecendo-se de si enquanto exercem a função". Essa sentença "esquecendo-se de si enquanto exercem a função" traz à memória Filipenses 2:3-4: "Nada façais por partidarismo ou vanglória, mas por humildade, considerando cada um os outros superiores a si mesmo. Não tenha cada um em vista o que é propriamente seu, senão também cada qual o que é dos outros."

Quando ouço um amigo, preciso lembrar de concentrar minha atenção nele, ao invés de divagar pensando sobre minha aparência, o que meu amigo pensa de mim ou o que eu deveria dizer em seguida. Priorizemos os outros ouvindo-os com a máxima atenção, concentrando-nos naquele que estiver diante de nós, esquecendo-nos de nós mesmos. —DHR

OUVIR PODE SER O GESTO MAIS AMOROSO
QUE VOCÊ EXERCERÁ HOJE.

8 de março

PEQUENAS COISAS

Leitura: **João 6:4-14**

Está aí um rapaz que tem cinco pães de cevada e dois peixinhos; mas isto que é para tanta gente? —JOÃO 6:9

André, descrente em relação à utilidade de uma pequena refeição, disse a Jesus: "...cinco pães de cevada e dois peixinhos, mas isto que é para tanta gente?" (João 6:9). Contudo, a pequena refeição nas mãos de Jesus tornou-se uma enorme bênção. Então, antes de você pensar que não tem muito a oferecer a Jesus, pense nisto: Edward Kimball, um professor de Escola Bíblica Dominical em Boston, nos EUA, decidiu visitar um rapaz de sua classe para ter certeza de que ele era cristão. Naquele dia ele apresentou o Senhor a Dwight L. Moody.

Moody, o Billy Graham do século 19, teve grande impacto em Wilbur Chapman. Este último, um destacado evangelista que convocou Billy Sunday para que fizesse parte de suas campanhas evangelísticas. Em seguida, Sunday iniciou um ministério nacional que obteve grandes resultados em cidades como Charlotte, na Carolina do Norte, EUA. Uma organização que surgiu como resultado de um avivamento liderado por Billy Sunday convidou o evangelista Mordecai Ham à cidade. Em uma dessas reuniões, Billy Graham recebeu Cristo como seu Salvador e mais tarde tornou-se o evangelista mais destacado de nossos tempos.

Quando você pensa não ter muito a oferecer, lembre-se de Edward Kimball, o professor de Escola Bíblica Dominical que investiu uma tarde de sábado para visitar alguém de sua classe. Deus tem uma forma especial de usar a fidelidade rotineira em pequenas coisas para realizar grandes feitos! —JMS

DEUS USA OS PEQUENOS DETALHES PARA REALIZAR GRANDES FEITOS PARA SUA GLÓRIA.

9 de março

JÁ CHEGAMOS?

Leitura: **Deuteronômio 8**

... o S*ENHOR, teu Deus, te guiou no deserto estes quarenta anos, para te humilhar, para te provar, para saber o que estava no teu coração...* —DEUTERONÔMIO 8:2

Se for possível dizer que há uma pergunta universal, talvez seja esta: Já chegamos? Gerações de crianças já fizeram essa pergunta. Cresceram e tornaram-se adultos que precisam responder a mesma pergunta feita por seus filhos.

Sempre que leio os livros de Moisés, me pergunto quantas vezes ele teria ouvido essa pergunta feita pelos israelitas. Antes de resgatá-los da escravidão e guiá-los para fora do Egito, Moisés disse-lhes que o Senhor os guiaria a "...uma terra que mana leite e mel" (Êxodo 3:8). E Ele o fez, mas antes eles ficaram 40 anos vagueando pelo deserto. No entanto, este não era um vaguear qualquer. O povo não estava perdido; eles estavam vagueando por um propósito. Após 400 anos de escravidão, os filhos de Israel precisavam ter seus corações, almas e mentes redirecionados a Deus. Isto ocorreu no deserto (Deuteronômio 8:2,15-18), mas não antes de toda uma geração morrer por causa de sua desobediência (Números 32:13).

Na vida, algumas vezes parece que estamos andando em círculos. Sentimo-nos perdidos e queremos perguntar a Deus, "Já chegamos? Quanto ainda falta?" Em momentos como estes, é de grande ajuda lembrar que para Deus é importante a jornada, não apenas o destino. Ele a usa para nos humilhar, testar e mostrar o que há em nossos corações.

—JAL

A JORNADA É IMPORTANTE, NÃO APENAS O DESTINO.

10 de março

CINCO MINUTOS

Leitura: **Salmo 102:1-17**

... atendeu à oração do desamparado
e não lhe desdenhou as preces. —SALMO 102:17

Li sobre a regra dos cinco minutos que uma mãe usava com seus filhos. Eles deveriam estar prontos para ir à escola e reunirem-se cinco minutos antes do horário de sair de casa, todos os dias. Todos ficavam ao redor da mãe e ela orava citando o nome de cada um, pedindo a bênção do Senhor para o dia deles. A seguir, ela os beijava e todos saíam. Até mesmo as crianças da vizinhança eram incluídas no círculo de oração, se por acaso estivessem ali no momento. Muitos anos depois, uma das crianças disse que aprendera como a oração é importante para o seu dia, a partir dessa experiência.

O escritor do Salmo 102 conhecia a importância da oração. Esse salmo é rotulado como "Oração do aflito que, desfalecido, derrama o seu queixume perante o SENHOR." Ele clamou, "Ouve, SENHOR, a minha súplica [...] no dia em que eu clamar, dá-te pressa em acudir-me" (Salmo 102:1-2). Deus olha para baixo "...do alto do seu santuário, desde os céus, baixou vistas à terra" (v.19).

Deus se preocupa e quer saber o que acontece com você. Quer você siga a regra dos cinco minutos pedindo por bênção durante o seu dia ou precise investir mais tempo clamando a Ele em profunda aflição, fale com o Senhor diariamente. O seu exemplo pode causar grande impacto em sua família ou em alguém próximo a você. —AMC

A ORAÇÃO É UM RECONHECIMENTO
DE NOSSA NECESSIDADE POR DEUS.

11 de março

BÊNÇÃOS ABUNDANTES

Leitura: **Salmo 103:1-10**

... não te esqueças de nem um só de seus benefícios.

—SALMO 103:2

Gritos alegres entravam em nossa casa e eu queria saber o que de tão maravilhoso acontecia lá fora. Espiei pelas cortinas e vi dois meninos que brincavam com uma forte corrente de água que jorrava de um hidrante de incêndio.

A superabundância da água lembrou-me da maneira como Deus derrama bênçãos sobre Seus filhos, e como é importante reconhecer que "...o Senhor [...] dia a dia, leva o nosso fardo!..." (Salmo 68:19).

Apesar de saber que Ele me supre com dádivas incontáveis; quando o carro enguiça; quando minha família é infectada com um resfriado; quando relacionamentos ameaçam desmoronar, a insatisfação ameaça minha capacidade de ver as bênçãos de Deus — elas se parecem mais com gotas de uma torneira do que com uma inundação de água jorrando de um hidrante!

Talvez seja por isso que no Salmo 103 Davi nos lembra: "...não te esqueças de nem um só de seus benefícios" (v.2).

E em seguida, para nos ajudar, lista as bênçãos abundantes para os cristãos. Ele nos relembra que Deus perdoa todas as nossas iniquidades, cura todas as nossas doenças, redime nossas vidas da destruição, nos coroa com bondade e satisfaz nossos lábios com coisas boas (vv.3-5).

Hoje, invistamos tempo para reconhecer a abundância de Deus em vez de negligenciarmos Suas transbordantes bênçãos. —JBS

CONTAR SUAS BÊNÇÃOS MULTIPLICARÁ SUA ALEGRIA.

12 de março

UMA VISÃO CLARA

Leitura: **Mateus 5:1-12**

Bem-aventurados os limpos de coração, porque verão a Deus.

—MATEUS 5:8

O *Gran Telescopio Canarias*, um dos telescópios mais potentes do mundo, fica no topo de um vulcão extinto em La Palma, nas Ilhas Canárias. Inaugurado em julho de 2009 pelo rei Carlos da Espanha, oferece aos astrônomos uma visão surpreendentemente clara do céu. A 2.399 m de altura, o telescópio está acima das nuvens, onde os ventos em sua maioria são secos e sem turbulência. Nesse local, próximo à linha do Equador, os cientistas podem estudar todo o hemisfério celeste setentrional e parte do hemisfério sul.

Jesus escolheu uma encosta de montanha para ensinar Seus seguidores sobre as características de uma vida sujeita a Deus. Lá, Ele os ensinou que a atitude, não a altitude, era a chave para obter-se uma visão clara do Pai.

Dentro desta passagem conhecida como as Bem-Aventuranças, Jesus disse: "Bem-aventurados os limpos de coração, porque verão a Deus" (Mateus 5:8). Não é válido somente para os poucos que tentam alcançá-lo, mas para todos que humildemente o receberem. Para termos um coração que seja limpo aos olhos de Deus, precisamos aceitar o perdão do Pai por meio de Cristo, Seu Filho. "Se confessarmos os nossos pecados, ele é fiel e justo para nos perdoar os pecados e nos purificar de toda injustiça" (1 João 1:9).

O topo de uma montanha é um excelente lugar para contemplar as estrelas, mas para vermos Deus claramente, precisamos de uma mudança de coração. —DCM

PARA TER UMA VISÃO CLARA DE DEUS,
FOQUE-SE EM JESUS CRISTO.

13 de março

MOVIDO A CHOCOLATE

Leitura: **1 Reis 19:1-8**

... o testemunho do S*ENHOR é fiel e dá sabedoria aos símplices.*

—SALMO 19:7

Muitas pessoas apreciam a doçura e a energia que o chocolate fornece. Os mecânicos de automóveis, ingleses, descobriram um uso surpreendente para essa guloseima. Cientistas da Universidade de Warwick construíram um carro de corrida que é abastecido com óleos vegetais e chocolate. O combustível supre energia para que o carro possa atingir a velocidade de até 217 quilômetros por hora.

A Bíblia também registra uma fonte de energia incomum vinda de um alimento. Quando Elias foi usado por Deus no monte Carmelo para fazer descer fogo dos céus, esse auge espiritual foi seguido de perseguição e melancolia. Em resposta à depressão de Elias, Deus enviou um anjo para suprir alimento, bebida e descanso ao esgotado profeta. O poder sustentador daquela comida dos céus foi notável: "Levantou-se, pois, comeu e bebeu; e, com a força daquela comida, caminhou quarenta dias e quarenta noites até Horebe, o monte de Deus" (1 Reis 19:8).

Assim como precisamos de alimento para sustentar nossos corpos, precisamos também de alimento nutritivo para nossas vidas espirituais. A Palavra de Deus é "...mais doce do que o mel e o destilar dos favos" (Salmo 19:10) e alimenta nossas almas, "...dá sabedoria aos símplices" (v.7) e traz nutrição e energia para a longa jornada da vida. Invista tempo para alimentar-se desta Palavra. —HDF

DEUS NOS ALIMENTA ATRAVÉS DE SUA PALAVRA.

14 de março

RESPOSTAS ESQUECIDAS

Leitura: **Jó 42:1-6**

Eu te conhecia só de ouvir, mas agora os meus olhos te veem.

—JÓ 42:5

Um amigo meu pediu demissão de dois empregos para cuidar de seu filho adulto em tempo integral, ferido seriamente em um acidente de carro. Naquele mesmo ano, sua esposa há mais de 30 anos contraiu uma doença terminal e morreu.

Desde então, ele diz não ter respostas quando seu filho lhe pergunta "o porquê" isso aconteceu com eles. Mas meu amigo me contou sobre um sonho tranquilizador que tivera em certo momento. Ele havia sonhado que estava em um local repleto de luz solar onde havia multidões de pessoas ao seu redor e um homem respondia a todos "os questionamentos". Cada resposta fazia tanto sentido que ele entendeu claramente por que não deveria saber as respostas naquele momento. Em seu sonho, ele estava com seu filho, mas quando tentou ajudá-lo com suas perguntas, não conseguia lembrar as respostas. Contudo, até isso parecia ser bom. Em seguida, ele acordou.

A experiência desse meu amigo me lembra de outro amigo de Deus que sofreu com perguntas não respondidas (Jó 7:20,21). Somente quando Deus quebrou Seu silêncio e deu a Jó uma visão de Sua pessoa na maravilha da criação, Jó encontrou algo melhor do que respostas (42:1-6). Somente então Jó encontrou paz em saber que nosso Deus tem boas, até mesmo maravilhosas, razões para que confiemos nele. —MRD

HÁ ALGO MELHOR DO QUE RESPOSTAS ÀS NOSSAS PERGUNTAS? CONFIAR NUM DEUS BOM E SEUS MOTIVOS.

15 de março

UMA QUESTÃO DE PERSPECTIVA

Leitura: **Apocalipse 3:14-22**

... nem sabes que tu és infeliz, sim, miserável, pobre, cego e nu.

—APOCALIPSE 3:17

Uma de minhas histórias favoritas é sobre um fazendeiro do Texas que fez consultoria agrícola para outro na Alemanha. Ele perguntou ao fazendeiro alemão sobre o tamanho de sua propriedade e obteve a seguinte resposta, "Mais ou menos 260 hectares." Quando o alemão lhe fez a mesma pergunta sobre o tamanho de sua propriedade, o fazendeiro explicou que se dirigisse sua caminhonete desde o amanhecer até o pôr-do-sol ainda estaria dentro de sua propriedade. Para não ficar em desvantagem, o fazendeiro respondeu, "Também já tive uma caminhonete velha assim!"

Piadas à parte, é importante termos a perspectiva correta. Infelizmente, os cristãos de Laodiceia tinham uma perspectiva errada em relação à prosperidade (Apocalipse 3:14-22). Em vários aspectos eram ricos, pois tinham grandes quantidades de produtos naturais e acreditavam que não precisavam de nada mais — nem mesmo de Jesus. Mas Jesus tinha uma perspectiva diferente. Apesar da prosperidade material, Ele viu que esse povo era "infeliz [...] miserável, pobre, cego e nu" (v.17). Então Ele os convidou a se tornarem verdadeiramente ricos buscando aquilo que apenas Ele poderia lhes prover: pureza, caráter, justiça e sabedoria.

Não caiamos no mesmo erro da igreja de Laocideia. Antes, tenhamos uma perspectiva correta em relação ao significado de ser rico. A verdadeira prosperidade não é mensurada por aquilo que você tem, mas por quem você é em Cristo. —JMS

A PESSOA MAIS POBRE É AQUELA CUJA ÚNICA RIQUEZA É O DINHEIRO.

16 de março

RESPOSTAS DE DEUS

Leitura: **Daniel 9:20-27**

...falava ainda na oração, quando o homem Gabriel [...] me tocou... —DANIEL 9:21

Daniel derramou seu coração diante de Deus (Daniel 9:2). Ele tinha lido o livro de Jeremias e redescoberto a promessa de Deus de que o cativeiro de Israel na Babilônia duraria 70 anos. Dessa maneira, num esforço para representar seu povo diante de Deus, Daniel jejuou e orou. Ele suplicou a Deus que não demorasse em resgatar Seu povo (v.19).

Quando oramos, há coisas que podemos saber e outras que não podemos. Por exemplo, temos a garantia de que Deus ouvirá nossa oração se o reconhecermos como nosso Pai celestial através da fé em Jesus; e sabemos que Sua resposta virá de acordo com a Sua vontade. Mas não sabemos quando virá ou qual será Sua resposta.

Para Daniel, a resposta à sua oração veio imediatamente e de um modo miraculoso. Enquanto ele orava, o anjo Gabriel chegou para suprir-lhe a resposta. Mas a natureza da resposta fora tão surpreendente quanto à rapidez com que viera. Daniel questionou Deus sobre os "70 anos" e a resposta foi sobre as proféticas "70 semanas dos anos." Daniel pediu a Deus uma resposta sobre o aqui e o agora, mas a resposta de Deus estava relacionada com eventos que aconteceriam em milhares de anos.

Centrados como somos em nossa situação imediata, podemos nos chocar com a resposta de Deus. Ainda assim podemos saber que a resposta será para a glória dele. —JDB

AS RESPOSTAS DE DEUS ÀS NOSSAS ORAÇÕES PODEM EXCEDER NOSSAS EXPECTATIVAS.

17 de março

TORNANDO-SE OUVINTE

Leitura: **Lucas 7:1-10**

Tendo ouvido falar a respeito de Jesus, enviou-lhe alguns anciãos dos judeus, pedindo-lhe que viesse curar o seu servo.

—LUCAS 7:3

"Você poderia orar por minha irmã?" o robusto trabalhador pediu sem jeito. Olhei-o desconfiado.

Alguns meses antes, o calor úmido intensificava as emoções, na atmosfera tensa da montadora em que eu trabalhava naquele verão. Gerentes lideravam a produção em ritmo frenético e os membros do sindicato resistiam. Durante os intervalos, éramos instigados pelos sindicalistas a diminuirmos o ritmo de nossa produção. Minha fé e idealismo me colocaram em maus lençóis, pois eu sabia que Deus não aceitaria menos que o meu esforço máximo. Ingenuamente tentei explicar.

A reação de meus colegas de trabalho foi o assédio, e o líder do grupo era este robusto trabalhador pedindo a oração. Se surgisse uma tarefa indesejada? Eu era designado para executá-la. Se alguém fizesse uma piada vulgar, eu era o alvo.

Por esse motivo, ao ouvir o pedido de oração reagi com suspeita. "Por que eu?" E a resposta dele me chocou: "Porque ela está com câncer," disse asperamente, "e preciso que seja alguém a quem Deus ouça". O amargo rancor entre nós se atenuava conforme eu orava por sua irmã.

Assim como o centurião no livro de Lucas 7, as pessoas que enfrentam as tempestades da vida não desperdiçam tempo ou medem palavras. Elas vão diretamente às pessoas cuja fé identificam como verdadeira. Nós precisamos ser essas pessoas. Será que nossas vidas demonstram que temos intimidade com Deus? —RKK

ATÉ MESMO A ALMA MAIS ENDURECIDA PODE PEDIR AJUDA QUANDO ALGUÉM AMADO ESTÁ SOB RISCO.

18 de março

AFASTA-ME DA IRA

Leitura: **Salmo 37:8-11**

Deixa a ira, abandona o furor...

—SALMO 37:8

Tenho um amigo cujos cartões de apresentação são impressos com a imagem da escultura "O Pensador" do artista francês Rodin. Esta famosa escultura representa um homem em solene reflexão. Abaixo da imagem há uma inscrição: "A vida não é justa."

De fato, não é. E qualquer teoria que insista que a vida é justa será ilusória e enganosa.

No entanto, apesar da opressiva injustiça da vida, Davi no Salmo 37 ora para que ele não revide, mas ao contrário, descanse no Senhor e espere pacientemente até que Ele traga justiça à terra no tempo certo (v.7). "Porque os malfeitores serão exterminados, mas os que esperam no SENHOR possuirão a terra" (v.9).

Nossa ira tende a ser vingativa e punitiva. A ira de Deus é livre de interesse próprio, e, é temperada com misericórdia. Sua ira pode revelar-se em Seu inexorável amor, o qual leva os nossos adversários ao arrependimento e fé. Não devemos nos vingar, "...porque está escrito: A mim me pertence a vingança; eu é que retribuirei, diz o Senhor [...] Não te deixes vencer do mal, mas vence o mal com o bem" (Romanos 12:19,21).

Isto deve começar no coração, a nascente de onde fluem as questões de nossas vidas. Deixemos a ira, abandonemos o furor e esperemos pacientemente pelo Senhor. —DHR

VINGANÇA CONTIDA É VITÓRIA GARANTIDA.

19 de março

VISTA-SE

Leitura: **Efésios 6:13-21**

... tomai toda a armadura de Deus, para que possais resistir no dia mau e, depois de terdes vencido tudo, permanecer inabaláveis.

—EFÉSIOS 6:13

Quando eu jogava futebol americano na infância, precisei me acostumar com todos os aparatos que tínhamos que vestir. Correr com eficiência usando um capacete, proteção de ombros e uma variedade de outros itens de proteção podem de início, parecer estranho e desajeitado. Mas com o tempo, todos os apetrechos protetores tornam-se amigos constantes, que nos protegem de sérios ferimentos. Quando um jogador de futebol se veste, ele sabe que o equipamento é projetado para protegê-lo na batalha contra um oponente perigoso.

Como seguidores de Cristo, também enfrentamos um perigoso adversário — um inimigo espiritual que busca nos derrubar e destruir. Felizmente, nosso Senhor nos concede proteção e nos desafia a vestirmo-nos para a batalha espiritual.

Em Efésios 6:13, lemos, "Portanto, tomai toda a armadura de Deus, para que possais resistir no dia mau e, depois de terdes vencido tudo, permanecer inabaláveis." Em seguida, Paulo descreve nossa armadura — capacete, couraça, escudo, espada, cinto e calçados. Estas partes do equipamento espiritual são úteis somente se as vestirmos e usarmos — mesmo que a princípio, nos sintamos desconfortáveis. Fidelidade na Palavra (v.17), em oração (v.18) e no testemunho (vv.19-20) são essenciais para que nossa armadura passe a fazer parte de nós. Portanto, vista-se! A batalha começou! —WEC

A ARMADURA DE DEUS É FEITA SOB MEDIDA PARA VOCÊ, MAS É NECESSÁRIO VESTI-LA.

20 de março

AS ROCHAS

Leitura: **Josué 4**

... Quando [...] vossos filhos perguntarem [...]: Que significam estas pedras?, fareis saber [...] Israel passou em seco este Jordão.

—JOSUÉ 4:21-22

Há pouco tempo, nossos amigos fizeram uma reunião em sua casa e convidaram um grupo de pessoas que amavam música. Kevin e Ilsa, ambos músicos talentosos, pediram que cada pessoa ou casal levasse uma rocha para uma fogueira que era frequentemente o cenário no qual faziam suas sessões musicais noturnas. Mas eles não queriam simplesmente pedras. Pediram que marcassem cada pedra com um nome, data ou evento que indicasse como ou quando todos haviam se conhecido.

Deus sentiu que os israelitas precisavam de um lembrete sobre um acontecimento incrível ocorrido em suas vidas. Apesar de o rio Jordão estar em época de cheia, os israelitas puderam atravessá-lo em solo seco porque Deus impediu que a água fluísse (Josué 3:13-17). Algo semelhante tinha ocorrido durante a fuga do Egito (ver Êxodo 14:21-31). Naquela ocasião, no entanto, Deus instruiu Seu povo a construir um memorial de rochas para que no futuro quando as crianças perguntassem sobre aquelas rochas, seus pais pudessem lembrá-las da poderosa mão de Deus (Josué 4:23-24).

Assim como Deus continuamente zelou pelos israelitas, Ele continua a prover por nossas necessidades ainda hoje. Que "recordações" você usará para lembrar seus filhos, netos, — e até mesmo você — sobre as evidências do poder de Deus? —CHK

LEMBRAR-SE DA BONDADE DE DEUS
É UM BOM REMÉDIO PARA A DÚVIDA.

21 de março

ELOGIOS DE GRAÇA

Leitura: **Provérbios 16:20-28**

Palavras agradáveis são como favo de mel:
doces para a alma e medicina para o corpo. —PROVÉRBIOS 16:24

Durante um momento de crise econômica e notícias deprimentes, dois estudantes de uma universidade decidiram animar as pessoas no campus com algumas palavras encorajadoras. Durante duas horas todas as quartas-feiras à tarde, Carlos e Bernardo permaneciam em pé em uma passagem muito movimentada segurando um grande cartaz "Elogios de graça" e dizendo coisas boas a todos que passavam por ali. "Gosto do seu casaco vermelho." "Suas botas são muito legais." "Que sorriso lindo!" Alguns estudantes disseram que passavam pelos "meninos dos elogios" todas as quartas-feiras, de propósito, apenas para ouvirem uma palavra amável.

Fiquei impressionado com esses dois rapazes que olhavam para as pessoas com o objetivo de elogiá-las em vez de procurar defeitos ou criticá-las. Será que eu, como cristão, enxergo os outros desta forma diariamente?

Em vez de sermos como a pessoa que se atém ao mal e cujo discurso é como "...fogo ardente" (Provérbios 16:27), podemos escolher uma abordagem diferente, sabendo que aquilo que dizemos vem do profundo de nosso ser. "O coração do sábio é mestre de sua boca e aumenta a persuasão nos seus lábios. Palavras agradáveis são como favo de mel: doces para a alma e medicina para o corpo" (vv.23-24).

Palavras amáveis podem ser gratuitas, porém são impagáveis para elevar o espírito. Por que não encorajar alguém hoje? —DCM

UM ELOGIO FEITO COM GENTILEZA CAI SUAVEMENTE,
E TRAZ ENORME SATISFAÇÃO.

22 de março

COMO FLORESCER

Leitura: **1 Pedro 1:1-9**

... alegrai-vos na medida em que sois co-participantes dos sofrimentos de Cristo... —1 PEDRO 4:13

Moro com minha família num apartamento, por isso nosso "jardim de flores" é na verdade aquilo que temos em vasos. Por muito tempo nossas plantas não floresciam, independentemente de regas e adubação. Descobrimos então que o solo deveria ser revirado para que as plantas florescessem. Agora olhamos cheios de alegria para nossos vasos de plantas, ao ver as folhas saudáveis e as flores desabrochando.

Algumas vezes precisamos que nossas vidas também sejam um pouco reviradas para florescermos. Ao escrever aos cristãos perseguidos daqueles dias, Pedro disse, "Amados, não estranheis o fogo ardente que surge no meio de vós, destinado a provar-vos, como se alguma coisa extraordinária vos estivesse acontecendo; pelo contrário, alegrai-vos..." (1 Pedro 4:12,13).

Assim como o solo em nossos vasos de plantas, as vidas destes cristãos estavam sendo "reviradas." Deus assim o fez para permitir que a fé daquelas pessoas lhe trouxessem louvor e glória ao revelar Jesus Cristo (1 Pedro1:7).

Deus quer nos libertar das coisas que podem sufocar nossas vidas e nos impedir de irradiar alegria. Algumas vezes, para que isso aconteça, Ele precisa permitir dor e dificuldade — provações que ajudam a revirar o solo de nossas vidas. Se você está passando por isso hoje, alegre-se. Entregue-se ao Seu toque e conquiste a alegria e os frutos que dela derivam, os quais você jamais imaginou ser possível. —CPH

OS QUE BENDIZEM A DEUS EM SUAS PROVAÇÕES, ATRAVÉS DELAS, SERÃO ABENÇOADOS POR DEUS.

23 de março

GRACIAS!

Leitura: **1 Crônicas 16:7-10, 23-36**

Rendei graças ao SENHOR*...*

—1 CRÔNICAS 16:8

Ao visitar o México, gostaria de ter sido capaz de falar espanhol. Eu sabia como dizer *gracias* (obrigado), *muy bien* (muito bem) e *hola* (oi). Mas era praticamente só isso. Acabei me cansando de dizer apenas gracias a todo mundo que falava comigo ou fazia algo por mim.

Mas jamais deveríamos cansar de dizer palavras de agradecimento a Deus. Davi reconhecia a importância da gratidão. Após tornar-se rei de Israel e ter construído uma tenda onde pudesse guardar a arca da aliança (onde a presença de Deus habitava), nomeou alguns dos levitas para "...celebrar, e louvar, e exaltar o SENHOR..." (1 Crônicas 16:4). Muitas pessoas permaneciam lá para oferecer sacrifícios e dar graças a Deus diariamente (vv.37,38).

Davi também entregou a Asafe e seus irmãos um cântico de gratidão (1 Crônicas 16:8-36). Seu salmo dava graças por aquilo que o Senhor havia feito: "...entre os povos, os seus feitos" (v.8), "...as suas maravilhas" (v.9), "das maravilhas que fez [...] e dos juízos dos seus lábios..." (v.12), e Sua "salvação" (v.35). O cântico de Davi também rendia louvor a quem o Senhor era: bom, misericordioso e santo (vv.34,35).

Assim como Davi, jamais deveríamos cansar de dizer *gracias* a Deus por quem Ele é e por tudo o que Ele tem feito por nós. Invista tempo hoje para oferecer seu sacrifício de louvor a Ele. —AMC

O CORAÇÃO CHEIO DE LOUVOR AGRADA A DEUS.

24 de março

QUEM É ESTE?

Leitura: **Lucas 19:28-40**

... Bendito é o Rei que vem em nome do Senhor!...

—LUCAS 19:38

Imagine-se parado, ombro a ombro com expectadores numa estrada suja. A mulher atrás de você está na ponta dos pés, tentando ver quem está vindo. À distância você vislumbra um homem montando um jumento. À medida que Ele se aproxima, as pessoas jogam seus casacos para cobrir a estrada. Repentinamente, você ouve o som de um galho de árvore se partindo. Um homem está cortando galhos de palmeiras e as pessoas os espalham para a passagem do jumento.

Os seguidores de Jesus zelosamente o honraram enquanto Ele entrava em Jerusalém alguns dias antes de Sua crucificação. A multidão regozijava e louvava a Deus por "...todos os milagres que tinham visto" (Lucas 19:37). Os devotos de Jesus o cercaram, clamando, "Bendito é o Rei que vem em nome do Senhor!" (v.38). Tanta honra e tanto entusiasmo influenciou o povo de Jerusalém. Quando Jesus finalmente chegou, "...toda a cidade se alvoroçou, e perguntavam: Quem é este?" (Mateus 21:10).

Hoje, as pessoas ainda têm curiosidade sobre Jesus. Apesar de não podermos pavimentar o Seu caminho com galhos de palmeira ou proclamar louvores a Ele em pessoa, ainda podemos honrá-lo. Podemos falar sobre Suas obras extraordinárias, ajudar pessoas necessitadas (Gálatas 6:2), pacientemente suportar insultos (1 Pedro 4:14-16) e amar uns aos outros profundamente (v.8). Devemos também estar prontos para responder aos expectadores que perguntam: "Quem é Jesus?" —JBS

HONRAMOS O NOME DE DEUS QUANDO O CHAMAMOS DE NOSSO PAI E VIVEMOS COMO O SEU FILHO.

25 de março

FRACASSOS ANÔNIMOS

Leitura: **João 21:3-17**

Ao saltarem em terra, viram ali umas brasas e, em cima, peixes; e havia também pão. —JOÃO 21:9

É minha a tarefa de assar os hambúrgueres, linguiças, filés ou qualquer outra coisa que minha esposa coloque no cardápio. E apesar de não ser o melhor churrasqueiro, eu amo o inesquecível aroma que resulta do ato de grelhar com carvão. Por essa razão as "brasas" em João 21:9 chamam minha atenção. E fico imaginando por que João incluiria este detalhe na história sobre Jesus e este chamaria Pedro, um fracassado, para voltar a segui-lo.

Nos versículos 1-3, vê-se que Pedro reabriu seu negócio de pescaria. Apenas alguns dias antes, ele aquecia suas mãos sobre as brasas quando negou a Jesus para salvar sua própria pele (João 18:17-18). Então por que não voltar a pescar?

Enquanto Pedro e seu grupo lançavam as redes, Jesus fez uma fogueira na praia. Coincidência? Duvido! E fico imaginando se ao abordar Jesus e sentir o aroma do carvão queimando, Pedro lembrou-se daquela outra fogueira, próxima a qual havia traído Jesus. Contudo, Jesus em Sua misericórdia tomou a iniciativa e chamou Pedro novamente para servi-lo.

Pense nisto: Jesus está disposto a perdoar nossas falhas e chamar-nos para servi-lo. Afinal de contas, se apenas pessoas perfeitas fossem qualificadas para servi-lo, não haveria ninguém que Ele pudesse escolher!

—JMS

NOSSA IMPERFEIÇÃO NÃO NOS DESQUALIFICA AO SERVIÇO A DEUS; ENFATIZA NOSSA DEPENDÊNCIA DE SUA MISERICÓRDIA.

26 de março

O ECLIPSE DE COLOMBO

Leitura: **2 Coríntios 2:14-17**

Porque nós não estamos, como tantos outros, mercadejando a palavra de Deus… —2 CORÍNTIOS 2:17

Em uma de suas viagens, Cristóvão Colombo descobriu que o estoque de alimento de sua tripulação estava quase esgotado. Ao ancorar na ilha da Jamaica, ficou muito grato por receber alimento dos nativos. Mas com o passar do tempo, as doações de alimentos diminuíram e a tripulação começou a passar fome.

Colombo lera em um livro de astronomia que um eclipse lunar ocorreria em breve. Chamou os chefes do povo nativo da ilha e disse-lhes que Deus estava zangado com o egoísmo do povo e por isso encobriria a lua. A princípio os nativos escarneceram, mas ao observarem a circunferência noturna prateada escurecer lentamente, ficaram aterrorizados e rapidamente trouxeram comida. Colombo disse que se eles orassem, a lua seria restaurada. Apesar de talvez sentirmos empatia devido às circunstâncias a que Colombo estava submetido, a "mensagem de Deus" transmitida por ele foi desonesta e egoísta.

Cientes da existência de charlatões religiosos que "mercadejavam" a Palavra de Deus em seus próprios benefícios, o apóstolo Paulo escreveu: "Porque nós não estamos, como tantos outros, mercadejando a palavra de Deus; antes, em Cristo é que falamos na presença de Deus, com sinceridade e da parte do próprio Deus" (2 Coríntios 2:17).

Em todo tempo estejamos alertas para não distorcermos a mensagem de Deus a fim de obter dos outros o que desejamos. Com um coração rendido a Deus, precisamos compartilhar, honestamente, as verdades espirituais que beneficiarão àqueles que as ouvem. —HDF

O PROPÓSITO DE COMPARTILHAR A VERDADE DE DEUS É BENEFICIAR OUTROS, NÃO O AUTOFAVORECIMENTO.

27 de março

TEOLOGIA É PARA TODOS

Leitura: **Jeremias 23:25-32**

... eu sou o SENHOR *e faço misericórdia, juízo e justiça na terra ...*

—JEREMIAS 9:24

Algumas pessoas dizem que teologia é apenas para "profissionais". Mas a situação nos dias do profeta Jeremias ilustra a importância de todos saberem o que Deus diz sobre si mesmo.

Os estudiosos da religião daquela época estavam representando Deus de maneira errônea, profetizando "...o engano do próprio coração..." (Jeremias 23:26) e desviando o povo com suas mentiras (Jeremias 23:32). Como resultado da desonestidade destas pessoas, o povo não conhecia a verdadeira natureza de Deus.

Hoje há pessoas que retratam Deus como alguém irado, vingativo e ávido em punir pessoas por mínimas ofensas. Deus, no entanto, se descreve como "...compassivo, clemente e longânimo e grande em misericórdia e fidelidade" (Êxodo 34:6). Outras pessoas apresentam ao mundo uma imagem de um Deus amoroso que é bondoso demais para punir as transgressões. Mas Deus se descreve como aquele que pratica julgamento e justiça (Jeremias 9:24). Ele é ambos: um Juiz justo e um Pai amoroso. Se enfatizarmos um em detrimento de outro, criaremos uma falsa imagem de Deus.

O mais importante que podemos conhecer a respeito de Deus e proclamar ao mundo é que Ele não deseja punir as pessoas, mas quer que se arrependam para que possa perdoá-las (2 Pedro 3:9). No entanto, para ser verdadeiramente amoroso, Deus também precisa ser completamente justo. —JAL

TODOS DEVEM ENFRENTAR A FACE DO SENHOR
COMO SALVADOR OU COMO JUIZ.

28 de março

VALE MEDALHA DE OURO

Leitura: **Filipenses 2:4-11**

Não tenha cada um em vista o que é propriamente seu, senão também cada qual o que é dos outros. —FILIPENSES 2:4

No campeonato estadual de corrida de revezamento entre escolas do ensino médio do estado do Kansas, EUA, em 2009, algo incomum aconteceu: a equipe feminina que venceu o revezamento de 3.200 m foi desqualificada. Mas o que aconteceu em seguida foi ainda mais incomum. A equipe premiada como campeã estadual, por deliberação, deu suas medalhas à equipe que havia sido desqualificada.

A primeira escola perdeu o primeiro lugar porque os juízes determinaram que uma das atletas tinha saído de sua pista enquanto entregava o bastão. Isso significava que a segunda equipe, Academia Maranata, seria promovida ao primeiro lugar. Após receberem suas medalhas, as meninas vencedoras perceberam os olhares deprimidos nos rostos das atletas que haviam perdido, e lhes entregaram suas medalhas individuais.

Por que elas fizeram isto? A treinadora da equipe vencedora disse: "Nosso tema neste ano era correr não para conquistarmos glória pessoal, mas glória a Deus." Em decorrência da atitude dessas meninas, a história foi contada por todo o estado do Kansas e o nome de Deus foi exaltado.

Quando colocamos nossos interesses e realizações de lado para reconhecer que é melhor zelar pelos interesses dos outros (Filipenses 2:4), vemos o nome de Deus ser glorificado. Agir com graça e bondade em relação aos outros é uma das melhores formas de levar as pessoas a Deus.

—JDB

QUANDO AMAMOS A DEUS, SERVIREMOS AOS OUTROS.

29 de março

O PECADO FERE

Leitura: **Hebreus 2:10-18**

... derramou a sua alma na morte; foi contado com os transgressores; contudo, levou sobre si o pecado de muitos...

—ISAÍAS 53:12

Cedo ou tarde todos nós sentimos os dolorosos efeitos do pecado. Algumas vezes é o peso de nosso próprio pecado e a vergonha e o embaraço por ter fracassado miseravelmente. Em outros momentos, é o fardo do pecado de outra pessoa que nos subjuga — alguém que traiu, abandonou, ridicularizou, fraudou ou nos fez de bobos.

Recorde-se de um momento em que o peso da culpa ou dor foi tão grande a ponto de você não conseguir sair da cama. Agora tente imaginar o peso de toda a aflição que o pecado de cada um causou em sua família, igreja e vizinhança. Some a esta aflição, todo o sofrimento que o pecado causou a cada um em sua cidade, estado, país e ao mundo. Agora tente imaginar a dor acumulada que o pecado causou desde o início da criação.

Causa alguma surpresa o peso de todo este pecado ter arrancado aos poucos a vida de Jesus na noite em que Ele foi chamado para carregar esse fardo? (Mateus 26:36-44). No dia seguinte, até mesmo o Seu amado Pai o abandonaria. Não há qualquer outro sofrimento que se possa comparar.

O pecado colocou Jesus frente à suprema provação. Mas Seu amor a tudo resistiu, Sua força o sustentou e Seu poder superou o sofrimento. Graças à morte e ressurreição de Jesus, sabemos que sem dúvida alguma, o pecado não pode e não irá vencer. —JAL

O TÚMULO VAZIO DE CRISTO GARANTE NOSSA VITÓRIA SOBRE O PECADO E A MORTE.

30 de março

SIRVA-O HOJE

Leitura: **1 Samuel 12:19-25**

... não vos desvieis de seguir o SENHOR,
mas servi ao SENHOR *de todo o vosso coração.* —1 SAMUEL 12:20

A maioria de nós já quis algo tão avidamente que, mesmo sabendo que era errado, nos lançamos nesta busca de qualquer maneira. Mais tarde, sentimos culpa pela teimosia espiritual e estupidez. Ao desobedecermos a Deus deliberadamente, podemos irar-nos com nós mesmos, sermos entorpecidos pelo remorso ou entregues às consequências de nosso erro tolo. Mas há outra escolha.

Quando o povo de Israel insistiu em ter um rei, apesar dos avisos do profeta Samuel (1 Samuel 8:4-9), Deus permitiu que acontecesse como eles desejavam. Porém, quando perceberam os resultados trágicos de sua escolha, pediram a ajuda e as orações de Samuel (12:19). Samuel disse ao povo: "...Não temais; tendes cometido todo este mal; no entanto, não vos desvieis de seguir o SENHOR, mas servi ao SENHOR de todo o vosso coração" (12:20).

Não podemos desfazer o dia de ontem, mas podemos agir hoje de modo a influenciarmos o amanhã. Samuel prometeu orar por eles e ensinar-lhes o caminho certo, e frisou: "Tão-somente, pois, temei ao SENHOR e servi-o fielmente de todo o vosso coração; pois vede quão grandiosas coisas vos fez" (1 Samuel 12:24).

Deus nos convida a servi-lo hoje, e a reconhermos humildemente Seu perdão e Sua fidelidade. —DCM

NÃO PERMITA QUE OS FRACASSOS DE ONTEM
ARRUÍNEM OS ESFORÇOS DE AMANHÃ.

31 de março

BOM PARA SER VERDADE?

Leitura: **Lucas 24:1-12**

Tais palavras lhes pareciam um como delírio, e não acreditaram nelas. —LUCAS 24:11

Na década de 1980, os irmãos John e Thomas Knoll iniciaram experiências com um programa de computador para manipular imagens. As empresas de software achavam que eles estavam loucos, pois os fotógrafos não utilizavam computadores naquela época. Inicialmente, os irmãos intitularam seu programa de *Display*, depois *Imaginator* e finalmente *Photoshop*®. Hoje em dia, o *Photoshop*® é usado por amadores em casa e por profissionais em empresas ao redor do mundo. O artigo de um jornal americano registrou o seu uso em linguagem popular. Quando uma imagem parece ser boa demais para ser verdade, as pessoas dizem: "com certeza foi photoshopeado."

Na primeira manhã de Páscoa, as mulheres que levaram especiarias para ungir o corpo de Jesus encontraram o túmulo vazio e ouviram os anjos dizer, "Ele não está aqui, mas ressuscitou..." (Lucas 24:6). Quando as mulheres disseram isto aos discípulos, "Tais palavras lhes pareciam um como delírio, e não acreditaram nelas" (v.11). Absurdo! Inacreditável! Bom demais para ser verdade!

Se alguém manipulou as evidências, milhões de pessoas ao redor do mundo reúnem-se hoje para celebrar um mito. Mas se Jesus venceu a morte, tudo o que Ele disse sobre perdão, poder para mudar e vida eterna é verdadeiro.

Porque Cristo ressuscitou e vive hoje, essa notícia é boa demais para não ser verdade! —DCM

A RESSURREIÇÃO É UM FATO HISTÓRICO QUE EXIGE UMA RESPOSTA DE FÉ.

1 de abril

ALIMENTAR-SE

Leitura: **Hebreus 5:12; 6:2**

Pois, com efeito, quando devíeis ser mestres…

—HEBREUS 5:12

Os filhotes de águia estavam famintos e mamãe e papai pareciam ignorá-los. O mais velho dos três decidiu acabar com sua fome roendo um galho. Aparentemente, não era muito saboroso, pois logo o deixou de lado.

O grande peixe logo atrás dos filhotes intrigou-me neste pequeno drama transmitido através da webcam de um Jardim Botânico. Mas os filhotes ainda não tinham aprendido a alimentar-se e esperavam que seus pais partissem seu alimento em pequenos pedaços e os alimentassem. Dentro de algumas semanas, no entanto, os pais os ensinarão a se alimentarem — uma de suas primeiras lições de sobrevivência. Se os filhotes não desenvolverem esta habilidade, jamais conseguirão sobreviver por conta própria.

O autor de Hebreus falou de um problema semelhante no campo espiritual. Algumas pessoas na igreja não estavam amadurecendo espiritualmente. Não tinham aprendido a distinguir entre o bem e o mal (Hebreus 5:14). Assim como aqueles filhotes, não tinham aprendido a diferença entre um galho e um peixe. Eles ainda precisavam ser alimentados por alguém quando deveriam não apenas alimentar a si mesmos, mas a outros também (v.12).

Embora seja bom receber o alimento espiritual de pregadores e mestres, o crescimento e a sobrevivência espiritual também dependem de sabermos como nos alimentar. —JAL

O CRESCIMENTO ESPIRITUAL REQUER O SÓLIDO ALIMENTO ENCONTRADO NA PALAVRA DE DEUS.

2 de abril

RECONHECIDA COMPAIXÃO

Leitura: **Atos 11:19-26**

Porque era homem bom, cheio do Espírito Santo e de fé. E muita gente se uniu ao Senhor. —ATOS 11:24

Durante seus dois anos de comando no Forte Carson, no Colorado, EUA, o general de exército Mark Graham tornou-se conhecido e querido pela forma como tratava outras pessoas. Um de seus colegas do exército disse: "Nunca conheci um oficial que fosse tão compassivo e interessado no bem-estar dos soldados e de suas famílias." Após perder um filho por suicídio e outro que morreu em combate, Mark e sua esposa, Carol, dedicaram-se a ajudar os soldados e suas famílias a lidar com o estresse, depressão e perdas resultantes do serviço militar.

No livro de Atos, um seguidor de Cristo era bem conhecido por seu cuidado e preocupação com outros. Seu nome era José, mas na igreja primitiva, os apóstolos o chamavam de Barnabé — "filho do encorajamento". Barnabé testemunhou em favor do recém-convertido Saulo quando outros duvidaram da sinceridade de sua fé (Atos 9:26-27). Mais tarde, Barnabé levou Saulo de Tarso para ensinar aos cristãos de Antioquia (11:25-26). E foi Barnabé quem quis dar uma segunda chance a João Marcos, após ele ter falhado em uma viagem missionária anterior (15:36-38).

Compaixão é um sentimento interno que resulta em atitudes visíveis. Deveria ser nosso uniforme diário de serviço (Colossenses 3:12). Que sejamos conhecidos por isso, pela graça de Deus. —DCM

A VERDADEIRA COMPAIXÃO É O AMOR EM AÇÃO.

3 de abril

EXAMES PERIÓDICOS

Leitura: **1 Coríntios 11:27-29**

Examine-se, pois, o homem a si mesmo, e, assim, coma do pão, e beba do cálice. —1 CORÍNTIOS 11:28

Todo ano faço aquela visita periódica ao consultório médico onde sou cutucado e picado com agulhas, examinado e estudado. É algo que pode facilmente amedrontar ou até mesmo intimidar. Não temos certeza do que será detectado nos testes ou o que os médicos dirão. No entanto, sabemos que precisamos desta avaliação para entender nosso bem-estar físico, e o que é necessário para seguirmos adiante.

Na vida espiritual do seguidor de Cristo ocorre a mesma necessidade. De tempos em tempos, precisamos de um intervalo para refletir sobre a condição das nossas vidas e corações.

A mesa do Senhor é um lugar importante para o autoexame. Paulo escreveu aos coríntios, que estavam comendo de forma indigna: "Examine-se, pois, o homem a si mesmo, e, assim, coma do pão, e beba do cálice" (1 Coríntios 11:28). Na celebração da morte de Cristo por nós, pode realmente acontecer um claro equilíbrio de pensamento e compreensão, pois ao considerarmos o preço pago por Jesus encontramo-nos no momento ideal para uma reflexão sobre a condição do nosso coração e de nossos relacionamentos. E, então, com uma clara compreensão de nosso bem-estar espiritual, podemos voltar a Ele para recebermos a graça necessária para, em Seu nome, prosseguirmos. É este o momento para o seu exame periódico? —WEC

O AUTOEXAME É UM TESTE DO QUAL NENHUM CRISTÃO ESTÁ LIVRE.

4 de abril

MANGUEIRA PRESA

Leitura: **2 Timóteo 2:1-7**

Nenhum soldado em serviço se envolve em negócios desta vida...

—2 TIMÓTEO 2:4

Felipe Massa, do Brasil, deveria ter vencido o Grande Prêmio de Fórmula 1 em Singapura, em setembro de 2008. Mas ao retornar de uma parada para reabastecimento enquanto ainda estava na liderança, a mangueira de combustível ainda estava presa ao veículo. Quando sua equipe finalmente removeu a mangueira, o piloto já havia perdido tanto tempo que terminou em décimo terceiro lugar.

O apóstolo Paulo avisou Timóteo sobre outro tipo de obstáculo que poderia derrotá-lo — "os negócios desta vida" (2 Timóteo 2:4). Ele recomendou ao jovem que não permitisse qualquer distração da causa de seu Senhor e Mestre.

Existem muitos atrativos em nosso mundo com os quais é fácil nos envolvermos — passatempos, esportes, televisão, jogos de computador. No início, podemos até considerá-los como atividades de reabastecimento, mas em seguida estes podem envolver nosso tempo e pensamento a ponto de interferir no propósito para o qual Deus nos criou: compartilhar as boas-novas de Cristo; servi-lo com nossos dons e trazer-lhe glória.

Paulo disse a Timóteo o porquê ele não deveria envolver-se em negócios desta vida: para que pudesse "...satisfazer àquele que o arregimentou" (v.4). Se o seu desejo é agradar ao Senhor Jesus, você desejará desvencilhar-se do mundo. Como João nos lembra: "Ora, o mundo passa, bem como a sua concupiscência; aquele, porém, que faz a vontade de Deus permanece eternamente" (1 João 2:17). —CPH

EMBORA VIVAMOS NESTE MUNDO,
DEVEMOS DECLARAR NOSSA LEALDADE AOS CÉUS.

5 de abril

A ÚLTIMA BALA DE GOMA

Leitura: **Salmo 34:1-10**

Oh! Provai e vede que o SENHOR *é bom [...] aos que buscam o* SENHOR *bem nenhum lhes faltará.* —SALMO 34:8,10

Uma tarde, Ângela deu para sua filha quatro balinhas e avisou-a que essa seria sua cota de doces do dia.

Após praticamente sugar as três primeiras balas, Eliana prolongou o seu prazer com a última. Ela chupou a bala, tirou-a da boca, mordeu-a, chupou-a mais um pouco e então mordeu a camada externa. Por saber que esta era sua última bala, gastou 45 minutos para ingerir por completo o doce.

Ângela deleitou-se observando a sua pequena filha, e percebeu que a observava enquanto Eliana aprendia o valor de saborear — aproveitar o gosto e a textura e aprender a extrair o completo sabor da experiência prazerosa.

Quando lemos, "Oh! Provai e vede que o SENHOR é bom..." (Salmo 34:8), podemos ter certeza de que Deus quer que "saboreemos" Sua presença. Ele nos permite alcançar o conhecimento íntimo e agradável de Sua pessoa. E quando meditarmos em Sua Palavra extrairemos dela um conhecimento mais profundo sobre quem Ele é (Ezequiel 3:1-3). Ao provarmos Sua bondade e amor, Ele nos revelará o *sabor* característico de Sua criatividade, soberania, santidade e fidelidade.

Nosso Pai deve observar-nos com prazer enquanto aprendemos a apreciá-lo. —CHK

APRECIAR A PRESENÇA DE DEUS
É O NOSSO MAIOR PRIVILÉGIO.

6 de abril

ASTROS ESPIRITUAIS

Leitura: **1 Coríntios 3:1-15**

Quando, pois, alguém diz: Eu sou de Paulo, e outro: Eu, de Apolo, não é evidente que andais segundo os homens?

—1 CORÍNTIOS 3:4

A cultura atual está repleta de astros. Grandes jogadores de futebol criam tanta empolgação que alguns fãs ficaram conhecidos pelo tumulto nas arquibancadas. Músicos populares têm fãs que os assistem com veneração durante todo o show. As celebridades de Hollywood contratam guarda-costas para protegê-las de fanáticos que os perseguem com adoração.

No primeiro século, os cristãos de Corinto estavam divididos com relação a seus próprios "astros espirituais". Paulo via este favoritismo como um reflexo da natureza pecaminosa do coração duro de um cristão. E perguntou: "Quando, pois, alguém diz: Eu sou de Paulo, e outro: Eu, de Apolo, não é evidente que andais segundo os homens?" (1 Coríntios 3:4).

O ensino do apóstolo sobre como enxergamos os líderes cristãos coloca o assunto em uma perspectiva bíblica que produz estima mútua àqueles que a ministram: "Eu plantei, Apolo regou; mas o crescimento veio de Deus" (v.6). Cada um deles fez sua parte: Paulo plantou a semente espiritual através do evangelismo e Apolo a regou com seu eloquente ensino bíblico. Mas foi Deus quem fez a semente da vida espiritual crescer. Somente Ele é o "astro".

Sejamos cuidadosos para não colocar líderes cristãos em pedestais. Antes, consideremos o modo como Deus usa uma variedade de líderes espirituais para Sua honra e glória. —HDF

CADA PESSOA TEM SEU LUGAR NO SERVIÇO DE DEUS E APENAS ELE MERECE A GLÓRIA.

7 de abril

DIFÍCIL APRENDIZADO

Leitura: **Hebreus 12:3-11**

Toda disciplina, com efeito, no momento não parece ser motivo de alegria [...] entretanto, produz fruto pacífico [...] de justiça.

—HEBREUS 12:11

Dentre as minhas memórias de infância, uma se destaca. Apesar de não mais lembrar o que minha professora disse, me lembro claramente de dizer-lhe para "calar a boca." Ela mandou que eu fosse para casa. Levantei-me e deixei a sala do jardim de infância para andar metade da quadra até minha casa. Ao descer a rua vi minha mãe trabalhando no jardim nos fundos de nossa casa. Naquele momento, percebi que precisava tomar uma decisão estratégica — continuar no caminho e dizer à minha mãe por que estava em casa mais cedo ou dar a volta e enfrentar minha professora.

Quando voltei para a sala de aula, fui imediatamente levado ao banheiro e a professora lavou minha boca com sabonete. Este tipo de disciplina provavelmente não seria aplicado nos dias de hoje, mas, acredite em mim, naquela época deu resultado! Até hoje sou intensamente cuidadoso com o impacto que minhas palavras podem causar.

Como somos filhos de Deus, Ele está profundamente interessado em nosso crescimento saudável. Algumas vezes o Senhor precisa nos confrontar com circunstâncias desagradáveis, para chamar nossa atenção e reorientar nossas vidas a fim de melhor produzirmos o "fruto pacífico de justiça" (Hebreus 12:11).

Não resista à mão corretiva de Deus. Reaja às Suas repreensões com gratidão por Ele amá-lo a ponto de se preocupar com o tipo de pessoa a qual você está se tornando. —JMS

A CORREÇÃO DE DEUS É A NOSSA ESPERANÇA PARA UMA VIDA MELHOR.

8 de abril

RESTAURAÇÃO ESPECIALIZADA

Leitura: **2 Coríntios 5:14-21**

... se alguém está em Cristo [...] as coisas antigas já passaram; eis que se fizeram novas.

—2 CORÍNTIOS 5:17

Certa mulher que restaura pinturas valiosas diz que muitas obras de arte que parecem desesperadamente danificadas podem ser recuperadas por um especialista. Rebecca McLain devolveu cor e vida para pinturas a óleo já opacas por meio de uma cuidadosa remoção de sujeira e verniz descolorido. No entanto, ela tem visto o estrago feito quando as pessoas tentam limpar uma obra de arte manchada com limpador de forno ou saponáceos. Qual o conselho que ela dá? Se você valoriza a arte, leve-a ao especialista em restauração.

As vidas manchadas pelo pecado também necessitam de restauração. Nossos esforços para nos livrarmos da culpa e corrupção do nosso pecado geralmente resultam em frustração e desespero. Em nossas tentativas de nos livrarmos da culpa, algumas vezes culpamos os outros, ou simplesmente desistimos, achando que não podemos ser diferentes.

Porém, o nosso redentor Jesus é o especialista capaz de restaurar a pessoa mais quebrantada, desonrada e desanimada. Cristo morreu para que qualquer um, que pela fé o receber, possa ser completamente perdoado e restaurado. Com Seu próprio sangue, Ele nos limpará (1 João 1:7) e nos tornará em novas criaturas, em "feituras" do próprio Deus (2 Coríntios 5:17; Efésios 2:10).

Quando se trata da limpeza de nossas almas, não podemos fazê-la por conta própria. Apenas Jesus Cristo é capaz. Invoque-o ainda hoje para obter uma restauração especializada. —DCM

APENAS DEUS PODE TRANSFORMAR A ALMA MANCHADA PELO PECADO EM OBRA-PRIMA DA GRAÇA.

9 de abril

O CERCO SE APERTA

Leitura: **Isaías 46:1-9**

... eu vos carregarei...

—ISAÍAS 46:4

O profeta Isaías descreve detalhadamente em seu livro, Isaías 46, o cerco da Babilônia e a retirada de todos os seus ídolos. Os carros e carroças que os transportavam rangiam, e os cansados animais arqueavam sob a pesada carga (v.1).

Em contraste, Isaías diz que Deus carrega Seus filhos desde o nascimento (v.3). Deus declara: "Até à vossa velhice, eu serei o mesmo e, ainda até às cãs, eu vos carregarei..." (v.4). No texto hebraico, o contraste é preciso e intenso: Os carros e carroças estão "carregados" com o peso dos ídolos (v.1), mas nós somos carregados em Deus (v.3). Ídolos são um fardo, algo carregado (v.1), mas Deus, com prazer, nos "traz" desde o ventre (v.3).

O Senhor nos fez (v.4). Nada poderia ser mais consolador, pois nosso Pai ama e cuida dos Seus filhos. Ele promete, "eu vos carregarei" e isso inclui todo o cuidado e preocupação que porventura surjam no caminho durante toda a nossa vida.

Então, podemos permitir que Deus nos carregue e também os nossos fardos. Este hino de Annie Johnson Flint nos desafia a experimentar o cuidado de Deus: "E quando os recursos em nós se esgotarem, e as forças faltarem para não mais suportar; as fontes eternas da graça divina; terão começado somente a jorrar." —DHR

NOSSO TRABALHO É LANÇAR SOBRE ELE AS PREOCUPAÇÕES;
O TRABALHO DE DEUS É PREOCUPAR-SE CONOSCO!

UM CULTO ETERNO

Leitura: **Apocalipse 22:1-7**

... Eis que faço novas todas as coisas...

—APOCALIPSE 21:5

Todos os domingos, dois irmãos sentavam-se na primeira fileira de cadeiras da igreja, e observavam seu pai na liderança do culto de adoração. Uma noite, após colocar os meninos na cama, o pai ouviu um dos meninos chorando. Perguntou-lhe o que estava acontecendo, mas o menino hesitava em responder. Finalmente, o garoto confessou: "Papai, a Bíblia diz que vamos adorar a Deus no céu para sempre. Isso é tempo demais!" Por imaginar o céu como um longo culto de adoração em que seu pai estaria liderando, o céu lhe parecia muito entediante!

Embora, algumas vezes, eu gostaria que tivéssemos mais informações sobre o céu, todos nós temos uma certeza: tédio não poderia ser a palavra certa para descrevê-lo. Veremos belezas jamais vistas, incluindo "...o rio da água da vida, brilhante como cristal..." (Apocalipse 22:1). Experimentaremos "a glória de Deus" que iluminará o céu (Apocalipse 21:23; 22:5), e desfrutaremos de uma vida sem dor ou tristeza (21:4).

Sim, com certeza adoraremos no céu. Pessoas "...de toda tribo, língua, povo e nação..." (Apocalipse 5:9) regozijarão em louvor a Jesus, o Cordeiro digno que morreu e ressuscitou por nós (v.12).

Iremos juntos gozar na glória da presença do Senhor — para sempre, e nem por um segundo ficaremos entediados! —AMC

OS PRAZERES DA TERRA NÃO PODEM SER COMPARADOS COM AS ALEGRIAS DO CÉU.

11 de abril

A SÍNDROME DO CENTAVO

Leitura: **1 Samuel 17:32-37**

... O Senhor me livrou das garras do leão [...] ele me livrará das mãos deste filisteu ... —1 SAMUEL 17:37

A moeda de um centavo é conhecida como a moeda mais desprezada dos Estados Unidos. Muitas pessoas nem se importam em ajuntar uma moeda de um centavo quando a veem caída no chão. Mas algumas instituições de caridade perceberam que tais moedas juntas somam-se em quantias expressivas e que as crianças são generosas doadoras. Como um dos participantes disse: "Pequenas contribuições fazem uma grande diferença."

A Bíblia, ao relatar sobre Davi e Golias, descreve uma pessoa aparentemente insignificante cuja confiança em Deus era maior que qualquer um dos poderosos ao seu redor. Quando Davi voluntariou-se para enfrentar o gigante Golias, o rei Saul disse: "...Contra o filisteu não poderás ir para pelejar com ele..." (1 Samuel 17:33). Mas Davi tinha fé no Senhor que o havia libertado no passado (v.37).

Davi não sofria da "síndrome do centavo" — sentimento de inferioridade e impotência diante de um problema esmagador. Se ele tivesse dado ouvidos ao pessimismo de Saul ou às ameaças de Golias, nada teria feito. Mas ele agiu com coragem porque confiava em Deus.

É fácil nos sentirmos como uma moeda num déficit de três trilhões de reais. Mas quando obedecemos ao Senhor em todas as circunstâncias, tudo conta. Coletivamente, nossos atos de fé, pequenos ou grandes, fazem grande diferença. E cada centavo conta. —DCM

QUANDO A FÉ VAI À FRENTE, A CORAGEM A ACOMPANHA.

12 de abril

ATENÇÃO AOS AVISOS

Leitura: **Lucas 11:29-45**

Porque, assim como Jonas foi sinal para os ninivitas, o Filho do Homem o será para esta geração.

—LUCAS 11:30

A estrada estava tranquila e nós nos aproximávamos cada vez mais da casa do pai de Jay, na Carolina do Sul, EUA. Quando dirigíamos pelas montanhas comecei a perceber placas de aviso de desvio. Mas meu marido continuou dirigindo, portanto, presumi que as placas não sinalizavam o nosso trajeto. Pouco antes de chegarmos à fronteira da Carolina do Norte, vimos uma placa que dizia que a rodovia adiante estava fechada devido ao deslizamento de pedras. Teríamos que retornar e meu marido ficou surpreso. "Por que não tinha nenhum aviso?" quis saber. "Tinha muitos," eu lhe disse. "Você não viu as placas?" "Não, e por que você não me avisou?" "Eu presumi que você as tinha visto," respondi. Agora contamos essa história para divertir nossos amigos.

Por toda a história, Deus colocou muitos "avisos" para mostrar às pessoas o modo de viver, mas todos continuaram seguindo seus próprios caminhos. Quando Deus finalmente enviou Seu Filho como um sinal (Lucas 11:30), os líderes religiosos prestaram pouca atenção aos Seus avisos. A vida era boa para eles. Eram reconhecidos e respeitados (v.43). Ofenderam-se quando lhes foi dito que estavam errados (v.45).

Podemos agir da mesma forma. Quando tudo na vida vai bem, tendemos a ignorar os avisos de que devemos voltar atrás e mudar nossos caminhos pecaminosos. É importante lembrar que podemos estar errados mesmo que a vida seja boa. —JAL

DEUS NOS ENVIA ALERTAS PARA NOS PROTEGER, NÃO PARA NOS PUNIR.

13 de abril

PÃO DE MASSA AZEDA

Leitura: **Lucas 12:1-7**

... Acautelai-vos do fermento dos fariseus, que é a hipocrisia.

—LUCAS 12:1

O pão de massa azeda tornou-se popular durante a corrida do ouro na Califórnia em meados dos anos 1800. Este era o pão favorito durante a grande corrida do ouro no Alasca, em 1890. Os exploradores de minas carregavam consigo uma pequena porção da massa azeda que continha fermento natural. Essa massa podia então ser usada como matéria-prima inicial para produzir mais do pão de massa azeda, o favorito.

Na Bíblia, no entanto, o fermento ou levedura pode ter uma conotação negativa. Por exemplo, no Novo Testamento, "levedura" refere-se frequentemente à má influência. Por esse motivo, Jesus disse: "...Acautelai-vos do fermento dos fariseus, que é a hipocrisia" (Lucas 12:1).

Os hipócritas aparentam justiça enquanto escondem comportamentos e pensamentos pecaminosos. Cristo advertiu Seus discípulos e a nós também de que os pecados secretos serão um dia expostos para completa revelação. Ele disse: "Nada há encoberto que não venha a ser revelado; e oculto que não venha a ser conhecido" (v.2). Por esta razão, devemos temer a Deus com reverência, pedir Sua graça para renunciar o pecado e crescer como cristãos autênticos.

O fermento pode ser algo positivo numa padaria, mas pode também relembrar-nos de que devemos nos proteger da influência permeável do pecado em nossos corações. —HDF

"...SABEI QUE O VOSSO PECADO VOS HÁ DE ACHAR."

—NÚMEROS 32:23

14 de abril

FÔLEGO DE VIDA

Leitura: **Salmo 139:13-18**

O Espírito de Deus me fez,
e o sopro do Todo-Poderoso me dá vida. —JÓ 33:4

Em seu livro *Life After Heart Surgery* (A Vida Após a Cirurgia Cardíaca, inédito em português), o autor David Burke relembra sua acirrada luta com a morte. Deitado em sua cama de hospital após uma segunda cirurgia cardíaca, sofria dores inacreditáveis, incapaz de inspirar profundamente. Ao sentir que estava deslizando para a eternidade, orou uma última vez, confiando em Deus e agradecendo-o pelo perdão de seus pecados.

David pensava em ver seu pai, que morrera há muitos anos e quando sua enfermeira perguntou-lhe como se sentia, ele respondeu: "Agora estou bem," explicando que estava pronto para ir para o céu encontrar-se com Deus. "Não no meu plantão, companheiro!" disse ela. Logo os médicos estavam abrindo o seu peito mais uma vez para remover dois litros de fluido. Feito isso, David começou a recuperar-se.

Para qualquer um de nós é comum refletirmos sobre como serão nossos momentos finais na terra. Mas aqueles que "morrem no Senhor" têm a garantia de que são "abençoados" (Apocalipse 14:13) e de que sua morte "preciosa é aos olhos do Senhor..." (Salmo 116:15).

Deus moldou nossos dias mesmo antes de existirmos (Salmo 139:16), e existimos agora porque "...o sopro do Todo-Poderoso [... (nos)] dá vida" (Jó 33:4). Apesar de não sabermos por quanto tempo ainda teremos fôlego — podemos descansar no fato de que Deus sabe. —CHK

DO NOSSO PRIMEIRO AO ÚLTIMO SUSPIRO,
ESTAMOS SOB O CUIDADO DE DEUS.

15 de abril

LIDANDO COM O ATRASO

Leitura: **Isaías 26:1-9**

Tu, Senhor, conservarás em perfeita paz aquele cujo propósito é firme; porque ele confia em ti. —ISAÍAS 26:3

Em abril de 2010, nuvens de cinzas expelidas por um vulcão na Islândia fecharam aeroportos em toda a Inglaterra e Europa por cinco dias. Aproximadamente 100 mil voos foram cancelados e milhões de passageiros ao redor do mundo ficaram impossibilitados de viajar. Muitas pessoas perderam eventos importantes e muitas empresas perderam dinheiro, pois ninguém sabia quando isso acabaria.

Quando nossos planos desmoronam e não há solução, como lidamos com a frustração e o atraso? Isaías 26:3-4 é âncora para nossas almas em todas as tempestades da vida: "Tu, Senhor, conservarás em perfeita paz aquele cujo propósito é firme; porque ele confia em ti. Confiai no Senhor perpetuamente, porque o Senhor Deus é uma rocha eterna." Se estivermos enfrentando aborrecimentos ou perdas difíceis, vale a pena memorizar esta promessa firme como a rocha e repeti-la todas as noites ao fecharmos nossos olhos para dormir.

Hoje, quando os planos são despedaçados, nossas mentes se concentram nas circunstâncias ou no Senhor? Durante as frustrantes demoras, podemos confiar no coração amoroso de Deus? No hino *Como Um Rio Calmo*, "No bendito abrigo da Divina mão. Não há inimigos, não se vê traição. Ventos de cuidado, sombras de pesar nunca a santa calma poderão turbar", Frances Havergal expressou belamente aquilo que ansiamos. —DCM

QUANDO COLOCAMOS NOSSOS PROBLEMAS NAS MÃOS DE DEUS, ELE COLOCA SUA PAZ EM NOSSOS CORAÇÕES.

16 de abril

SOBRE PERDAS E GANHOS

Leitura: **Salmo 32**

Muito sofrimento terá de curtir o ímpio, mas o que confia no SENHOR, a misericórdia o assistirá. —SALMO 32:10

Durante o treinamento do acampamento de verão, os treinadores de uma equipe de futebol vestiam camisetas com uma mensagem instigante para os jogadores esforçarem-se ao máximo. As camisetas tinham o lema, "Escolha a cada dia: a dor da disciplina ou do remorso." A disciplina é difícil — e algo que podemos tentar evitar. Mas em esportes e na vida, a dor a curto prazo é frequentemente o único caminho para o ganho a longo prazo. Preparar-se no calor da batalha é tarde demais. Ou você está preparado para os desafios da vida ou será assombrado pelas palavras "e se", "se ao menos" e "eu deveria" que acompanham o fracasso na preparação. Essa é a dor do remorso.

Uma das definições de remorso é: "um desgosto ou aversão inteligente e emocional por atos e comportamentos pessoais passados".

É doloroso olhar para nossas escolhas passadas através da lente do remorso e sentir o peso de nossos fracassos. Este era o caso do salmista. Após um episódio pessoal de pecado e fracasso, ele escreveu, "Muito sofrimento terá de curtir o ímpio, mas o que confia no Senhor, a misericórdia o assistirá" (Salmo 32:10). Ele percebeu mais tarde a sabedoria de uma vida que se esforça para honrar o Senhor e que não precisa ser marcada pelo remorso.

Que nossas escolhas de hoje não resultem em arrependimento, mas que sejam sábias e honrem a Deus. —WEC

AS ESCOLHAS PRESENTES DETERMINAM AS FUTURAS RECOMPENSAS.

17 de abril

DINHEIRO E PREOCUPAÇÕES

Leitura: **Lucas 12:22-31**

Não temais, ó pequenino rebanho;
porque vosso Pai se agradou em dar-vos o seu reino.
—LUCAS 12:32

Das palavras de Jesus registradas na Bíblia, Ele tem mais a dizer a respeito do dinheiro do que qualquer outro assunto. O livro de Lucas 12 nos dá um bom resumo da Sua atitude. Jesus não condena os bens, mas alerta a não crermos que o dinheiro garantirá o futuro. O dinheiro não consegue resolver os maiores problemas da vida.

Apesar de Jesus falar sobre muitos aspectos do dinheiro, Ele parece concentrar-se na questão: o que o dinheiro está fazendo com você? O dinheiro pode dominar a vida de uma pessoa, tirando sua atenção de Deus. Jesus nos desafia a libertarmo-nos do poder do dinheiro — mesmo que isso signifique abrir mão de todo o dinheiro que tivermos.

Jesus incita aqueles que o ouvem a acumular tesouros no reino de Deus, pois estes tesouros podem beneficiá-los nesta vida e na eternidade também. "...não andeis ansiosos..." Ele diz (Lucas 12:22), pois Deus é quem provê tudo aquilo que precisamos. E para enfatizar Seu argumento, Ele fala do rei Salomão; o homem mais rico do Antigo Testamento. Jesus disse que simples flores do campo são vestidas por Deus com mais glória do que um rei. Portanto, não seja ansioso (vv.27-29), mas "Buscai, antes de tudo, o seu reino, e estas coisas vos serão acrescentadas" (v.31).

É melhor confiar no Deus que esbanja zelo por toda terra do que gastarmos nossas vidas nos preocupando com dinheiro e bens. —PY

NOSSA VERDADEIRA RIQUEZA
É AQUILO QUE TEREMOS NA ETERNIDADE.

18 de abril

A BONDADE DE DEUS

Leitura: **Salmo 67**

Seja Deus gracioso para conosco, e nos abençoe, e faça resplandecer sobre nós o rosto. —SALMO 67:1

Em minha infância, frequentemente cantávamos uma canção na Escola Dominical que dizia: "Deus é bom para mim! Deus é bom para mim! Seguro estou, com Ele eu vou! Deus é bom para mim!"

Preciso dizer logo que acredito que Deus é bom e que se deleita em fazer coisas boas para as pessoas. Ele realmente segura nossas mãos em momentos de preocupações e nos ajuda a levantarmos contra os ataques violentos das dificuldades da vida. Mas fico a imaginar se você alguma vez se perguntou: Por que Ele é bom? Certamente não é porque merecemos ou porque Ele sente necessidade de comprar nosso amor e fidelidade com Seus benefícios.

O salmista ora pedindo a Deus que o abençoe "...para que se conheça na terra o teu caminho e, em todas as nações, a tua salvação" (Salmo 67:2). As bênçãos diárias de Deus são provas positivas de que Ele realmente é um Deus bom que cuida dos Seus. Mas como nosso mundo saberá disto se nunca o louvarmos por Sua bondade para conosco? (v.3).

Portanto, na próxima vez que Deus abençoá-lo, procure formas de dar-lhe os créditos apropriadamente. Receber Suas bênçãos sem falar de Sua bondade defrauda o propósito de Seus presentes de misericórdia em nossas vidas. —JMS

DEUS É BOM — CERTIFIQUE-SE DE QUE OS OUTROS SAIBAM O QUE ELE TEM FEITO EM SUA VIDA.

19 de abril

O MURO DIVISOR

Leitura: **Efésios 2:11-22; 4:1-3**

Porque ele é a nossa paz, o qual de ambos fez um; e, tendo derribado a parede da separação que estava no meio...

—EFÉSIOS 2:14

O dia 9 de novembro de 2010 marcou o vigésimo primeiro aniversário da queda do muro de Berlim. Naquele dia, no ano de 1989, uma declaração na televisão da Alemanha Oriental informou ao povo que estavam livres para viajar à Alemanha Ocidental. Um dia depois, escavadeiras da Alemanha Oriental começaram a demolir o muro que por 28 anos dividira a Alemanha em duas, Oriental e Ocidental.

Jesus Cristo derrubou "...a parede da separação que estava no meio..." entre judeus e gentios (Efésios 2:14). Mas havia uma barreira muito mais impenetrável que separava o homem de Deus. A morte e ressurreição de Jesus permitiram reconciliação entre homens e homens e entre homens e Deus (v.16).

Todos os cristãos são agora "...concidadãos dos santos, e sois da família de Deus" (v.19). Juntos, devemos crescer "...para santuário dedicado ao Senhor" (v.21) com o Espírito Santo de Deus vivendo entre e dentro de nós (v.22).

Mas, infelizmente, os cristãos, com frequência, reedificam muros entre si. Por esse motivo, Paulo nos alerta: "...andeis de modo digno da vocação [...] suportando-vos uns aos outros em amor, esforçando-vos diligentemente por preservar a unidade do Espírito no vínculo da paz" (Efésios 4:1-3). Em vez de construir muros, trabalhemos para demolir os que nos separam. Que o mundo perceba que realmente pertencemos a mesma família. —CPH

A UNIDADE ENTRE OS CRISTÃOS É O RESULTADO DE SUA UNIÃO COM CRISTO.

20 de abril

A VONTADE DE DEUS

Leitura: **Efésios 5:17-21**

... para que experimenteis qual seja a boa, agradável e perfeita vontade de Deus. —ROMANOS 12:2

Um jovem, ao defrontar-se com o futuro e, ainda incerto sobre o que o ano seguinte lhe reservava, concluiu: "Ninguém sabe qual é a vontade de Deus." Ele está certo? A incerteza em relação ao futuro se traduz em não conhecer a vontade de Deus?

O conceito de conhecer a vontade de Deus geralmente está limitado ao discernimento sobre em qual situação específica nos encontraremos em algum momento no futuro. Embora seguir a orientação específica de Deus seja parte disso, outro aspecto tão vital quanto, é seguir em cada e em todos os dias os elementos claramente definidos da vontade de Deus.

Por exemplo, é vontade de Deus para nós, que sejamos bons cidadãos como desafio àqueles que se opõem a Cristo (1 Pedro 2:15), dar graças a Deus independentemente da situação (1 Tessalonicenses 5:18), ser santificados sexualmente, evitando imoralidade (1 Tessalonicenses 4:3), viver sob o controle do Espírito Santo (Efésios 5:18), cantar para Ele (v.19) e submetermo-nos a outros cristãos (v.21).

Ao nos sujeitarmos a Deus nestas e noutras áreas, estaremos predispostos a viver o que em Romanos 12:2 é mencionado como a "...agradável e perfeita vontade de Deus." Viver com o sorriso da aprovação de Deus nos leva a um futuro guiado por Ele.

Ao buscarmos conhecer a vontade de Deus para o futuro, também devemos ser influenciados por aquilo que já sabemos ser a Sua vontade. —JDB

AME E OBEDEÇA O SENHOR DIARIAMENTE,
E ELE REVELARÁ O SEU FUTURO.

21 de abril

FALHAS DO PASSADO

Leitura: **2 Samuel 12:1-23**

Eu, eu mesmo, sou o que apago as tuas transgressões por amor de mim e dos teus pecados não me lembro. —ISAÍAS 43:25

Como deveríamos lidar com momentos de falta de fé, em que, aos olhos de nossos amigos e até da família, causamos dano ao reino ou desonramos a Deus em nossas ações?

Podemos aprender com o rei Davi após sua humilhação no escândalo com Bate-Seba. Mesmo sem poder evitar as consequências daquele pecado, Davi encontrou o caminho de volta ao relacionamento com Deus, o que tornou possível que ele continuasse a servi-lo. Nós também podemos encontrar nosso caminho de volta.

O modelo de Davi no livro de 2 Samuel 12 serve também para nós: precisamos declarar francamente nosso erro (v.13) e buscar o perdão de Deus. Em seguida, podemos pedir-lhe que outros sejam poupados das consequências de nossas ações (v.16). Finalmente, precisamos reconhecer que algumas vezes as consequências simplesmente não podem ser evitadas e precisam ser toleradas. Apesar de sempre lamentarmos tais consequências não podemos permitir que nos consumam, a ponto de deixarmos de ser servos de Deus (vv.20-23).

Satanás não apenas se alegra no momento de nosso fracasso, mas também com a inatividade espiritual que algumas vezes nos enlaça em nosso remorso. Quando maculamos nosso testemunho, somos e deveríamos ser humilhados. Mas, como embaixadores de Cristo, não deveríamos multiplicar o dano nos recolhendo ao silêncio e escuridão. Podemos deixar nossas falhas para trás. —RKK

DEUS PERDOA OS NOSSOS PECADOS POR COMPLETO PARA RESTAURAR-NOS À SUA PRESENÇA E SERVIÇO.

22 de abril

FALE BAIXO, FALE DEVAGAR

Leitura: **Juízes 7:24–8:3**

A resposta branda desvia o furor...

—PROVÉRBIOS 15:1

John Wayne, famoso ator americano e ícone de filmes, disse certa vez: "Fale baixo, devagar e pouco." Esse conselho, para mim, é difícil de seguir já que falo muito rápido e nem sempre falo com calma ou controlo minhas palavras. No entanto, essa ideia de controlar nossa fala pode ser uma ferramenta útil quando lidamos com a raiva. A Bíblia diz que devemos ser "...tardios para falar" (Tiago 1:19), e que "A resposta branda desvia o furor..." (Provérbios 15:1).

Gideão respondeu brandamente durante uma briga verbal com alguns companheiros israelitas (Juízes 8). Logo após seu exército ter derrotado os midianitas, um grupo de seus compatriotas o criticou severamente (v.1). Estavam ofendidos por não terem participado da parte principal da batalha. Gideão não lhes respondeu com grosseria. Antes, lembrou-os de que haviam capturado e matado os príncipes midianitas e também os honrou ao perguntar, "...que pude eu fazer comparável com o que fizestes?..." Finalmente, "...abrandou-se-lhes a ira para com ele" (Provérbios 15:3).

Com a ajuda do Senhor, podemos neutralizar situações tensas, controlando nossas palavras. Responder gentil e cuidadosamente às pessoas iradas pode promover a unidade, para a glória de Deus. —JBS

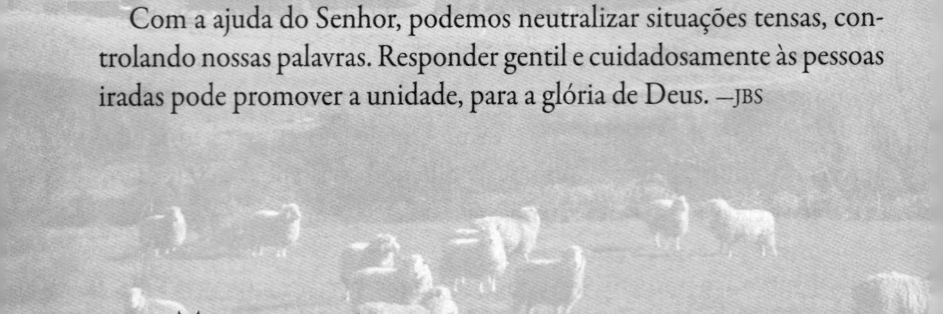

MORDA SUA LÍNGUA ANTES QUE ELA FIRA OUTROS.

23 de abril

FAMÍLIA COM PROBLEMAS

Leitura: **Malaquias 4:4-6; Mateus 1:1-2**

E converterá muitos dos filhos de Israel ao Senhor, seu Deus.

—LUCAS 1:16

Muitos dos 30 milhões de cariacus ou veados de cauda branca da América do Norte sofrem ameaças não de armas, mas dos carros em subúrbios que se expandem. Quando uma fêmea do antílope lançou-se no tráfego bem à minha frente, veio à minha mente a sua luta por sobrevivência. Enquanto a observava, imaginei o que a teria levado a agir dessa forma e por que parou no outro lado e olhou para trás. Ao me aproximar do animal, voltei-me para acompanhar seu olhar atento e vi dois pequenos filhotes desamparados fitando sua mãe no outro lado da rua. Em vez de segui-la, retornaram à floresta.

Esta família não está sozinha. Nós também podemos nos encontrar em circunstâncias de separação e perigo para as quais não estávamos preparados. Ao ler os livros de Malaquias e Mateus lembramos que somos filhos problemáticos de pais perturbados e que precisamos desesperadamente da ajuda do nosso Pai celestial. Às vezes precisamos de Sua ajuda para perceber e evitar repetir os pecados de nossos pais (Neemias 9:2-3). Outras vezes, precisamos da ajuda do Pai para voltarmos ao exemplo e cuidado de pais amorosos (Lucas 15:18).

Apenas em nosso Pai celestial podemos encontrar o perfeito perdão, exemplo e graça interna que precisamos. Ele sabe que somos todos filhos imperfeitos de pais imperfeitos e, mesmo agora, Ele nos oferece a ajuda de Seu Espírito e o resgate feito por Seu Filho. —MRD II

NUNCA É CEDO DEMAIS PARA RETORNARMOS A DEUS.

24 de abril

ENTRADA VÁLIDA

Leitura: **João 14:1-10**

Respondeu-lhe Jesus: Eu sou o caminho, e a verdade, e a vida; ninguém vem ao Pai senão por mim. —JOÃO 14:6

Em uma viagem missionária ao exterior, minha esposa e eu fomos proibidos de entrar no país de nosso destino por problemas de visto. Embora supuséssemos que nossos vistos tivessem sido emitidos corretamente pelo país que planejávamos visitar, eles foram considerados inválidos. Apesar dos esforços de diversos oficiais do governo, nada pôde ser feito. Não obtivemos permissão para entrar. Fomos colocados no próximo voo de retorno aos Estados Unidos. Nenhuma intervenção pôde mudar o fato de que não tínhamos a validação correta para a entrada.

A experiência com meu visto foi inconveniente, mas nem de longe pode ser comparada com a proibição final de entrada. Estou falando daqueles que estarão diante de Deus sem uma entrada válida para o céu. E se eles apresentassem o registro de seus esforços religiosos e boas obras? Não seria suficiente. E se citassem referências de caráter? Não funcionaria. Apenas uma coisa pode permitir a entrada de qualquer pessoa no céu. Jesus disse: "...Eu sou o caminho, e a verdade, e a vida; ninguém vem ao Pai senão por mim" (João 14:6).

Somente Cristo, através de Sua morte e ressurreição, pagou o preço por nossos pecados. E apenas Ele pode nos dar a entrada válida para a presença do Pai. Você já colocou a sua fé em Jesus? Certifique-se que a sua entrada para o céu é válida. —WEC

SOMENTE ATRAVÉS DE CRISTO,
PODEMOS ENTRAR NA PRESENÇA DO PAI.

25 de abril

RESSURREIÇÃO E VIDA

Leitura: **1 Coríntios 15:1-11**

... Eu sou a ressurreição e a vida ...

—JOÃO 11:25

Jesus disse: "Eu sou a ressurreição e a vida!" Uma coisa é fazer uma declaração tão ousada; outra é mantê-la — e Jesus a manteve quando ressuscitou dos mortos.

O escritor George MacDonald afirmou: "Se você acredita que o Filho de Deus morreu e ressuscitou, todo o seu futuro está repleto da alvorada da eterna manhã, surgindo além das colinas da vida e repleto de esperança que a imaginação mais elevada não permitiu ao poeta vislumbrar."

O Filho de Deus morreu e ressuscitou e Sua ressurreição é a garantia de que Deus nos elevará, tirando nossos pés do chão. Viverá para sempre aquele que é capaz de pensar, sentir, ter memória e ser reconhecido.

A vida eterna significa vivenciar o pensamento de eternidade que Deus colocou em nossos corações; encontrar novamente aqueles cristãos que um dia amamos e perdemos pela separação da morte; viver num mundo sem tristeza; ver nosso Senhor que nos ama e entregou tudo para nos unirmos a Ele para sempre.

Mas, vejo outro significado. Já que temos esta vida e a próxima, não precisamos "ter tudo" agora. Podemos viver em corpos despedaçados e destruídos por algum tempo e até suportar a pobreza e a dificuldade; podemos ainda enfrentar a solidão, angústia e dor por uma estação da vida. Por quê? Há um segundo nascimento — vida celeste, eternamente.

—DHR

A RESSURREIÇÃO É O FUNDAMENTO DE NOSSA FÉ.

26 de abril

DIFÍCIL DE IMAGINAR

Leitura: **Filipenses 1:19-26**

Ora, de um e outro lado, estou constrangido, tendo o desejo de partir e estar com Cristo, o que é incomparavelmente melhor.

—FILIPENSES 1:23

Sempre que minha esposa, Martie, e eu nos preparamos para nossas férias, gostamos de ler sobre o lugar que visitaremos, estudar os mapas e imaginar a alegria de finalmente chegar ao local tão sonhado por tanto tempo.

Para aqueles de nós que conhecemos Jesus Cristo, temos um local de destino incrível adiante de nós — o céu. Mas acho interessante que muitos de nós não parecemos muito empolgados em chegar lá. Por quê? Talvez por não entendermos o céu. Falamos sobre ruas de ouro e portões de pérola, mas como realmente será o céu? O que existe na eternidade que nos faça ansiar pela chegada ao céu?

Acredito que a descrição mais profunda do céu é encontrada nas palavras de Paulo aos filipenses. Ele disse que "partir e estar com Cristo" é "incomparavelmente melhor" (Filipenses 1:23). Disse o mesmo ao meu neto de oito anos quando ele me perguntou como é o céu. Minha primeira pergunta a ele foi: "Qual é a coisa mais empolgante em sua vida?" Ele mencionou o seu jogo de computador e outras coisas divertidas que gosta de fazer, e então eu lhe disse que o céu é melhor ainda. Ele pensou por um minuto e disse: "Vovô, é difícil imaginar."

Quais realmente são as suas expectativas nesta vida? O que realmente empolga você? Seja lá o que for, mesmo que seja difícil imaginar, o céu será muito melhor! —JMS

QUANTO MAIS VOCÊ AGUARDAR PELO CÉU, MENOS DESEJARÁ A TERRA.

27 de abril

SUSSURRO NAS GALERIAS

Leitura: **Provérbios 10:13-23**

No muito falar não falta transgressão, mas o que modera os lábios é prudente. —PROVÉRBIOS 10:19

A cúpula da catedral de São Paulo, em Londres, apresenta um fenômeno arquitetônico interessante, chamado de "galeria do sussurro." Um site explica o fenômeno desta forma: "Esse nome é dado porque uma pessoa que sussurra diante da parede de um lado pode claramente ser ouvida no outro, já que o som é levado perfeitamente ao redor da vasta curva da catedral."

Em outras palavras, você e um amigo poderiam sentar em lados opostos da grande catedral do arquiteto Sir Christopher Wren e manter uma conversa sem precisar ir além do sussurro.

Apesar de ser uma característica fascinante da catedral de São Paulo, pode também ser um alerta para nós. Aquilo que dizemos sobre outros em segredo pode viajar tão facilmente quanto os sussurros viajam por aquela galeria. E nossas fofocas não apenas podem viajar longa e extensamente, mas geralmente causam grande dano em seu caminho.

Talvez seja por isso que a Bíblia frequentemente nos desafia com relação à forma como usamos as palavras. O sábio rei Salomão escreveu: "No muito falar não falta transgressão, mas o que modera os lábios é prudente" (Provérbios 10:19).

Em vez de sussurros e fofocas que podem causar dor e sofrimento, sem qualquer bom propósito, faríamos melhor em nos conter e em praticarmos o silêncio. —WEC

A FOFOCA SE ENCERRA NOS OUVIDOS DO SÁBIO.

28 de abril

ABORRECIDOS DE DEUS

Leitura: **2 Timóteo 2:23-26**

... Deus os entregou a uma disposição mental reprovável...

—ROMANOS 1:28

Recentemente, ouvi um audiolivro escrito por um militante do ateísmo. Como o próprio autor lia seu trabalho com sarcasmo malicioso e desprezo, tentei imaginar o porquê de estar tão furioso.

A Bíblia nos diz que a rejeição a Deus pode verdadeiramente causar uma atitude mais odiosa para com Ele: "E, por haverem desprezado o conhecimento de Deus, o próprio Deus os entregou a uma disposição mental reprovável [... (para torná-los)] aborrecidos de Deus" (Romanos 1:28-30).

Virar as costas para Deus não induz neutralidade às leis mundanas. Na verdade, recentemente os militantes ateístas expuseram o seu desejo de remover da cultura qualquer referência a um Criador.

Quando ouvimos que os ateus estão tentando remover as cruzes ou os Dez Mandamentos da sociedade, é fácil reagir

ao ódio deles contra Deus com o nosso próprio sentimento de ódio. Mas somos exortados a defender a verdade com uma atitude de amor, "...disciplinando com mansidão os que se opõem, na expectativa de que Deus lhes conceda não só o arrependimento para conhecerem plenamente a verdade" (2 Timóteo 2:25).

Na próxima vez que você vir as obras ou ouvir as palavras de ódio de um *aborrecido de Deus,* faça uma análise de suas atitudes. Em seguida, peça a Deus por um espírito de humildade e ore para que o transgressor possa ter o conhecimento da verdade. —HDF

DEFENDA A VERDADE COM AMOR.

29 de abril

PODER ESTELAR

Leitura: **Jó 38:1-11,31-33**

Sabes tu as ordenanças dos céus, podes estabelecer a sua influência sobre a terra? —JÓ 38:33

Para todos nós que, como Jó, sofremos tragédias e nos atrevemos a questionar Deus, o livro de Jó 38 deveria nos dar muito a pensar. Imagine como deve ter sido para o grande homem do leste quando "do meio de um redemoinho" ouviu Deus dizer, "Quem é este que escurece os meus desígnios com palavras sem conhecimento? Cinge, pois, os lombos como homem, pois eu te perguntarei, e tu me farás saber" (vv.1-3). Que atrevimento!

Jó deve ter se sentido insignificante como uma formiga. Conforme Deus revela Suas perguntas nos versos seguintes, o que Ele diz foi tão inesperado quanto poderoso. Ele, na verdade, não respondeu "os por quês" de Jó. Em vez disso, Deus parecia estar lhe dizendo para perceber o poder e força que Ele usou para criar este mundo e para observar Sua habilidade de controlar cada elemento nele contido. Não são estas razões suficientes para Jó confiar em Deus? Jó deveria estar se perguntando isto.

Como um exemplo de Seu impressionante poder, Deus apontou para o céu e disse a Jó que observasse duas de Suas criações inspiradoras: Sete-estrelo e Órion (v.31). Ressaltando Sua magnificência e a relativa insignificância do homem, Deus mencionou duas constelações que demonstram poder além de nosso entendimento.

Ele é Alguém em quem podemos confiar; se Ele tem as estrelas em Suas mãos, com certeza, também pode cuidar de nós. —JDB

AQUELE QUE MANTÉM AS ESTRELAS NO ESPAÇO SEGURA O SEU POVO EM SUAS MÃOS.

30 de abril

GRAÇA OFENSIVA?

Leitura: **Romanos 6:1-14**

Não reine, portanto, o pecado em vosso corpo mortal...

—ROMANOS 6:12

Paulo disse em Romanos 5:20 que "...onde abundou o pecado, superabundou a graça". Mas este conceito radical abre uma comporta teológica. O escritor do livro de Judas alertou que é possível "[transformar] em libertinagem a graça de nosso Deus..." (Judas 4). Por que ser bom se você sabe que será perdoado? Nem a ênfase no arrependimento apaga por completo este perigo.

No livro de Romanos 6, Paulo foi diretamente ao ponto. "...Permaneceremos no pecado, para que seja a graça mais abundante?" Ele deu uma resposta curta e explosiva: "De modo nenhum!..." (vv.1-2) e usou uma analogia que contrasta rigorosamente morte e vida. "...Como viveremos ainda no pecado, nós os que para ele morremos?" (v.2). Nenhum cristão ressurreto para a nova vida deveria estar preso ao pecado.

No entanto, a perversidade nem sempre parece ter o mau odor da morte. O pecado pode ser completamente atraente.

Paulo reconheceu isto, e aconselhou: "...considerai-vos mortos para o pecado, mas vivos para Deus, em Cristo Jesus" e "Não reine, portanto, o pecado em vosso corpo mortal..." (vv.11-12).

Se, verdadeiramente, compreendêssemos a maravilha do amor de Deus por nós, passaríamos nossos dias tentando decifrar e compartilhar Sua graça, ao invés de explorá-la. —PY

DEUS NÃO SALVA PELA GRAÇA
PARA QUE VIVAMOS EM DESGRAÇA. —FABER

1 de maio

SE EU PUDESSE PARAR

Leitura: **1 Reis 10:23–11:4**

...porque a glória do S*ENHOR enchera a Casa do* S*ENHOR.*

—1 REIS 8:11

Todos os anos, quando minha cidade recebe a estação da primavera, sinto vontade de parar o relógio. Alegro-me em ver a morte ser derrotada por frágeis botões que se recusam a manter-se confinados em vasos de barros ou galhos quebradiços. Durante algumas semanas, a paisagem nua veste-se de árvores adornadas de flores esplendorosas e perfumadas. Não consigo parar de admirar os sons e aromas da primavera, e nestes momentos gostaria que o tempo pudesse parar.

Nessa mesma época, em minha leitura bíblica anual começo a ler o livro de 1 Reis. Ao ler o capítulo dez, tenho o mesmo sentimento; gostaria que a história pudesse parar. A nação de Israel floresceu. Salomão tornou-se rei e construiu uma magnífica habitação para Deus, cuja glória enchia o lugar (8:11). Finalmente unidos sob o governo de um rei justo, eles encontram a paz. Eu amo os finais felizes!

Mas a história não acaba aí. Continua: "...amou Salomão muitas mulheres estrangeiras..." (11:1), e "...suas mulheres lhe perverteram o coração para seguir outros deuses..." (v.4).

Assim como as estações do ano se renovam, também se renovam os ciclos da vida; nascimento e morte, sucesso e fracasso, pecado e confissão. Embora não tenhamos o poder de parar o relógio, enquanto aproveitamos os bons momentos, podemos descansar na promessa de Deus de que eventualmente todos os momentos difíceis terão fim (Apocalipse 21:4).

—JAL

EM BONS E MAUS MOMENTOS, DEUS JAMAIS MUDA.

DUAS REGRAS PARA VIVER

Leitura: **Mateus 22:34-40**

Destes dois mandamentos dependem toda a Lei e os Profetas.

—MATEUS 22:40

Você já se sentiu subjugado por regulamentos e expectativas? Pense em como o povo judeu deve ter se sentido ao tentar seguir mais de 600 ordens do Antigo Testamento e muitas outras que haviam sido impostas a eles por líderes religiosos daquela época. Imagine a surpresa do povo quando Jesus simplificou a busca por retidão, encurtando a lista para apenas dois mandamentos — "...Amarás o Senhor, teu Deus..." (Mateus 22:37) e "Amarás o teu próximo como a ti mesmo" (v.39).

Jesus está nos dizendo, essencialmente, que a forma de Deus saber que o amamos é através do modo como tratamos as pessoas. Todas as pessoas. Vamos falar a verdade — amar o nosso próximo pode ser um desafio. Mas quando o fazemos para expressar nosso amor a Deus, liberamos uma motivação poderosa que nos leva a amar independentemente de a pessoa merecer. E ao amarmos a Deus e ao nosso próximo, todo o resto se encaixa. Se eu amar meu próximo, não darei falso testemunho contra ele, nem cobiçarei sua riqueza ou sua esposa. Amar aos outros por amor a Deus nos dá até mesmo a graça e força para perdoar aqueles que praticaram injustiças contra nós.

Quem hoje precisa ver o amor de Deus através de você? Quanto menos amável a pessoa, maior será a sua declaração de amor por Deus!

—JMS

AMAR DEUS É A CHAVE PARA AMAR AOS OUTROS.

3 de maio

JAMAIS SÓ

Leitura: **Hebreus 13:1-8**

Seja a vossa vida sem avareza. Contentai-vos com [...] que tendes [...] De maneira alguma te deixarei, nunca jamais te abandonarei. —HEBREUS 13:5

Por ter jogado futebol na escola, nunca perdi meu amor pelo "Jogo Bonito." Gosto especialmente de assistir a Liga Inglesa pela habilidade e a velocidade dos jogos. Também amo a forma como os fãs cantam apoiando suas amadas "equipes". Por exemplo, há anos a canção tema da equipe do *Liverpool* é *You'll Never Walk Alone* (Você nunca caminhará sozinho). É comovente ouvir 50 mil fãs cantarem unidos aquele antigo clássico! É um encorajamento para os jogadores e fãs que juntos permanecerão até o fim. Caminhar sozinho? Jamais.

Este sentimento tem significado para todos. Cada um de nós foi feito para estar em comunidade e por isso o isolamento e a solidão estão entre as experiências humanas mais dolorosas. Durante os momentos difíceis, a nossa fé é vital.

O filho de Deus nunca precisa temer o abandono. Mesmo que as pessoas se voltem contra nós, os amigos nos abandonem ou as circunstâncias nos separem daqueles que nos amam, jamais estamos sós. Deus disse: "...De maneira alguma te deixarei, nunca jamais te abandonarei" (Hebreus 13:5). Isso não é apenas uma boa música ou versos inteligentes falando de sentimentos vazios. É a promessa do próprio Deus àqueles que são alvos de Seu amor. Ele está ali — e não partirá.

Com Cristo, jamais estaremos sós. —WEC

A PRESENÇA DE DEUS CONOSCO É UM DOS SEUS MAIORES PRESENTES PARA NÓS.

4 de maio

DUAS PALAVRAS

Leitura: **Tiago 4:7-10**

Sujeitai-vos, portanto, a Deus...

—TIAGO 4:7

Em relatórios anuais da história da publicidade americana, o *slogan* dos produtores de leite da Califórnia, "Vai leite aí?" é um dos mais eficientes. Com essa frase, o grupo conseguiu a atenção de quase todas as pessoas. Em pesquisas, o *slogan* foi reconhecido por mais de 90% dos entrevistados.

Se "Vai leite aí?" é tão poderoso para lembrar às pessoas de beberem "suco de vaca", talvez possamos criar um pequeno *slogan* para nos lembrarmos de viver mais piedosamente. Experimentemos as quatro diretrizes no livro de Tiago 4.

1. Abra mão! O versículo 7 nos diz para nos submetermos a Deus. Nosso Deus soberano nos ama, por que não deixá-lo dirigir o espetáculo? A submissão nos ajuda a resistir ao diabo.

2. Aproxime-se! O versículo 8 nos relembra sobre o valor de nos achegarmos de Deus. Somos responsáveis por preencher o vazio entre nós e Deus.

3. Limpe-se! O versículo 8 nos lembra de garantir que nossos corações estejam limpos, o que acontece através da confissão de nossos pecados a Deus.

4. Humilhe-se! Tiago diz que precisamos nos humilhar diante de Deus (v.10). Isto inclui enxergar o nosso pecado como algo que merece o nosso lamento.

Abra mão! Aproxime-se! Limpe-se! Humilhe-se! Estas palavras podem não ilustrar tão bem uma camiseta de propaganda como a expressão "Vai leite aí?" Mas certamente ilustram bem as nossas vidas. —JDB

O TESTEMUNHO MAIS PODEROSO É UMA VIDA SANTIFICADA.

5 de maio

HORA DE ORAR?

Leitura: **Salmo 70**

... dá-te pressa, ó S*ENHOR, em socorrer-me.*

—SALMO 70:1

Certa manhã, quando eu ainda era criança, estava sentado na cozinha observando minha mãe preparar o café. Inesperadamente, a gordura na frigideira em que ela fritava o bacon pegou fogo. Chamas lançavam-se ao ar e minha mãe correu até a despensa procurando um pacote de farinha de trigo para atirar sobre a labareda.

Eu gritei, "Socorro!" E acrescentei, "Ah, como queria que esta fosse a hora de orar!" "Está na hora de orar" deve ter sido uma expressão usada frequentemente em nossa casa, e eu a empregava literalmente pensando que podíamos orar apenas em momentos específicos.

A hora de orar é, naturalmente, a qualquer momento — especialmente quando estamos em crise. Situações de medo, preocupação, ansiedade e inquietação são as ocasiões em que mais comumente necessitamos da oração. Quando estamos desolados, abandonados e desprovidos de qualquer recurso humano naturalmente recorremos à oração. Como Davi, clamamos: "...dá-te pressa, ó SENHOR, em socorrer-me" (Salmo 70:1).

John Cassian, um cristão que viveu no século quinto, escreveu este verso: "Este é o clamor aterrorizado de alguém que vê as armadilhas do inimigo; o clamor de alguém sitiado dia e noite exclamando que não pode escapar a não ser que o seu Protetor venha em seu resgate."

Que esta seja nossa simples oração, diariamente e em todas as crises: "Socorro, Senhor!" —DHR

NÃO HÁ LUGAR OU MOMENTO EM QUE NÃO POSSAMOS ORAR.

6 de maio

A FORMIGA SÁBIA

Leitura: **Provérbios 6:6-11**

... [A formiga] no estio, prepara o seu pão, na sega, ajunta o seu mantimento. —PROVÉRBIOS 6:8

Todos os anos faço algo especial para comemorar a chegada da primavera — compro armadilhas para formigas. Essas pequenas invasoras continuamente marcham até nossa cozinha em busca de migalhas deixadas no chão. Elas não são exigentes; um fragmento de batata frita; um grão de arroz ou até mesmo uma partícula de queijo as satisfaz.

Embora as formigas sejam um incômodo, Salomão as elogiou por sua ética de trabalho constante (Provérbios 6:6-11). Ele ressaltou que elas têm sua própria orientação, "...não tendo ela chefe, nem oficial, nem comandante" (v.7), e mesmo assim são muito produtivas. As formigas mantêm-se ocupadas mesmo quando não é necessário, abastecendo-se de suprimentos no verão e ajuntando o seu mantimento na colheita (v.8). Chegando o inverno, não se preocupam com o que comerão. Pouco a pouco, essas trabalhadoras armazenam alimento suficiente para sustê-las.

Podemos aprender com as formigas. Quando Deus nos dá momentos de fartura, podemos nos preparar para momentos em que os recursos diminuem. Deus provê tudo o que temos, incluindo nossa habilidade para trabalhar. Devemos trabalhar diligentemente, ser mordomos sábios daquilo que Ele nos deu e descansar em Sua promessa de cuidado (Mateus 6:25-34).

Lembremo-nos do conselho de Salomão: "Vai ter com a formiga [...] considera os seus caminhos e sê sábio" (Provérbios 6:6). —JBS

CONFIE EM DEUS PARA O DIA DE HOJE
— E PREPARE-SE PARA O AMANHÃ.

7 de maio

PAZ E RECONCILIAÇÃO

Leitura: **Mateus 18:21-35**

... não devias tu, igualmente, compadecer-te do teu conservo, como também eu me compadeci de ti? —MATEUS 18:33

Quando a guerra civil americana acabou em 1865, mais de 500 mil soldados morreram, a economia estava dilacerada e as pessoas estavam divididas politicamente. A comemoração do Dia das Mães nos Estados Unidos começou com o esforço de duas mulheres pela paz e reconciliação durante aquele momento de angústia. Em 1870, Julia Ward Howe pediu a implantação de um dia internacional das mães, no qual as mulheres se uniriam em oposição à guerra em todas as suas formas. Alguns anos depois, Anna Reeves Jarvis iniciou seu Dia Anual da Amizade entre as Mães tentando reunir famílias e vizinhos separados pela guerra. Há sempre um enorme sofrimento quando os amigos e as famílias estão feridos e indispostos a perdoar.

O evangelho de Jesus Cristo traz a promessa de paz e reconciliação com Deus e uns com os outros. Quando Pedro perguntou a Jesus com que frequência deveria perdoar um irmão que pecara contra ele (Mateus 18:21), o Senhor surpreendeu a todos com Sua resposta: "...setenta vezes sete" (v.22). Em seguida, contou uma história inesquecível sobre um servo que havia sido perdoado e falhara em levar isso adiante (vv.23-35). Assim como Deus livremente nos perdoa, Ele também exige que estendamos o que já recebemos aos outros.

Com o amor e poder de Deus, o perdão é sempre possível. —DCM

O PERDÃO É O CRISTIANISMO EM AÇÃO.

8 de maio

APRENDENDO A CONFIAR

Leitura: **Isaías 66:7-13**

Confia no SENHOR *e faze o bem; habita na terra e alimenta-te da verdade.* —SALMO 37:3

Quando escondi minha câmera entre os arbustos para tirar fotos dos filhotes de sabiás, eles abriram suas bocas sem abrir seus olhos. Estavam tão acostumados a serem alimentados pela mamãe sabiá que não olharam para ver quem (ou o quê) estava causando o estardalhaço.

Esse é o tipo de confiança que as mães amorosas instilam em seus filhos. Sou abençoada em ter uma mãe como essa. Durante minha infância, podia comer qualquer alimento colocado por ela na mesa sem medo de que isto iria me prejudicar. Embora ela me fizesse comer alimentos que eu não gostava, eu sabia que ela os preparava porque eram alimentos saudáveis para mim. Se ela se importasse apenas com o que fosse fácil para preparar, eu comeria alimentos nada nutritivos. Independente do que mamãe me dissesse para fazer ou não, eu sabia que ela me desejava o melhor. A sua intenção não era impedir minha diversão, pois tentava me proteger para que eu não me machucasse.

Este é tipo de relacionamento que temos com Deus, que se comparou a uma mãe: "Como alguém a quem sua mãe consola, assim eu vos consolarei..." (Isaías 66:13). Como Seus filhos, não temos motivo algum para temer o que nos acontece nem invejar o que acontece aos outros: "Não [...] tenhas inveja dos que praticam a iniquidade" (Salmo 37:1). Quando confiamos em Sua bondade, somos alimentados por Sua fidelidade. —JAL

O CUIDADO DE DEUS NOS CERCA.

9 de maio

AMOR SERVIL

Leitura: **João 1:9-14**

E o Verbo se fez carne e habitou entre nós...

—JOÃO 1:14

Minha mãe e meu pai ainda estavam muito apaixonados e compartilhavam sua fé inabalável em Cristo, quando a vida de minha mãe se aproximava de seu final. Ela desenvolveu a demência e começou a perder memórias até mesmo de sua família. No entanto, papai a visitava regularmente no local onde ela recebia os cuidados necessários e encontrava formas de bem acomodá-la, apesar de suas capacidades estarem reduzidas.

Por exemplo, ele levava algumas balas de caramelo, desembalava e as colocava na boca de mamãe — algo que ela não conseguia fazer sozinha. Conforme ela mascava o doce lentamente, papai, em silêncio, sentava-se ao seu lado e segurava sua mão. Quando encerrava-se o período de visitas, papai, com um largo sorriso dizia: "Sinto tanta paz e alegria em passar tempo com ela."

Apesar de sentir-me tocado com a grande alegria de papai em ajudar mamãe, sentia mais pelo fato de ele estar representando a graça de Deus. Jesus estava disposto a humilhar-se para se unir a nós em nossas fraquezas. Ao refletir sobre a encarnação de Cristo, João escreveu, "E o Verbo se fez carne e habitou entre nós..." (1:14). Considerando as limitações humanas, Jesus executou incontáveis atos de compaixão para suprir-nos em nossas fraquezas.

Hoje, você conhece alguém que poderia beneficiar-se do indescritível amor de Jesus através do seu testemunho? —HDF

PARA SER UM CANAL DE BÊNÇÃO,
DEIXE O AMOR DE CRISTO FLUIR ATRAVÉS DE VOCÊ.

10 de maio

VINDE E VEDE

Leitura: **João 1:35-46**

... Vinde e vede ...

—JOÃO 1:39

"Você pode me dizer onde eu encontro lâmpadas elétricas?" "Claro. Vem comigo e o levarei até o local onde estão."

Em muitas lojas, os funcionários são instruídos a levar os clientes até o local onde estes possam encontrar o que estão procurando ao invés de simplesmente dar-lhes orientações verbais. Este ato comum de cortesia e o andar com alguém que tem uma dúvida pode nos ajudar a expandir o nosso conceito do significado de levar outros a Cristo.

No livro de João 1, a frase "Vinde e vede" aparece duas vezes. Quando dois curiosos discípulos de João Batista perguntaram a Jesus onde Ele estava morando, o Senhor lhes respondeu: "Vinde e vede" (v.39). Após passar o dia com Jesus, André encontrou seu irmão, Simão Pedro, e o levou ao Mestre (vv.40-41). No dia seguinte, Felipe disse a Natanael que ele havia encontrado o Messias. Natanael lhe perguntou se de Nazaré poderia sair alguma coisa boa. "...Respondeu-lhe Felipe: Vem e vê" (João 1:46).

Testemunhar em prol de Cristo pode ser um acontecimento único quando falamos das boas-novas sobre Ele aos outros. Contudo, também pode envolver a caminhada ao lado das pessoas que buscam ajuda e retidão. Sem a necessidade de palavras, o nosso interesse genuíno em seu bem-estar espiritual, nossas orações e nosso envolvimento lhes diz: "Vinde e vede. Caminhemos juntos e eu o levarei até Ele." —DCM

A BONDADE E A COMPAIXÃO JÁ LEVARAM MAIS PESSOAS PARA JESUS DO QUE APENAS A PROCLAMAÇÃO.

11 de maio

O BENEFÍCIO DA DÚVIDA

Leitura: **1 Coríntios 13**

... [O amor] tudo sofre, tudo crê, tudo espera, tudo suporta.

—1 CORÍNTIOS 13:7

Em 1860, Thomas Inman recomendou que seus colegas médicos não prescrevessem um medicamento para uma cura se não estivessem certos de que este funcionaria. Eles deveriam dar "o benefício de nossas dúvidas" ao paciente. Esta frase é também um termo legal que significa que se um júri tem evidências conflitantes que geram dúvidas nos jurados, eles devem considerar o réu "inocente".

Como cristãos, talvez possamos aprender e aplicar esse dito médico e legal em nossos relacionamentos. Melhor ainda, podemos aprender com a Bíblia sobre conceder aos outros o benefício da dúvida. No livro de 1 Coríntios 13:7 está escrito que o amor "...tudo sofre, tudo crê, tudo espera, tudo suporta." Leon Morris, na coletânea de estudos *Comentários do Novo Testamento — Tyndale,* diz o seguinte sobre a frase "tudo crê": "Ver o melhor nos outros [...] Isto não significa que o amor é ingênuo, mas que não pensa o pior, (como o mundo faz). O amor preserva a fé. O amor não é ludibriado [...] mas está sempre pronto para dar o benefício da dúvida."

Quando ouvirmos algo negativo sobre outros ou desconfiarmos das razões para agirem como agem, pensemos antes de julgar suas ações como erradas ou más, concedendo-lhes o benefício da dúvida. —AMC

O AMOR CONCEDE AOS OUTROS O BENEFÍCIO DA DÚVIDA.

12 de maio

VEM JÁ, VEM JÁ!

Leitura: **Salmo 51:1-13**

Restitui-me a alegria da tua salvação e sustenta-me com um espírito voluntário. —SALMO 51:12

Enquanto a jovem Amélia, de 19 anos, esperava no consultório de seu médico, ela reconheceu o familiar hino *Manso e Suave* (CC 222) tocando na caixa de som. Sorriu ao lembrar-se da letra. Talvez, uma canção com a letra "Correm os dias, as horas se passam [...] Transes de morte por fim nos esperam" não era o fundo musical mais apropriado para um consultório médico!

Alguns acham esse antigo hino sentimental demais, mas a mensagem do estribilho pode ser encorajadora para o teimoso pecador:

Vem já, vem já!
Alma cansada vem já!
Manso e suave Jesus convidando.
Chama ó pecador vem!

Quando um cristão substitui a vontade de Deus por sua própria, ele se perceberá em condição apóstata, fora de um relacionamento com Deus, em estado nada invejável. Embora algumas vezes nos rendamos à nossa natureza egoísta, Deus está sempre pronto para nos receber de volta. Por Sua "benignidade" e "multidão de misericórdias," Ele se alegra quando abandonamos nossos caminhos rebeldes, voltamos a Ele e pedimos perdão (Salmo 51:1-2; Lucas 15).

O seu coração e a sua mente se afastaram de seu Salvador? Jesus está chamando e esperando você voltar para casa. —CHK

UM FILHO DE DEUS É SEMPRE BEM-VINDO EM CASA.

13 de maio

O DEDO PODEROSO

Leitura: **1 Coríntios 12:14-26**

Se disser o pé: Porque não sou mão, não sou do corpo; nem por isso deixa de ser do corpo. —1 CORÍNTIOS 12:15

Recentemente, ouvi falar de um esporte que desafia minha imaginação — não consigo compreender por que alguém o praticaria. É chamado de "Luta do dedão do pé". Todos os anos, pessoas do mundo todo se reúnem na Inglaterra para o campeonato mundial. Os competidores sentam-se no chão um diante do outro, e em seguida paralisam o dedão do pé descalço do oponente. O objetivo é prender o pé do adversário de modo similar ao que se faz em uma queda de braço. Para mim, parece algo muito estranho.

De certa forma, esta competição incomum honra uma parte do corpo que é grandemente ignorada — até que derrubemos algo sobre ela. Nossos dedos e pés são partes vitais de nossa anatomia e, ainda assim, lhes damos pouca atenção a não ser que estejam doendo.

Talvez por esse motivo Paulo tenha usado a figura do pé para nos lembrar de que não há partes insignificantes no corpo de Cristo. No livro de 1 Coríntios 12:15, ele disse: "Se disser o pé: Porque não sou mão, não sou do corpo; nem por isso deixa de ser do corpo." A única reação correta é: "É claro que é parte do corpo."

Paulo quer que percebamos que cada pessoa no corpo de Cristo é importante. Mesmo que você se veja como o membro mais negligenciado e ignorado do corpo de Cristo, você tem valor. E pode honrar Deus como um verdadeiro campeão ao usar suas habilidades únicas para a glória do Senhor. —WEC

O SENHOR UTILIZA PEQUENAS FERRAMENTAS PARA EXECUTAR GRANDES TAREFAS.

14 de maio

PACIÊNCIA PARA SER PACIENTE

Leitura: **Salmo 130:1-8**

Aguardo o SENHOR*, a minha alma o aguarda; eu espero na sua palavra.* —SALMO 130:5

Crianças são imediatistas: "Mas eu quero a sobremesa agora!" "A gente já chegou?" "Já podemos abrir os presentes?" Em contraste, conforme envelhecemos, aprendemos a esperar. Estudantes de medicina esperam enquanto fazem suas residências médicas. Os pais aguardam com a esperança de que o filho pródigo retornará. Esperamos por aquilo que merece ser esperado, e no processo aprendemos sobre a paciência.

Deus, que é atemporal, requer de nós uma fé madura que saiba lidar com atrasos que aparentam ser provações. A paciência é um sinal dessa maturidade, uma qualidade que só pode ser desenvolvida com o passar do tempo.

Muitas orações na Bíblia resultam de uma espera. Jacó esperou sete anos por uma esposa e depois trabalhou mais sete por ter sido enganado por seu sogro (Gênesis 29:15-20). Os israelitas esperaram quatro séculos por libertação; Moisés esperou quatro décadas pelo chamado para guiar o povo e mais quatro décadas por uma Terra Prometida na qual não entraria.

"A minha alma anseia pelo SENHOR mais do que os guardas pelo romper da manhã..." escreveu o salmista (Salmo 130:6). O que me vem à mente é a figura de um guarda contando os minutos para que seu turno chegue ao fim.

Oro por paciência para suportar momentos de provações, para permanecer com expectativa, esperança e fé. Eu oro pedindo paciência para ser paciente. —PY

É RARO DEUS AGIR APRESSADAMENTE.

15 de maio

PALAVRAS FORTES

Leitura: **1 João 3:10-18**

... todo aquele que não pratica justiça não procede de Deus...

—1 JOÃO 3:10

No livro *UnChristian* (DesCrentes) são listadas algumas razões por que alguns não-cristãos não gostam daqueles que professam a fé em Jesus Cristo. A maioria das reclamações está relacionada com a forma como alguns cristãos agem em relação aos descrentes. Os incrédulos do estudo tinham a predisposição de ver os cristãos como hipócritas, críticos, severos e hostis com pessoas diferentes de si.

Tenho certeza de que você, assim como eu, não gosta de ouvir a opinião dessas pessoas. Algumas vezes, há mais verdade na percepção que eles têm do que gostaríamos que tivessem. No livro de 1 João 3:1, o qual inicia com as palavras: "Vede que grande amor nos tem concedido o Pai, a ponto de sermos chamados filhos de Deus..." João apresenta um contraste nítido: os cristãos amam a justiça, apartam-se do pecado e amam uns aos outros; os não-cristãos praticam o pecado, odeiam-se e permanecem na morte.

Essas palavras são fortes! Ou somos seguidores de Jesus Cristo ou do diabo. Somos como Caim ou Abel (1 João 3:12; Gênesis 4:8-15). João afirma que o amor pelos outros é a prova de que somos autênticos filhos de Deus (1 João 3:10,18-19; 4:7-8). Não podemos continuar na prática do pecado e declarar que somos seguidores de Cristo. Asseguremo-nos de que nossas palavras e atos correspondam sempre às nossas crenças. —DCE

HÁ DUAS EXIGÊNCIAS PARA SEGUIR A CRISTO:
CRER, E AGIR COMO CRISTÃO.

16 de maio

A VIDA INJUSTA

Leitura: **Salmo 73**

Pois eu invejava os arrogantes, ao ver a prosperidade dos perversos.

—SALMO 73:3

Você alguma vez já sentiu que a vida é injusta? Para nós que somos comprometidos em seguir a vontade e os caminhos de Jesus é fácil nos frustrarmos quando as pessoas que não se importam com Ele aparentemente prosperam. Um empresário comete fraudes, no entanto fecha um grande contrato, e a pessoa que vive uma vida boêmia ininterruptamente é robusto e saudável — enquanto você ou aqueles que você ama lutam com finanças ou questões médicas. Sentimo-nos traídos, como se tivéssemos sido bons inutilmente.

Se você alguma vez já se sentiu dessa forma, você está bem acompanhado. O escritor do Salmo 73 faz uma lista sobre como o perverso prospera, e em seguida diz, "Com efeito, inutilmente conservei puro o coração..." (v.13). Mas a maré de seus pensamentos muda quando se lembra de seu tempo na presença de Deus: "...e atinei com o fim deles" (v.17).

Quando investimos tempo com Deus e vemos as coisas do Seu ponto de vista, mudamos completamente nossa perspectiva. Podemos ter inveja dos incrédulos neste momento, mas não mais teremos quando o julgamento chegar. Como diz o ditado, que diferença faz você ganhar a batalha se perder a guerra?

Assim como o salmista, louvemos a Deus por Sua presença nesta vida e Sua promessa de uma vida que está por vir (vv.25-28). Ele é tudo o que você precisa, mesmo quando a vida parece injusta. —JMS

INVESTIR TEMPO COM DEUS
COLOCA TODO O RESTANTE EM PERSPECTIVA.

17 de maio

ALTERNATIVAS À VINGANÇA

Leitura: **Deuteronômio 19:16-21; Mateus 5:38-45**

Não te vingarás [...]
mas amarás o teu próximo como a ti mesmo...
—LEVÍTICO 19:18

Certo domingo, enquanto pregava, um pastor foi abordado e esmurrado por um homem. Ele continuou a pregar e o homem foi preso. O pastor orou por este homem e até o visitou na cadeia alguns dias depois. Que exemplo sobre como responder ao insulto e injúria!

Apesar de haver a possibilidade de autodefesa, a vingança pessoal era proibida no Antigo Testamento: "Não te vingarás, nem guardarás ira contra os filhos do teu povo; mas amarás o teu próximo como a ti mesmo..." (Levítico 19:18; Deuteronômio 32:35). Jesus e os apóstolos também a proibiram (Mateus 5:38-45; Romanos 12:17; 1 Pedro 3:9).

A lei do Antigo Testamento impunha "dois pesos e duas medidas" (Êxodo 21:23-25; Deuteronômio 19:21), garantindo que a punição judicial não fosse injusta nem maliciosa. Mas havia um princípio maior surgindo quando se tratava de vingança pessoal. A justiça deve ser feita, mas deve ser deixada nas mãos de Deus ou das autoridades por Ele determinadas.

Em vez de retribuir injúria e insulto, vivamos por alternativas que honrem a Cristo e que sejam inspiradas pelo Espírito: Tende paz com todos os homens (Romanos 12:18), submetam-se a um mediador espiritual (1 Coríntios. 6:1-6) e deixem as questões nas mãos das autoridades e, acima de tudo, nas mãos de Deus. —MLW

DEIXE A JUSTIÇA FINAL NAS MÃOS DE UM DEUS JUSTO.

18 de maio

SEREMOS TRANSFORMADOS

Leitura: **2 Coríntios 4:16;5:8**

... seremos semelhantes a ele, porque haveremos de vê-lo como ele é. —1 JOÃO 3:2

Thomas DeBaggio, afligido precocemente pelo mal de Alzheimer, registrou em crônicas sua perda gradual de memória no livro *Losing My Mind* (Perdendo Minha Memória). Esse livro registra o processo perturbador através do qual — pouco a pouco — tarefas, lugares e pessoas são esquecidos.

O mal de Alzheimer envolve a falência de células nervosas no cérebro, levando à perda gradual de memória, confusão e desorientação. Pode ser trágico observar uma pessoa antes mentalmente alerta, esquecer lentamente como vestir-se ou fracassar ao tentar reconhecer os rostos daqueles que ama. É como perder a pessoa antes de sua morte.

A perda de memória também pode ocorrer por outros motivos, como ferimento ou trauma. E para aqueles de nós que vivem até a terceira idade, o colapso de nossos corpos é inevitável.

Mas há esperança para o cristão. Quando os cristãos receberem seus corpos glorificados na ressurreição, eles serão perfeitos (2 Coríntios 5:1-5). Mas mais importante ainda, no céu reconheceremos aquele que morreu para nos redimir. Lembraremos do que Ele fez e iremos reconhecê-lo pelas marcas dos pregos em Suas mãos (João 20:25; 1 Coríntios 13:12).

O esquecimento pode acometer nossos corpos terrenos, mas quando virmos o Senhor, "...seremos semelhantes a ele, porque haveremos de vê-lo como ele é" (1 João 3:2). —HDF

EM UM PISCAR DE OLHOS [...] SEREMOS TRANSFORMADOS.

—APÓSTOLO PAULO

19 de maio

RECONCILIAÇÃO

Leitura: **Filipenses 4:2-7**

Nada façais por partidarismo ou vanglória...

—FILIPENSES 2:3

Assisti da minha sacada a demolição de um prédio de 20 andares. Mal passou uma semana, e em seu lugar um novo prédio está sendo construído. Já se passaram alguns meses e apesar do trabalho ininterrupto durante as noites e finais de semana, a construção ainda está incompleta. É muito mais fácil destruir do que construir!

O mesmo acontece com os relacionamentos pessoais. Em Filipenses 4:2, Paulo escreveu às duas mulheres na igreja, dizendo, "Rogo a Evódia e rogo a Síntique pensem concordemente, no Senhor." A disputa entre essas duas mulheres, se não fosse resolvida, ameaçaria destruir o testemunho da igreja dos filipenses. Paulo então recomendou que um "fiel companheiro" (v.3) ajudasse a reconstruir aquele relacionamento.

Infelizmente, os cristãos discordam, mas deveríamos buscar "viver pacificamente" com todos (Romanos 12:18). A menos que nossos conflitos sejam solucionados, o testemunho cristão, tão meticulosamente construído, pode ser destruído. Reconciliar relacionamentos destruídos exige muito tempo e esforço. Mas vale a pena. Como um novo prédio surgindo das ruínas, cristãos reconciliados podem emergir mais fortes.

Busquemos, hoje, nos edificar através de nossas palavras e ações! —CPH

DOIS CRISTÃOS SÃO MELHORES QUE UM — QUANDO UNIDOS.

20 de maio

ACOLHER COM MANSIDÃO

Leitura: **Tiago 1:13-22**

... despojando-vos de toda impureza e acúmulo de maldade, acolhei, com mansidão, a palavra [...] poderosa para salvar a vossa alma. —TIAGO 1:21

Ao ler o primeiro capítulo do livro de Tiago fui tocado pela frase "...acolhei, com mansidão, a palavra em vós implantada, a qual é poderosa para salvar a vossa alma" (v.21). Uma decisão com que tenho lutado veio à minha mente e pensei: *não preciso ler outro livro, ir a outro seminário ou perguntar a outro amigo sobre isso. Preciso obedecer ao que a Bíblia ordena-me a fazer.* Meus esforços para estar mais bem informado haviam se tornado uma forma de resistir à instrução de Deus ao invés de recebê-la.

Tiago estava escrevendo aos seguidores de Cristo quando disse: "Portanto, despojando-vos de toda impureza e acúmulo de maldade, acolhei, com mansidão, a palavra em vós implantada, a qual é poderosa para salvar a vossa alma. Tornai-vos, pois, praticantes da palavra e não somente ouvintes, enganando-vos a vós mesmos" (Tiago 1:21-22).

O estudioso da Bíblia W. E. Vine disse que a palavra grega utilizada aqui para *receber* significa "recepção pronta e voluntária do que é oferecido". Brandura é uma atitude em relação a Deus "em que aceitamos seus procedimentos conosco sem discussão ou resistência". Um coração humilde não luta contra Deus ou contende com Ele.

A poderosa Palavra de Deus, implantada em nossos corações, é uma fonte fidedigna de força e sabedoria espiritual. Está disponível a todos que humildemente a receberão. —DCM

ABRA SUA BÍBLIA COM TEMOR,
LEIA COM CUIDADO E OBEDEÇA-A COM ALEGRIA.

21 de maio

FRUTO FRESCO

Leitura: **Salmo 92**

... na velhice darão ainda frutos...

—SALMO 92:12,14

Gosto muito das antigas fotografias que são frequentemente impressas no obituário de nosso jornal local. Um jovem com largo sorriso vestindo um uniforme militar e palavras como: *92 anos, lutou por seu país na Segunda Guerra Mundial.* Ou a jovem com olhos cintilantes: *89 anos de jovialidade, cresceu em uma fazenda no Kansas, EUA durante a Depressão.* A mensagem tácita é: "Sabe, eu nem sempre fui velho."

Com frequência, aqueles que tiveram uma longa vida sentem-se marginalizados quando chegam aos seus anos derradeiros. O livro de Salmo 92, no entanto, nos lembra de que independente de nossa idade, podemos ter uma vida renovada e frutífera. Homens e mulheres que foram "plantados" no rico solo do vinhedo de Deus "...darão ainda frutos..." e "...serão cheios de seiva e de verdor" (v.14). Jesus prometeu que "Quem permanece em mim, e eu, nele, esse dá muito fruto..." (João 15:5).

Sim, músculos e juntas podem doer e o ritmo da vida pode diminuir, mas interiormente podemos ser "renovados de dia em dia" (2 Coríntios 4:16).

Recentemente, vi uma linda senhora de cabelos brancos usando uma camiseta com o seguinte dito: "Não tenho 80 anos de vida. Tenho 18 anos de vida e 62 de experiência." Não importa o quanto envelhecemos, ainda podemos ser jovens no coração — com o benefício de uma vida bem vivida com conhecimento e sabedoria. —CHK

DEUS EXIGE FIDELIDADE E RECOMPENSA COM GRANDE QUANTIDADE DE FRUTOS.

22 de maio

LÍNGUA DE SINAIS

Leitura: **João 1:14-18**

... e o Senhor vos faça crescer e aumentar no amor uns para com os outros e para com todos...

—1 TESSALONICENSES 3:12

Um amigo meu pastoreia uma igreja numa comunidade de uma pequena montanha. Essa comunidade fica num vale arborizado no qual corre sinuosamente um pequeno riacho. Detrás da igreja e ao longo do riacho há um bosque de salgueiros, uma extensão de grama e uma praia arenosa. É um local idílico e há muito tempo usado para piqueniques pelos membros da comunidade.

Certo dia, um homem da congregação expressou sua preocupação com relação às implicações legais do uso da propriedade por "intrusos". "Se alguém se machucar," ele disse, "a igreja pode ser processada". Apesar da relutância dos presbíteros em tomar alguma atitude, o homem os convenceu a colocar uma placa no local informando aos visitantes que esta era uma propriedade particular. Sendo assim, o pastor colocou um aviso que dizia: "Advertência! Quem frequentar esta praia pode ser a qualquer momento cercado por pessoas que o amem." Li essa placa uma semana após ter sido colocada e fiquei fascinado. "Exatamente," pensei. "Mais uma vez a graça triunfou sobre a lei!"

Este amor pelo próximo é o resultado da bondade, brandura e paciência de Deus conosco. Não é a lei, mas a bondade de Deus que atrai homens e mulheres ao arrependimento (Romanos 2:4) e à fé salvadora em Seu Filho Jesus Cristo. —DHR

O AMOR É O IMÃ QUE UNE OS CRISTÃOS
E ATRAI OS DESCRENTES A CRISTO.

23 *de maio*

NOSSA DEPENDÊNCIA

Leitura: **1 João 2:24–3:3**

... pois nele vivemos, e nos movemos, e existimos...

—ATOS 17:28

Enquanto apreciava a chegada de minha sobrinha-neta, lembrei-me como é trabalhoso cuidar de um bebê recém-nascido. Eles são dependentes e precisam de alimentos, fraldas limpas, colo, alimento, fraldas limpas, colo, alimento, fraldas limpas, colo. Totalmente incapazes de cuidarem de si mesmos, dependem daqueles mais velhos e mais sábios que os rodeiam.

Nós também somos filhos dependentes — dependentes de nosso Pai no céu. O que precisamos dele que somos incapazes de obter por conta própria? "...pois nele vivemos, e nos movemos, e existimos..." (Atos 17:28). Deus nos dá o fôlego. Também supre nossas necessidades "...segundo a sua riqueza em glória, há de suprir, em Cristo Jesus..." (Filipenses 4:19).

Precisamos de nosso Pai para termos paz ao enfrentarmos problemas (João 16:33), para termos amor (1 João 3:1), e socorro no momento da necessidade (Salmo 46:1; Hebreus 4:16). Ele nos dá vitória na tentação (1 Coríntios 10:13), perdão (1 João 1:9), propósito (Jeremias 29:11) e vida eterna (João 10:28). Sem Ele, nada podemos fazer "...sem mim nada podeis fazer" (João 15:5). E por Ele, "...todos nós temos recebido da sua plenitude e graça sobre graça" (João 1:16).

Que não creiamos ser totalmente independentes — porque não somos. O Senhor nos sustém dia após dia. De muitas maneiras, somos tão dependentes quanto bebês recém-nascidos. —AMC

DEPENDER DE DEUS NÃO É FRAQUEZA;
É O RECONHECIMENTO DA SUA FORÇA.

24 de maio

SIMPLIFIQUE

Leitura: **Mateus 6:25-34**

Portanto, não vos inquieteis com o dia de amanhã, pois o amanhã trará os seus cuidados; basta ao dia o seu próprio mal.

—MATEUS 6:34

Em uma entrevista de rádio, o repórter perguntou a um astro do basquete sobre sua habilidade em fazer o lance decisivo do jogo em situações cruciais. Também lhe perguntou como ele conseguia manter-se calmo em momentos de tanta pressão. O jogador respondeu que tentava simplificar a situação. "Você só precisa fazer uma cesta." Uma cesta. Essa é a essência de simplificar uma situação difícil. Concentre-se apenas naquilo que está diante de você no momento. Não se preocupe com as expectativas de seu treinador e colegas de equipe. Simplifique.

Reconhecendo que os desafios da vida podem ser esmagadores e sufocantes, Jesus nos impeliu a resolver as situações simplificando-as. Ele disse, "Portanto, não vos inquieteis com o dia de amanhã, pois o amanhã trará os seus cuidados; basta ao dia o seu próprio mal" (Mateus 6:34). Esta foi Sua sábia conclusão em Seu ensino sobre o poder debilitador da preocupação. A preocupação não realiza nada positivo, apenas aumenta a sensação de estarmos nos afogando nos problemas que estamos enfrentando. Devemos lidar com as situações conforme surgem — um dia de cada vez — e confiar nele para termos a sabedoria para reagir adequadamente.

Se você se sente oprimido pela vida, faça o que você puder hoje e entregue o resto para Ele. Como Jesus disse, "...basta ao dia o seu próprio mal". –WEC

PERDEMOS A ALEGRIA DE VIVER O PRESENTE QUANDO NOS PREOCUPAMOS COM O FUTURO.

O VERDADEIRO PRÊMIO

Leitura: **Efésios 5:22-33**

Maridos, amai vossa mulher, como também Cristo amou a igreja e a si mesmo se entregou por ela... —EFÉSIOS 5:25

Eu fico maravilhado em ver o impacto que minha esposa Martie tem sobre a vida de nossos filhos. Pouquíssimas funções exigem perseverança incondicional e sacrificial, e comprometimento como a maternidade. Tenho certeza de que meu caráter e fé foram moldados por minha mãe, Corabelle. Falemos a verdade, onde estaríamos sem nossas mães e mulheres?

Isto me traz à memória uma de minhas lembranças favoritas na história do esporte. Phil Mickelson caminhando pela parte central do campo de golfe no Torneio de Golfe Masters em 2010 após sua tacada final para receber, pela terceira vez, um dos prêmios mais cobiçados do golfe. Mas não foi sua tacada vitoriosa no buraco que me impactou. Foi ele ter aberto um atalho no meio da multidão até chegar à sua esposa, que lutava contra um câncer ameaçador. Eles se abraçaram e a câmera focalizou uma lágrima escorrendo pelo rosto de Phil enquanto abraçava sua esposa por um longo tempo.

Nossas mulheres precisam experimentar o amor sacrificial, abnegado que nos tem sido demonstrado pelo Amado de nossas almas. Como Paulo colocou, "Maridos, amai vossa mulher, como também Cristo amou a igreja e a si mesmo se entregou por ela" (Efésios 5:25). Prêmios vêm e vão, mas são as pessoas que você ama — e que amam você — que tem verdadeira importância. —JMS

NA VIDA, O QUE IMPORTA NÃO SÃO OS PRÊMIOS QUE GANHAMOS, MAS AS PESSOAS QUE AMAMOS.

26 de maio

CONFIANÇA E TRISTEZA

Leitura: **2 Coríntios 1:3-11**

Até no riso tem dor o coração...

—PROVÉRBIOS 14:13

Quando nossa família descobriu, no início de 1994, que o time americano de futebol estaria jogando em Michigan, EUA, na Copa do Mundo, sabíamos que tínhamos que ir a esse jogo. Foi muito divertido irmos até o estádio para vermos os Estados Unidos vencerem a Suíça! Foi um dos eventos mais extraordinários de nossas vidas.

Havia apenas um problema. Melissa, nossa filha de nove anos, não podia estar conosco. Apesar de termos apreciado o evento, não era o mesmo sem ela. Mesmo sentindo alegria por estarmos lá, sentíamo-nos tristes por sua ausência.

Quando me lembro daquele dia, lembro também que a tristeza daquele dia é um pouco parecida com nossa tristeza agora que Melissa partiu desta terra — por ter morrido em um acidente de carro oito anos após aquele jogo. Apesar de apreciarmos a ajuda do "...Deus de toda consolação!" (2 Coríntios 1:3), todo esse consolo não muda a realidade da sua cadeira vazia nas reuniões familiares. As Escrituras não nos dizem que Deus retira toda a nossa tristeza desta vida, mas nos diz que Deus é fiel e nos consolará.

Se você perdeu um ente querido, confie firmemente no consolo divino. Continue confiando em Deus. Mas saiba que não há problemas em sentir tristeza devido à ausência. Considere essa mais uma razão para deixar seus fardos aos cuidados do seu amoroso Pai celestial. —JDB

NÃO HÁ TRISTEZA NA TERRA QUE NÃO SEJA SENTIDA NO CÉU.

27 de maio

O GUIA DO PILOTO

Leitura: **Salmo 119:129-136**

Firma os meus passos na tua palavra...

—SALMO 119:133

Durante a era da grande exploração marítima nos séculos 15 e 16, barcos a vela atravessaram vastos e temerários oceanos e navegaram por costas perigosas. Os pilotos utilizavam várias técnicas de navegação — incluindo um livro chamado *rutter* (o precursor da carta de navegação). Era um registro dos eventos feitos por viajantes que narravam seus encontros com águas desconhecidas e difíceis. Ao ler os detalhes de navegação em um *rutter*, os capitães podiam evitar casualidades e vencer águas turbulentas.

Em muitos aspectos, a vida cristã é como uma viagem; e o cristão precisa de ajuda para navegar nos perigosos mares da vida. Temos tal ajuda porque Deus nos deu Sua Palavra como um "*rutter* espiritual". Muitas vezes, quando refletimos em uma passagem significativa, podemos lembrar da fidelidade de Deus em circunstâncias árduas. Como o salmista sugere, os riscos existem não apenas nas situações da vida, mas também em nossa tendência interior direcionada ao pecado. Devido a estas duas preocupações, ele escreveu, "Firma os meus passos na tua palavra, e não me domine iniquidade alguma" (Salmo 119:133).

Ao refletir no ensinamento da Bíblia, você será lembrado do cuidado de Deus, terá a garantia de que o Senhor o guiará em circunstâncias árduas e será alertado contra o pecado. Essa é a vantagem de termos um "rutter espiritual". —HDF

COM A PALAVRA DE DEUS, COMO NOSSA CARTA — E SEU ESPÍRITO, A BÚSSOLA, PERMANECEREMOS NA ROTA CERTA.

28 de maio

VOCÊ ESTÁ OUVINDO?

Leitura: **Números 20:1-13**

... diante dele, falai à rocha, e dará a sua água ...

—NÚMEROS 20:8

Ele estava frustrado, zangado e cansado de ser culpado por tudo o que acontecia de errado. Ano após ano, ele os havia guiado por um desastre após outro. Continuamente intercedia em favor de todos para livrá-los da dificuldade, mas tudo que obtinha por seus esforços era mais revés. Finalmente, irritado, disse, "...Ouvi, agora, rebeldes: porventura, faremos sair água desta rocha para vós outros?" (Números 20:10).

A sugestão poderia soar irracional, mas não era. Quarenta anos antes, a geração anterior tivera a mesma reclamação: falta de água. Deus dissera a Moisés que golpeasse a rocha com seu cajado (Êxodo 17:6). Quando ele obedeceu, a água jorrou — muita água. Quando a murmuração reiniciou anos depois, Moisés fez o que havia funcionado antes. Mas nessa ocasião não era a atitude correta. Moisés disse aos israelitas que fizessem uma coisa — ouvir — o que ele próprio não havia feito. Deus havia dito a Moisés que, desta vez, falasse com a rocha, em vez de golpeá-la.

Algumas vezes quando estamos exaltados ou exasperados, não damos a devida atenção a Deus. Acreditamos que Ele sempre agirá da mesma forma. Mas não é assim que acontece. Às vezes, Ele nos aconselha a agir; outras a falar; outras a esperar. Por esse motivo, devemos ser sempre cuidadosos em ouvir antes de agir. —JAL

OUÇA — EM SEGUIDA OBEDEÇA.

29 de maio

SEM PERDER A ADMIRAÇÃO

Leitura: **2 Pedro 1:2-11**

Porque estas coisas, [...], fazem com que não sejais nem inativos, nem infrutuosos no pleno conhecimento de [...] Cristo.

—2 PEDRO 1:8

Em uma viagem recente, minha esposa sentou-se perto de uma mãe com um menino pequeno que fazia sua primeira viagem de avião. Assim que o avião decolou, ele exclamou, "Mãe, olha como estamos altos! E tudo está ficando menor!" Minutos depois gritou, "Aquelas nuvens estão ali? Por que elas estão embaixo da gente?" Conforme o tempo passava, outros passageiros liam, cochilavam e abaixavam o quebra-luz de suas janelas para assistir ao filme exibido. O menino, no entanto, permaneceu colado à janela, absorto nas maravilhas que observava.

Para "viajantes experientes" na vida cristã, riscos maiores poderão surgir se perdermos a admiração. As Escrituras que uma vez nos emocionaram podem se tornar mais comuns e teóricas. Podemos cair na letargia de orar com nossas mentes, mas não com os nossos corações.

Pedro estimulou os primeiros seguidores de Cristo a continuar crescendo em sua fé, virtude, conhecimento, domínio próprio, perseverança, devoção, bondade fraternal e amor (2 Pedro 1:5-7). Ele disse, "Porque estas coisas, existindo em vós e em vós aumentando, fazem com que não sejais nem inativos, nem infrutuosos no pleno conhecimento de nosso Senhor Jesus Cristo" (v.8). Sem elas ficamos cegos e esquecemos a maravilha de ser limpos de nossos pecados (v.9).

Que Deus nos conceda toda a graça para continuarmos crescendo em nossa admiração em conhecê-lo. —DCM

AO ADQUIRIRMOS PROFUNDO CONHECIMENTO DE CRISTO, CRESCEMOS NELE CONTINUAMENTE.

HONRA RETRIBUÍDA COM HONRA

Leitura: **Mateus 6:1-6**

Guardai-vos de exercer [...] justiça diante dos homens, [...] não tereis galardão junto de vosso Pai celeste. —MATEUS 6:1

Sempre fiquei muito impressionado com a solene e esplendorosa simplicidade da Troca da Guarda do Túmulo dos Desconhecidos no Cemitério Nacional de Arlington. O evento cuidadosamente coreografado é um tributo comovente aos soldados cujos nomes — e sacrifício — são "conhecidos somente por Deus". Tão comovente quanto, são os momentos reservados de marcha constante, quando a multidão se vai: de um lado para outro, hora após hora, dia após dia, mesmo nas piores condições climáticas.

Em setembro de 2003, o furacão Isabel estava atingindo a cidade de Washington e os guardas tiveram o direito de procurar abrigo durante o pior momento da tempestade. Muitos não se surpreenderam que os guardas recusaram! Eles permaneceram abnegadamente em seus postos, mesmo diante do furacão, para honrar seus companheiros mortos em batalha.

Creio que no ensino de Jesus, em Mateus 6:1-6, está implícito o Seu desejo de que vivamos uma vida de muita dedicação e devoção a Ele. A Bíblia nos chama às boas obras e ao viver consagrado, que devem ser atos de adoração e obediência (vv.4-6), não atos planejados para o engrandecimento próprio (v.2). O apóstolo Paulo defende esta fidelidade vitalícia quando nos pede que façamos de nossos corpos "sacrifícios vivos" (Romanos 12:1).

Que nossos momentos de adoração individuais e em grupos expressem nossa devoção e sincero comprometimento contigo, Senhor. —RKK

QUANTO MAIS SERVIRMOS A CRISTO,
MENOS SERVIREMOS O NOSSO EU INTERIOR.

31 de maio

MÁ ESCOLHA

Leitura: **Apocalipse 20:11-15**

Muitos dos que dormem no pó da terra ressuscitarão, uns para a vida eterna, e outros para vergonha e horror eterno.

—DANIEL 12:2

O apresentador Larry King perguntou a uma estrela de TV com idade já avançada, sobre o céu. King prefaciou sua pergunta referindo-se ao evangelista Billy Graham, que lhe havia dito "saber o que estava por vir. Seria o paraíso e ele iria para o céu." King perguntou ao seu convidado, em que ele acreditava, e este respondeu: "Eu gostaria de muita atividade. O céu soa plácido demais para mim, no inferno há muito a se fazer."

Infelizmente, este não é o único homem que pensa que a existência no reino de Satanás é um destino melhor. Já ouvi pessoas falarem que prefeririam estar no inferno, pois é lá que todos os seus amigos estarão. Uma pessoa escreveu, "se o inferno fosse real, não acredito que seria ruim, pois muitas pessoas interessantes estariam lá".

Como podemos convencer as pessoas de que estão enganadas dessa maneira e que o inferno e seus horrores devem ser evitados? Talvez, alertando-as sobre as realidades do inferno apresentadas nas Escrituras. O livro de Daniel 12:2 descreve o inferno como um lugar de "...vergonha e horror eterno".

O livro de Lucas 16:23 fala sobre "tormentos". Mateus 8:12 descreve "...choro e ranger de dentes". E Apocalipse 14:11 diz que não haverá "...descanso algum".

As verdades ensinadas na Bíblia não permitem que alguém pense que o inferno possa ser um bom lugar. Explicando, rejeitar a Jesus e enfrentar a eternidade no reino de Satanás é uma má escolha. —JDB

O MESMO CRISTO QUE FALA SOBRE AS GLÓRIAS DO CÉU, TAMBÉM DESCREVE OS HORRORES DO INFERNO.

PECADO OCULTO

Leitura: **1 João 1:5-10**

Tu, ó Deus, bem conheces a minha estultice, e as minhas culpas não te são ocultas. —SALMO 69:5

Chico diminuiu a velocidade e parou quando bateram atrás de seu carro, empurrando-o contra o veículo à sua frente. Um exasperante som de esmagamento indicou que outros veículos haviam engavetado atrás dele.

Sentado em silêncio por um momento, Chico observou que o veículo logo atrás dele arrancava para juntar-se ao tráfego. Obviamente esperando evitar um encontro com a polícia, o motorista evadiu-se do local e não percebeu que deixara algo para trás. Quando os policiais chegaram, um deles ajuntou do chão a placa do carro evadido e disse a Chico: "Alguém estará à espera quando ele chegar à sua casa. Ele não vai se safar dessa."

A Escritura diz "...sabei que o vosso pecado vos há de achar" (Números 32:23), como descobriu o homem que deixou a cena do acidente. Às vezes somos capazes de ocultar nosso pecado das pessoas à nossa volta, mas nada está "...oculto aos olhos [de Deus]" (Hebreus 4:13). Ele vê cada uma das nossas falhas, pensamentos e motivações (1 Samuel 16:7; Lucas 12:2-3).

Os cristãos recebem uma maravilhosa promessa: "Se confessarmos os nossos pecados [...] [Deus] é fiel e justo para nos perdoar os pecados e nos purificar de toda injustiça" (1 João 1:9). Portanto, não permita que os pecados inconfessos, chamados também "pecados ocultos", estejam entre você e Deus (vv.6-7). —CHK

O PECADO PODE SER OCULTADO DOS OUTROS, MAS NUNCA DE DEUS.

2 de junho

VEM, SENHOR JESUS!

Leitura: **Malaquias 4:1-6**

... nascerá o sol da justiça, trazendo salvação nas suas asas...

—MALAQUIAS 4:2

Segundo uma lenda, o nome do meu estado, "Idaho", vem de uma palavra no idioma dos índios Shoshone: "i-da-háu". Traduzida para o português, ela significa algo como "Observe! O sol nascendo sobre a montanha." Penso nisso frequentemente quando o sol aparece sobre os picos do leste, derramando luz e vida no nosso vale.

Também penso na promessa de Malaquias: "...nascerá o sol da justiça, trazendo salvação nas suas asas..." (Malaquias 4:2). Essa é a promessa irrevogável de Deus de que nosso Senhor Jesus retornará e toda a criação "...será redimida do cativeiro da corrupção, para a liberdade da glória dos filhos de Deus" (Romanos 8:21).

Cada nova aurora é um lembrete daquela manhã eterna em que o "sol brilhante do céu" se levantará com salvação em suas asas. Então, toda a criação será refeita de maneira irrevogavelmente correta. Não haverá costas ou joelhos latejantes, dificuldades financeiras, perdas, envelhecimento. Outra versão da Bíblia diz que, quando Jesus retornar, nós "...saltaremos como bezerros soltos do curral" (Malaquias 4:2, NVI). Essa é a minha maior imaginação e esperança.

Jesus disse "Certamente, venho sem demora" (Apocalipse 22:20). Ainda assim, venha, Senhor Jesus! —DHR

VOCÊ TEM MOTIVO PARA OTIMISMO
SE ESTIVER AGUARDANDO O RETORNO DE CRISTO.

3 de junho

HISTÓRIAS DE UMA CIDADE

Leitura: **Naum 1**

O Senhor é bom, é fortaleza no dia da angústia e conhece os que nele se refugiam. —NAUM 1:7

O livro de Jonas tem a elaboração de um grande roteiro de cinema. Contém um profeta fugitivo, uma terrível tempestade no mar, o profeta engolido por um grande peixe, Deus poupando a vida do profeta, e o arrependimento de uma cidade pagã.

Mas a continuação do livro de Jonas — o livro de Naum — poderia não ser tão popular. Naum ministrou em Nínive como Jonas, mas cerca de 100 anos mais tarde. Dessa vez, os ninivitas não tinham interesse em arrependimento. Devido a isso, Naum condena Nínive e proclama julgamento sobre o povo.

À Nínive que se recusava a arrepender-se, o profeta pregou: "O Senhor é tardio em irar-se, mas grande em poder e jamais inocenta o culpado..." (Naum 1:3). Mas, Naum também tinha uma mensagem de misericórdia. Para confortar o povo de Judá, ele proclamou: "O Senhor é bom, é fortaleza no dia da angústia e conhece os que nele se refugiam" (v.7).

Vemos nas histórias de Jonas e Naum, que cada nova geração traz consigo a necessidade de uma resposta individual a Deus. A vida espiritual de uma pessoa não pode ser dada a outra; cada um de nós, precisa, de vontade própria, escolher servir ao Senhor, do fundo do coração. A mensagem de Deus é tão nova hoje quanto foi há centenas de anos: Julgamento para os que não se arrependem, mas misericórdia para os arrependidos. Qual será a sua resposta? —HDF

TÃO CERTO COMO O JULGAMENTO DE DEUS
É A SUA MISERICÓRDIA.

4 de junho

IMPACTO PARA CRISTO

Leitura: **1 Timóteo 4:10-16**

... torna-te padrão dos fiéis, na palavra, no procedimento, no amor, na fé, na pureza. —1 TIMÓTEO 4:12

Ao longo dos últimos anos, tive o privilégio de viajar com adolescentes em oito viagens missionárias. Nessas viagens, aprendi que os adolescentes não são jovens demais para criar um impacto para Jesus, em mim ou em outras pessoas cujas vidas eles tocam.

Também percebi que os adolescentes que criam o maior impacto para Cristo apresentam as mesmas características sobre as quais Paulo falou ao jovem Timóteo no livro de 1 Timóteo 4:12. Ao tentar convencê-lo de que sua relativa juventude não precisava ser um empecilho ao seu ministério, Paulo lhe disse "...torna-te padrão dos fiéis," em várias áreas.

Em palavras: Jovens que fazem a diferença para Cristo controlam o que dizem, evitam falatórios negativos e dizem palavras que honram a Deus. *Em procedimento:* praticam a discrição e em seu comportamento brilham para que todo o mundo veja Cristo em suas vidas. *Em amor:* seguem as palavras de Jesus sobre amar a Deus e ao seu próximo (Mateus 22:37-39), os adolescentes agradam Jesus e tocam corações. *Em fé:* colocam sua fé em ação para a transformação de vidas. *Em pureza:* É difícil ter pureza moral e ser doutrinariamente sadio, mas jovens que possuem tais características podem estabelecer o parâmetro para todos nós.

As palavras de Paulo não se destinam somente à geração jovem. Todos nós deveríamos ser exemplo em palavras, no procedimento, no amor, na fé e na pureza. É assim que criamos impacto para Cristo. —JDB

A VIDA DEDICADA A CRISTO É
O COMENTÁRIO BÍBLICO MAIS VALIOSO SOBRE A BÍBLIA.

DE DENTRO PARA FORA

Leitura: **João 15:1-8**

Vós já estais limpos pela palavra que vos tenho falado.

—JOÃO 15:3

Durante uma conferência internacional de editores, um jovem francês descreveu sua experiência num evento de autógrafos. Uma mulher pegou um dos seus livros, folheou-o e exclamou "Finalmente, uma história limpa!". Gentilmente, ele respondeu "Eu escrevo limpo porque penso limpo. Não é um esforço." O que ele expressava por escrito provinha do seu interior, onde Cristo havia alterado o âmago da sua vida.

João 15 registra o ensinamento de Jesus aos Seus discípulos: permanecer nele é o único meio para uma vida frutífera. Em meio à Sua parábola da vinha e dos ramos, Jesus disse: "Vós já estais limpos pela palavra que vos tenho falado" (v.3). O estudioso da Bíblia W. E. Vine diz que a palavra grega para limpo significa "isento de mistura impura, sem defeito ou mancha".

Um coração puro é o resultado do trabalho de Cristo; somente no Seu poder conseguimos permanecer limpos. Falhamos com frequência, mas "...se confessarmos os nossos pecados, ele é fiel e justo para [...] nos purificar de toda injustiça" (1 João 1:9). A renovação é um trabalho interior.

Jesus nos tornou limpos através do Seu sacrifício e da Sua Palavra. Quando permanecemos em Cristo, nossas falas e ações que aos outros parecem renovadas e puras fluem do nosso interior. —DCM

A CONFISSÃO A DEUS TRAZ A PURIFICAÇÃO DIVINA.

6 de junho

TUBARÕES-TOURO

Leitura: **1 Pedro 4:12-19**

Amados, não estranheis o fogo ardente que surge no meio de vós, destinado a provar-vos... —1 PEDRO 4:12

Após uma recente discussão durante o almoço, decidi pesquisar o comentário sobre um ataque de tubarão-touro ocorrido anteriormente no Lago Michigan. Parecia algo tão impossível que todos nós zombamos da possibilidade de existir tubarões num lago de água doce tão distante do mar. Encontrei uma página na internet que afirmava que um ataque de tubarão-touro havia ocorrido no Lago Michigan em 1955, mas nunca havia sido comprovado. Um ataque de tubarão no Lago Michigan? Se a história fosse verdadeira, seria deveras uma ocorrência rara.

Não seria maravilhoso se os tempos difíceis fossem como os ataques de tubarão-touro no Lago Michigan, raros ou até mesmo inverídicos? Mas, eles não o são. Sofrimentos e dificuldades são comuns, mas quando acontecem conosco, pensamos que não deveria ser assim.

Talvez seja por isso que o apóstolo Pedro, escrevendo aos seguidores de Cristo que viveram no primeiro século e que enfrentavam tempos difíceis tenha dito: "Amados, não estranheis o fogo ardente que surge no meio de vós, destinado a provar-vos, como se alguma coisa extraordinária vos estivesse acontecendo" (1 Pedro 4:12). Essas provações não são anormais — e, passada a nossa surpresa, podemos voltar-nos ao Pai que ministra profundamente aos nossos corações e em nossas vidas. O amor dele nunca falha, e, em nosso mundo repleto de provações, esse tipo de amor é desesperadamente necessário. —WEC

DEUS, PELO BRILHO DO SEU AMOR,
PINTA EM NOSSAS NUVENS O ARCO-ÍRIS DE SUA GRAÇA.

7 de junho

DEUS É DEUS

Leitura: **Daniel 3**

Mulheres receberam, pela ressurreição, os seus mortos. Alguns foram torturados, não aceitando seu resgate, para obterem superior ressurreição. —HEBREUS 11:35

Quando as autoridades romanas solicitaram que Policarpo (69–155 d.C), bispo da igreja em Esmirna, amaldiçoasse Cristo se quisesse ser liberto, ele respondeu "Durante oitenta e seis anos o servi e Ele nunca me fez qualquer mal. Como posso blasfemar meu Rei que me salvou?" O oficial romano ameaçou: "Se você não mudar de ideia, ordenarei que você seja consumido pelo fogo." Policarpo permaneceu cheio de coragem. Por não maldizer a Cristo, ele foi queimado numa estaca.

Séculos antes, quando três jovens denominados Sadraque, Mesaque e Abede-Nego enfrentaram ameaça similar, responderam: "Ó Nabucodonosor [...] se o nosso Deus, a quem servimos, quer livrar-nos, ele nos livrará da fornalha de fogo ardente e das tuas mãos, ó rei. Se não, fica sabendo, ó rei, que não serviremos a teus deuses" (Daniel 3:16-18). Uma experiência semelhante, mas consequências diferentes. Policarpo foi queimado vivo, mas Sadraque, Mesaque e Abede-Nego saíram incólumes da fornalha.

Dois resultados diferentes, mas a mesma demonstração de fé. Esses homens nos mostraram que a fé em Deus não é simplesmente fé naquilo que Ele pode fazer. Mas na crença de que o Senhor é Deus, dando-nos livramento ou não. Ele tem a palavra final e é nossa a decisão de escolher segui-lo ao longo das provações. —AL

A VIDA É DURA, MAS DEUS É BOM — O TEMPO TODO.

8 de junho

IMPRESTÁVEL

Leitura: **Apocalipse 2:1-7**

Tenho, porém, contra ti que abandonaste o teu primeiro amor.
—APOCALIPSE 2:4

Minha mulher, Martie, é uma ótima cozinheira. Sentar-se após um dia cansativo para apreciar suas delícias culinárias é um grande deleite. Às vezes, após o jantar ela cuida de algumas tarefas, deixando-me sozinho para escolher entre pegar o controle remoto ou arrumar a cozinha. Quando estou disposto, arregaço as mangas, coloco a louça na lavadora e lavo as panelas e frigideiras — tudo pela alegria de escutar o seu agradecimento, que costuma ser algo como "Uau, Joe! Nem precisava ter arrumado a cozinha!", o que me dá a oportunidade de lhe dizer "Queria mostrar o quanto eu a amo!"

Quando Jesus censurou a igreja de Éfeso por abandonar seu "primeiro amor" (Apocalipse 2:4), eles estavam fazendo muitas coisas boas, mas não por amor a Ele. Embora fossem louvados por sua perseverança e paciência, do ponto de vista de Cristo, estavam sendo "bons" para nada.

O bom comportamento deveria ser sempre um ato de adoração. Resistir à tentação, perdoar, servir e amar uns aos outros são oportunidades para expressarmos, tangivelmente, nosso amor por Jesus — não para ganhar uma estrelinha ao lado do nosso nome ou um tapinha nas costas.

Quando foi a última vez em que você fez algo "bom" por amor a Jesus? —JMS

ATOS DE BONDADE DEMONSTRAM AMOR!

9 de junho

PENSAMENTOS ROUBADOS

Leitura: **Salmo 13; Colossenses 3:1-4**

Até quando, SENHOR?
Esquecer-te-ás de mim para sempre?...

—SALMO 13:1

Quando minha mulher e eu viajávamos por outro estado, alguém arrombou nosso carro após pararmos para almoçar. Olhando para o vidro estilhaçado, percebemos que havíamos nos esquecido de esconder o aparelho de *GPS*.

Verificando rapidamente o banco traseiro, concluí que o ladrão também levara meu *notebook*, passaporte e talão de cheques.

Em seguida, uma surpresa. Naquela mesma noite, após ligações telefônicas e horas de crescentes preocupações, o inesperado aconteceu. Quando abri minha mala, comprimido entre minhas roupas estava aquilo que eu pensara ter perdido. Eu mal conseguia acreditar no que estava vendo! Somente então me lembrei que não tinha colocado aquelas coisas no banco traseiro. Eu as havia colocado na mala, que estava guardada em segurança no porta-malas do carro.

Às vezes, na emoção do momento, nossas mentes nos pregam peças. Pensamos que nossa perda é pior do que realmente é. Podemos nos sentir como o salmista Davi, que, na confusão do momento, pensou que Deus havia se esquecido dele.

Quando Davi mais tarde se lembrou do que sabia, em vez daquilo que temia, seu senso de perda transformou-se numa canção de louvor (Salmo 13:5-6). Sua alegria renovada prefigurou aquilo que agora devemos lembrar: Nada pode roubar-nos o que é o mais importante se nossa vida estiver "...oculta juntamente com Cristo, em Deus" (Colossenses 3:3).

—MRD II

COLOQUE SUA CONFIANÇA NO AMOR DE DEUS QUE ESTÁ EM SEU CORAÇÃO — NÃO NO MEDO EM SUA MENTE.

10 de junho

CARTÃO DE VISITA

Leitura: **1 Timóteo 1:1,12-17**

Paulo, apóstolo de Cristo Jesus, pelo mandato de Deus, nosso Salvador, e de Cristo Jesus…

—1 TIMÓTEO 1:1

Em algumas culturas, o título abaixo do seu nome no seu cartão de visita é muito importante, pois identifica a sua posição hierárquica. A maneira como você é tratado depende do seu título comparado ao das outras pessoas ao seu redor.

Se Paulo tivesse um cartão de visita, este o identificaria como "apóstolo" (1 Timóteo 1:1), que significa "o enviado". Ele usava esse título, não por orgulho, mas por milagre. Ele não conquistara aquela posição; mas a recebera "...pelo mandato de Deus, nosso Salvador, e Cristo Jesus". Em outras palavras, sua nomeação não era humana, mas divina.

Paulo havia, anteriormente, sido "...blasfemo, e perseguidor e insolente" (v.13). Ele disse que se considerava o "principal" dos pecadores (v.15). Mas, devido à misericórdia de Deus, agora ele era um apóstolo, a quem "o Rei eterno" (v.17) havia confiado o glorioso evangelho e o tinha enviado para compartilhar essas boas-novas.

O mais surpreendente é que, assim como o apóstolo Paulo, todos nós somos enviados pelo Rei dos reis a todo o mundo (Mateus 28:18-20; Atos 1:8). Reconheçamos, com humildade, que também não merecemos tal comissionamento. Em cada dia temos o privilégio de representá-lo e de representar a Sua verdade eterna em palavras e atos diante de todos os que nos cercam. —CPH

DEUS LHE DEU UMA MENSAGEM PARA COMPARTILHAR, NÃO A GUARDE PARA SI!

11 de junho

CASAMENTO REAL

Leitura: **Apocalipse 19:1-10**

Alegremo-nos, exultemos e demos-lhe a glória, porque são chegadas as bodas do Cordeiro, cuja esposa a si mesma já se ataviou. —APOCALIPSE 19:7

Por muito tempo os casamentos têm sido uma oportunidade para extravagância, e nos dias atuais eles se tornaram uma oportunidade para as jovens viverem a fantasia de ser "princesa por um dia". Um vestido elegante, um penteado elaborado, damas de honra em vestidos bem escolhidos, buquês de flores, abundância de alimentos e muita celebração com amigos e parentes contribuem para a atmosfera de conto de fadas. Muitos pais começam a poupar cedo, para poderem enfrentar o elevado custo de realizar o sonho da filha. E casamentos "reais" levam a extravagância a um nível que nós, "comuns", raramente vemos. Em 1981, porém, muitos de nós vimos um deles, quando o casamento do príncipe Charles e da princesa Diana foi transmitido pela televisão para o mundo todo.

Outro casamento real está sendo planejado e será mais elaborado que qualquer outro. Mas, nesse casamento, a pessoa mais importante será o noivo, o próprio Cristo; e nós, a igreja, seremos a Sua noiva. O livro de Apocalipse diz que a noiva se aprontará (19:7) e que os nossos atos de justiça serão a sua vestimenta (v.8).

Embora os matrimônios terrenos durem somente o período de uma vida, toda noiva trabalha com afinco para que o seu casamento seja perfeito. Como a noiva de Cristo, deveríamos nos preparar muito melhor para um casamento que perdurará por toda a eternidade. —JAL

AS BOAS AÇÕES NÃO O TORNAM CRISTÃO, MAS O CRISTÃO PRATICA BOAS AÇÕES.

FAZENDO AMIZADES

Leitura: **João 15:9–17**

Vós sois meus amigos, se fazeis o que eu vos mando.

—JOÃO 15:14

O website de relacionamento social *Facebook* foi lançado em 2004 como um meio *on-line* dos estudantes universitários se relacionarem virtualmente. Hoje em dia, está aberto para pessoas de todas as idades e, atualmente, estima-se que há 400 milhões de usuários. Cada usuário tem sua página com fotos e detalhes pessoais que podem ser vistos por "amigos". Aceitar um "amigo" significa abrir a porta para comunicar e informar quem você é, para onde vai e o que faz. Amizades do *Facebook* podem ser casuais ou sérias, mas cada amigo só "entra se for convidado".

Pouco antes de ser crucificado, Jesus disse aos Seus discípulos: "Vós sois meus amigos, se fazeis o que eu vos mando. Já não vos chamo servos, porque o servo não sabe o que faz o seu senhor; mas tenho vos chamado amigos, porque tudo quanto ouvi de meu Pai vos tenho dado a conhecer" (João 15:14-15).

Generosidade, objetivos comuns e confiança plena são marcas da verdadeira amizade, especialmente em nosso relacionamento com o Senhor. Cristo tomou a iniciativa dando Sua vida por nós e convidando-nos a conhecer-lhe e segui-lo.

Já respondemos ao convite de amizade do Senhor Jesus, abrindo nossos corações para Ele, sem nada para esconder? —DCM

JESUS DESEJA SER NOSSO AMIGO.

13 de junho

SEU OLEODUTO ESPIRITUAL

Leitura: **Salmo 57**

... em ti a minha alma se refugia;
à sombra das tuas asas me abrigo... —SALMO 57:1

O oleoduto Trans-Alasca se estende por 1.287 quilômetros através do Alasca. Por ter sido construído ao longo de uma zona de terremotos, os engenheiros tiveram de certificar-se de que a tubulação conseguiria suportar as movimentações do solo. Eles decidiram utilizar uma rede de apoios deslizantes de *Teflon*, projetados para aliviar o impacto quando o chão se movesse sob a tubulação. Os engenheiros ficaram satisfeitos quando ocorreu o primeiro grande teste. Em 2002, um terremoto fez o chão se mover 5,4 metros para um lado. Os apoios deslizantes de *Teflon* se moveram suavemente e acomodaram o movimento, sem qualquer dano à tubulação. A chave era a flexibilidade.

O oleoduto espiritual que leva o cristão ao céu é construído sobre a firme confiança em Deus. Mas, se somos inflexíveis em nossas expectativas de como Deus deve trabalhar, podemos ir de encontro às encrencas. Numa crise, podemos cometer o erro de desviar a nossa atenção de Deus às nossas circunstâncias dolorosas. Nossa oração deve ser "Deus, não entendo por que o Senhor permitiu essa situação dolorosa. Mas, estou confiando em Seu livramento definitivo, a despeito de tudo que está ocorrendo à minha volta." O salmista expressou isso tão bem ao escrever "...em ti a minha alma se refugia [...] até que passem as calamidades" (Salmo 57:1).

Quando a terra parece mover-se sob nós, sejamos flexíveis em nossas expectativas, porém confiantes e seguros no inabalável amor e cuidado de Deus. —HDF

DEUS PODE DEMORAR OU NEGAR O NOSSO PEDIDO,
MAS NUNCA DESAPONTARÁ A NOSSA CONFIANÇA.

14 de junho

SOB DEUS

Leitura: **Marcos 2:23-28**

Porque este é o amor de Deus: que guardemos os seus mandamentos; ora, os seus mandamentos não são penosos.

—1 JOÃO 5:3

Todos os pais conhecem a diferença entre regras planejadas primeiramente para o benefício dos pais e aquelas para o benefício dos filhos. As regras de Deus pertencem a esta última categoria. Sendo o Criador da raça humana, Deus sabe de que maneira a sociedade humana funcionará melhor.

Comecei a olhar para os Dez Mandamentos sob essa perspectiva — como regras projetadas primariamente para o nosso benefício. Jesus ressaltou esse princípio ao dizer "O sábado foi estabelecido por causa do homem, e não o homem por causa do sábado" (Marcos 2:27).

A Bíblia é um livro extremamente realista. Ela presume que os seres humanos serão tentados a desejar o próximo ou a cobiçar a propriedade de outra pessoa, a trabalhar demasiadamente, a enraivecerem-se com quem lhes faz injustiças. Presume ainda que a humanidade levará desordem a qualquer coisa que toquemos. Cada um dos Dez Mandamentos oferece um escudo de proteção contra esse transtorno. Temos a liberdade de dizer não às nossas inclinações pecaminosas. Fazendo isso, evitamos danos certos.

Em conjunto, os Dez Mandamentos tecem a vida deste planeta formando um todo mais significativo e estruturado, cujo benefício é permitir-nos viver como uma pacífica e saudável comunidade sob a proteção de Deus. —PY

TOMARA SEJAM FIRMES OS MEUS PASSOS, [...]
ENTÃO, NÃO TEREI DE QUE ME ENVERGONHAR. —SALMO 119:5-6

15 de junho

PRECISO LER O LEVÍTICO?

Leitura: **Isaías 55:6-13**

... a palavra que sair da minha boca: não voltará para mim vazia, mas fará o que me apraz ... —ISAÍAS 55:11

"Preciso realmente ler o livro de Levítico?" um jovem executivo perguntou-me seriamente enquanto conversávamos sobre o valor de dedicar tempo à leitura da Bíblia. "O Antigo Testamento parece tão enfadonho e difícil", disse ele.

Muitos cristãos concordam com esta afirmativa. A resposta, naturalmente, é que o Antigo Testamento, incluindo o livro de Levítico, proporciona um pano de fundo e até contrastes essenciais para a compreensão do Novo Testamento. Enquanto Isaías nos desafia a buscar a Deus (55:6), também nos promete que a Palavra de Deus cumpre o que o Senhor deseja que ela cumpra (v.11). A Escritura é viva e eficaz (Hebreus 4:12), e útil para o ensino, para a correção e para a educação (2 Timóteo 3:16). A Palavra de Deus nunca volta vazia (Isaías 55:8-11), mas, às vezes, as palavras de Deus só nos vêm à mente depois, à medida que necessitamos dela.

O Espírito Santo usa as verdades que armazenamos por leitura ou memorização, e nos ajuda a aplicá-las no momento exato. Por exemplo, Levítico 19:10-11 relata sobre a competição nos negócios e até sobre cuidar dos pobres. O Espírito pode lembrar-nos desses conceitos, e poderemos utilizá-los, se tivermos dedicado tempo à leitura e contemplação daquela passagem.

A leitura da Bíblia transforma nossas mentes em depósitos da Palavra, através dos quais o Espírito pode operar. Essa é uma grande razão para ler o livro de Levítico e também os outros 65 livros. —RKK

PARA COMPREENDER A PALAVRA DE DEUS, CONFIE NO ESPÍRITO DE DEUS.

16 de junho

RESGATADO

Leitura: **Colossenses 1:3-18**

Ele nos libertou do império das trevas e nos transportou para o reino do Filho do seu amor.

—COLOSSENSES 1:13

Como consequência do terremoto devastador do Haiti em janeiro de 2010, as cenas de destruição e morte eram, frequentemente, pontuadas por alguém sendo removido vivo dos escombros, mesmo depois de terminadas todas as esperanças. Alívio e lágrimas de alegria expressavam a profunda gratidão por aqueles que trabalharam 24 horas por dia, frequentemente arriscando suas próprias vidas para dar ao outro uma nova chance de viver.

Como você se sentiria se acontecesse com você? Você já foi resgatado?

Em Colossenses 1, Paulo escreveu para pessoas que tinham conhecido a Jesus Cristo e cujas vidas demonstravam provas da sua fé. Após assegurá-los das suas orações por eles, para que conhecessem a vontade de Deus e o agradassem, Paulo utilizou uma poderosa imagem de palavras para descrever o que Deus havia feito por todos eles: "Ele nos libertou do império das trevas e nos transportou para o reino do Filho do seu amor, no qual temos a redenção, a remissão dos pecados" (Colossenses 1:13-14).

Em Cristo, fomos resgatados! Ele nos levou do perigo para a segurança; de um poder e destino para outro; da morte à vida.

Ao agradecermos a Deus por Sua graça e poder é importante meditar sobre o valor que o resgate tem para nós. —DCM

AQUELES QUE FORAM RESGATADOS DO PECADO SÃO OS MAIS CAPAZES DE AJUDAR NO RESGATE DE OUTROS.

17 de junho

RIQUEZA VERDADEIRA

Leitura: **1 Timóteo 6:6-19**

Exorta aos ricos [...] que não sejam orgulhosos, nem depositem a sua esperança na instabilidade da riqueza, mas em Deus...

—1 TIMÓTEO 6:17

O dinheiro é uma força poderosa. Nós trabalhamos por ele, poupamos, gastamos, usamos para satisfazer os nossos desejos terrenos e, depois, desejamos possuir mais. Consciente desse perigo distrativo, Jesus ensinou mais sobre o dinheiro do que sobre qualquer outro assunto. E, até onde sabemos, Ele nunca recebeu uma oferta para si mesmo. Claramente, Ele não ensinou sobre dar para encher Seus próprios bolsos. Em vez disso, Jesus nos alertou de que confiar na riqueza e usá-la para obter poder obstrui as nossas artérias espirituais mais facilmente do que a maioria dos outros impedimentos ao desenvolvimento espiritual. Ao contar a história sobre o "rico tolo", Ele envergonhou Seus ouvintes por não serem ricos para Deus (Lucas 12:13-21), indicando que Deus tem uma definição muito diferente de riqueza do que a maioria de nós.

Então, o que significa ser rico para Deus? Paulo nos diz que os que são ricos não devem ser presunçosos sobre sua riqueza, "...nem depositem a sua esperança na instabilidade da riqueza..." (1 Timóteo 6:17). Antes, devemos "...ser ricos de boas obras, generosos em dar e prontos a repartir" (v.18).

Interessante! Deus mede a riqueza pela qualidade das nossas vidas e pelo nosso generoso desembolso de riquezas para abençoar outros. Não é exatamente uma conversa de especialistas em bolsa de valores, mas um excelente conselho para aqueles dentre nós que pensamos que a nossa segurança e reputação estão interligadas à nossa conta bancária. —JMS

AS RIQUEZAS SÃO UMA BÊNÇÃO SOMENTE ÀQUELES QUE A UTILIZAM COMO BÊNÇÃO AOS OUTROS.

18 de junho

EM FOCO!

Leitura: **Filipenses 3:8-16**

... esquecendo-me das coisas que para trás ficam [...] prossigo [...] para o prêmio da soberana vocação de Deus em Cristo Jesus.

—FILIPENSES 3:13-14

Gosto de jogar golfe; então, ocasionalmente assisto aos vídeos de instrução. Um desses vídeos, porém, me deixou desapontado. O instrutor apresentou uma tacada com, no mínimo oito passos e uma dúzia de subpontos em cada passo. Era informação em excesso!

Embora não seja um grande golfista, anos de jogo me ensinaram o seguinte: Quanto mais pensamentos você tiver em mente ao dar a tacada, menor é a sua probabilidade de sucesso. Você deve simplificar seu processo de pensamento e focalizar naquilo que mais importa — estabelecendo um sólido contato com a bola. As especificidades do instrutor atrapalharam.

No golfe e na vida, precisamos nos concentrar naquilo que mais interessa.

Em Filipenses 3, Paulo descreve como isso se relaciona com o cristão. Melhor do que ser distraído por coisas de menor importância, ele queria focalizar naquilo que mais interessava. Ele disse: "...uma coisa faço: esquecendo-me das coisas que para trás ficam e avançando para as que diante de mim estão, prossigo para o alvo, para o prêmio da soberana vocação de Deus em Cristo Jesus" (vv.13-14).

"Uma coisa faço." É vital que neste mundo cheio de distrações o filho de Deus se mantenha focalizado, e não existe, no universo, um melhor ponto de convergência do que o próprio Jesus Cristo. É Ele quem mais lhe importa? —WEC

QUANDO MANTEMOS OS NOSSOS OLHOS EM CRISTO, VIVEMOS PARA ELE COM MAIOR EFICÁCIA.

19 de junho

JOGUE O LIVRO NELE

Leitura: **Mateus 4:1-11**

A seguir, Jesus foi levado pelo Espírito ao deserto, para ser tentado pelo diabo. —MATEUS 4:1

As coisas começaram de maneira maravilhosa no início do ministério de Jesus. Em Mateus 3, Ele foi batizado e ouviu as palavras afirmativas de Seu Pai: "Este é o meu Filho amado, em quem me comprazo" (v.17). Mas, depois as coisas mudaram para pior.

O acontecimento subsequente — a tentação de Jesus no deserto — não foi apenas coincidência. O Espírito Santo levou-o a este encontro entre os poderes do céu e do inferno. Reconhecidamente, a vitória de Jesus diante da tentação exemplifica o que nós encontramos no deserto das sinistras tentações de Satanás.

Observe que o tentador aproximou-se de Jesus num momento em que Ele estava cansado e faminto. Satanás usa esta mesma tática conosco. Esperando por aqueles momentos vulneráveis, ele nos atrai com sugestões sedutoras que oferecem o alívio instantâneo e oportunidades para autopromoção. Quando encararmos tais desafios, é importante seguirmos o exemplo de Jesus — jogue "o Livro" em Satanás! Jesus reagiu às tentações citando as Escrituras: "...Não só de pão viverá o homem, mas de toda palavra que procede da boca de Deus" (Mateus 4:4; Deuteronômio 8:3).

A Bíblia está cheia de versículos sobre lascívia, ganância, mentira e outros pecados. Se nós os guardarmos em nossa memória, poderemos usá-los quando estivermos sob ataque. É a nossa melhor oportunidade para alcançar o sucesso! —JMS

QUANDO SATANÁS ATACAR,
CONTRA-ATAQUE COM A PALAVRA DE DEUS.

20 de junho

EM SÍNTESE

Leitura: **Salmo 117**

... mui grande é a sua misericórdia para conosco.

—SALMO 117:2

Certa vez, contei e descobri que o discurso Gettysburg de Abraham Lincoln contém menos de 300 palavras. Dentre outras coisas, isto significa que as palavras não precisam ser muitas para serem memoráveis.

Essa é uma das razões pelas quais eu gosto do Salmo 117, pois a brevidade é a sua característica. O salmista disse tudo que precisava em 29 palavras (na verdade, apenas 17 palavras no texto hebraico).

"Louvai ao SENHOR, vós todos os gentios, louvai-o, todos os povos. Porque mui grande é a sua misericórdia para conosco, e a fidelidade do SENHOR subsiste para sempre. Aleluia!" (vv.1,2).

Ah, essa é a boa notícia! Contida nesse salmo de glorificação está uma mensagem a todas as nações do mundo, anunciando que a misericórdia de Deus — Sua promessa de amor — é "...mui grande [...] para conosco" (v.2).

Pense sobre o significado do amor de Deus. Ele nos amou antes de nascermos e nos amará depois de morrermos. Nada poderá nos separar do amor de Deus, que está em Cristo Jesus, o nosso Senhor (Romanos 8:39). Seu coração é uma fonte de amor — inesgotável e irreprimível!

Quando leio esse breve salmo de louvor a Deus, não consigo pensar em encorajamento maior para a nossa jornada do que a recordação da misericórdia de Deus. Louve o Senhor! —DHR

O QUE SABEMOS A RESPEITO DE DEUS DEVERIA NOS LEVAR A LOUVÁ-LO COM ALEGRIA.

21 de junho

BÊNÇÃO INESPERADA

Leitura: **Rute 2:11-23**

Tua nora, que te ama [...] é melhor do que sete filhos.

—RUTE 4:15

Noemi e Rute se aproximaram em circunstâncias difíceis. Para fugir da escassez de alimentos em Israel, a família de Noemi mudou-se para Moabe. Lá, seus dois filhos se casaram com mulheres moabitas: Orfa e Rute, e o marido e os filhos de Noemi morreram. Naquela cultura, as mulheres eram dependentes dos homens, o que as deixou em aperto.

Noemi ouviu dizer que a fome em Israel havia terminado, e, decidiu fazer a longa viagem de retorno. Orfa e Rute foram com a sogra, mas Noemi insistiu para que voltassem, dizendo "...ter o SENHOR descarregado contra mim a sua mão" (1:13).

Orfa retornou, mas Rute continuou, afirmando sua crença no Deus de Noemi, a despeito da frágil fé da própria Noemi (1:15-18).

A história teve circunstâncias desagradáveis: fome, morte e desespero (1:1-5), e mudou de rumo devido às boas ações imerecidas: de Rute com Noemi (1:16-17; 2:11-12) e de Boaz a Rute (2:13-14).

A história juntou duas viúvas (a judia idosa e a jovem gentia) e Boaz, o filho de uma prostituta (Josué 2:1; Mateus 1:5). Essa mesma história dependeu de uma intervenção inexplicável: simplesmente "aconteceu" de Rute respigar no campo de Boaz (2:3).

E terminou em bênção inimaginável: um bebê que estaria na linhagem do Messias (4:16-17).

Deus extrai milagres daquilo que parece insignificante: fé frágil, um pouco de bondade e pessoas comuns. —JAL

EM TODOS OS REVESES DE SUA VIDA CRISTÃ, DEUS ESTÁ TRAÇANDO UM PLANO PARA A SUA ALEGRIA. —JOHN PIPER

22 de junho

ENCARANDO NOSSOS MEDOS

Leitura: **Juízes 6:11-23**

Então, o Anjo do SENHOR lhe apareceu e lhe disse: O SENHOR é contigo, homem valente. —JUÍZES 6:12

Uma mãe pediu a seu filho de cinco anos para ir à despensa buscar uma lata de sopa de tomate. Mas, ele se recusou e protestou: "Está escuro lá." Mamãe assegurou a João: "Não tem problema. Não fique com receio. Jesus está lá." João abriu a porta lentamente e, vendo que estava escuro, gritou: "Jesus, você pode me passar uma lata de sopa de tomate?"

Essa história de humor sobre o medo de João me faz recordar Gideão. O Senhor apareceu a Gideão, chamando-o de "homem valente" (Juízes 6:12) e, depois, disse-lhe para livrar Israel da mão de Midiã (v.14). Mas, a resposta medrosa de Gideão foi: "...minha família é a mais pobre em Manassés, e eu, o menor na casa de meu pai" (v.15). Mesmo após o Senhor ter dito a Gideão que, com Sua ajuda, ele venceria os midianitas (v.16), ele ainda temia. Em seguida, Gideão pediu ao Senhor sinais para confirmar a Sua vontade e delegação (vv.17,36-40). Então, por que o Senhor chamou o medroso Gideão de "homem valente"?

Por quem, um dia ele se tornaria, com a ajuda do Senhor.

Também nós podemos duvidar da nossa própria capacidade e potencial. Mas, nunca duvidemos do que Deus pode fazer conosco quando confiamos nele e o obedecemos. O Deus de Gideão é o mesmo Deus que nos ajudará a realizar tudo o que Ele nos pede para fazer. —AL

PODEMOS ENFRENTAR QUALQUER MEDO QUANDO SABEMOS QUE O SENHOR ESTÁ CONOSCO.

RADICAL

Leitura: **Lucas 14:7-14**

... há últimos que virão a ser primeiros, e primeiros que serão últimos. —LUCAS 13:30

Os valores do reino que Jesus veio para estabelecer eram radicalmente diferentes daqueles do Seu tempo. Os fariseus e mestres da lei clamavam por destaque e buscavam a adulação das multidões. Hoje, muitos de nós ainda fazemos isso.

No livro de Lucas 14, Jesus contou uma parábola que ensinou Seus seguidores a não serem assim. A parábola fala sobre pessoas que, numa festa de casamento, escolhem para si a cadeira de maior honra (vv.7-8). Ele disse que elas ficariam embaraçadas quando o anfitrião lhes pedisse, em público, para ocuparem seus lugares corretos (v.9). Jesus continuou Sua história para dizer quem deveriam convidar para tais jantares. Ele disse que não deveriam convidar amigos e parentes, mas "...ao dares um banquete, convida os pobres, os aleijados, os coxos e os cegos; e serás bem-aventurado, pelo fato de não terem eles com que recompensar-te" (vv.13-14).

Você está desapontado por não pertencer ao grupo de elite da sua igreja ou vizinhança? Sente-se preso ao segundo degrau quando preferiria estar no oitavo ou, pelo menos, subindo a escada social? Atente ao que Jesus disse: "...todo o que se exalta será humilhado; e o que se humilha será exaltado" (Lucas 14:11). Esse é o jeito radical e a maneira de Deus agir em nossas vidas e em Seu reino! —DCE

NO REINO DE CRISTO, A HUMILDADE SEMPRE TRIUNFA SOBRE A SOBERBA.

24 de junho

PORQUE...

Leitura: **Jó 2**

... temos recebido o bem de Deus
e não receberíamos também o mal?... —JÓ 2:10

Certo dia meu filho pequeno exclamou: "Eu te amo, mamãe!" Fiquei curiosa sobre o que move uma criança de três anos a dizer isso, então lhe perguntei por que ele me amava. Sua resposta: "Porque você brinca de carrinho comigo." Quando perguntei se havia algum outro motivo, ele disse: "Não, é só isso." A resposta dele me fez sorrir. Mas, também me fez pensar sobre a maneira como me relaciono com Deus. Eu o amo e confio nele apenas pelo que Ele faz por mim? E quando as bênçãos desaparecem?

Jó teve de responder a essas perguntas quando as catástrofes ceifaram a vida de seus filhos e demoliram toda a sua propriedade. Sua mulher o aconselhou: "...Amaldiçoa a Deus e morre!" (2:9). Em vez disso, Jó perguntou: "...temos recebido o bem de Deus e não receberíamos também o mal?..." (v.10). Sim, Jó passou apuros após sua tragédia — ele se zangou com seus amigos e questionou o Todo-poderoso. Ainda assim, ele prometeu: "Eis que me matará, [...] contudo, defenderei o meu procedimento" (13:15).

A afeição de Jó por seu Pai celestial não dependia de uma solução sob medida para os seus problemas. Antes, ele amou a Deus e confiou nele por tudo o que o Senhor é. Jó disse: "Ele é sábio de coração e grande em poder..." (9:4).

É preciso que nosso amor por Deus não se baseie unicamente em Suas bênçãos, mas em quem Ele é. —JBS

ATENTAR PARA O CARÁTER DE DEUS NOS AJUDA
A TIRAR OS OLHOS DAS NOSSAS CIRCUNSTÂNCIAS.

25 de junho

RECALCULANDO

Leitura: **2 Timóteo 3:10-17**

Toda a Escritura é inspirada por Deus e útil para o ensino, para a repreensão, para a correção, para a educação na justiça.

—2 TIMÓTEO 3:16

Em viagem com um amigo, utilizamos o seu *GPS* para orientar-nos todos os dias. Após indicar nosso destino na tela, uma voz nos dizia por qual estrada seguir, quando e onde entrar. Quando saíamos da rota, acidental ou deliberadamente, a voz dizia "Recalculando". Em seguida, o aparelho nos informava como retornar à estrada correta.

O livro de 2 Timóteo 3:16 descreve a Bíblia como um sistema de navegação espiritual para nossa jornada ao longo da vida. "Toda a Escritura é inspirada por Deus e útil para o ensino, para a repreensão, para a correção, para a educação na justiça." A doutrina nos diz qual caminho percorrer; a repreensão nos diz quando estamos fora do caminho; a correção nos diz como retornar ao caminho certo; a educação na justiça nos diz como permanecer no caminho de Deus.

Os erros e as escolhas que nos desviam do Senhor não devem ser tomados com leviandade. Mas, raramente o fracasso é fatal e poucas decisões são definitivas. No momento em que nos desviamos por conta própria, o Espírito Santo está "recalculando" e instando-nos a retornar ao caminho do Pai.

Se tivermos desviado da rota, não há melhor momento do que este para escutar a voz de Deus e retornar ao Seu caminho. —DCM

PARA MANTER-SE NO CAMINHO, CONFIE NA PALAVRA DE DEUS — BÚSSOLA PARA O CAMINHO.

26 de junho

ONDE REPOUSAR

Leitura: **Romanos 8:31-39**

Vinde a mim, todos os que estais cansados e sobrecarregados, e eu vos aliviarei. —MATEUS 11:28

A parte mais agradável da aula de exercícios de alongamento e flexão que frequento são os últimos cinco minutos. Neste momento nos deitamos de costas nos colchonetes, com as luzes semiapagadas, para o relaxamento. Em um desses momentos, nossa instrutora disse suavemente: "Encontre um lugar no qual você possa repousar." Pensei no melhor lugar "no qual repousar" mencionado na letra de um hino de Cleland B. McAfee, *Em Comunhão com Deus* (HCC 393).

Descanso pleno eu encontrei / em comunhão com Deus,
e do pecado me afastei, / em comunhão com Deus.
Segura-me, ó Cristo / nos fortes braços teus.
que eu sempre permaneça / em comunhão com Deus.

Esse hino foi escrito em 1901, após a morte das duas sobrinhas de McAfee, por difteria. O coral da igreja o cantou em frente à casa do seu irmão, sob quarentena, oferecendo palavras de esperança sobre o cuidado e amor de Deus.

O apóstolo Paulo nos diz que Deus tem um coração amoroso por nós (Romanos 8:31-39). Nada — tribulação, angústia, perseguição, fome, nudez, perigo, espada, morte, vida, anjos, principados, poderes, altura ou profundidade — é capaz de separar-nos do duradouro amor do nosso Senhor. "Se Deus é por nós, quem será contra nós?" (v.31).

Sejam quais forem as suas tensões ou preocupações, o coração de Deus é o lugar "no qual repousar". Deixe tudo com Ele, "...porque ele tem cuidado de vós" (1 Pedro 5:7). —AMC

QUANDO ESTIVER CANSADO NAS LUTAS DA VIDA, ENCONTRE SEU DESCANSO NO SENHOR.

27 de junho

COMO OUTROS O CONHECEM?

Leitura: **Filipenses 2:25-30**

...Epafrodito [...] meu irmão, cooperador e companheiro de lutas... —FILIPENSES 2:25

No império Romano, os pagãos frequentemente invocavam o nome de um deus ou de uma deusa ao fazerem apostas em um jogo de azar. Uma divindade favorita do apostador era Afrodite, a palavra grega para Vênus, a deusa do amor. Ao rolar os dados, eles diziam "epafrodito!" — literalmente, "por Afrodite!"

No livro de Filipenses, lemos sobre um grego convertido à fé cristã, cujo nome era Epafrodito. Este era um companheiro de Paulo, servindo-o bem no seu empreendimento missionário. Sobre seu amigo, Paulo escreveu: "...Epafrodito [...] meu irmão, cooperador e companheiro de lutas..." (Filipenses 2:25).

Epafrodito era um irmão espiritual em Cristo; fiel cooperador nos esforços ministeriais, bravo soldado da fé e o portador da inspirada carta à igreja de Filipos. Ele foi um exemplo de fraternidade, ética profissional, persistência espiritual e serviço. Certamente, Epafrodito tinha a merecida reputação que demonstrava que ele não vivia segundo uma deidade pagã, mas pela fé em Jesus Cristo.

As qualidades cristãs; confiabilidade, cuidado, encorajamento e sabedoria, observadas em nossa vida são mais importantes do que o nosso nome. Quais palavras você gostaria que os outros usassem para descrevê-lo? —HDF

SE CUIDARMOS DO NOSSO CARÁTER,
NOSSA REPUTAÇÃO CUIDARÁ DE SI MESMA!

28 de junho

OLHANDO PARA DIANTE

Leitura: **Hebreus 11:23-31**

Moisés [...] recusou ser chamado filho da filha de Faraó, preferindo ser maltratado. —HEBREUS 11:24-25

Durante a Guerra Fria (1947–91), um período de tensão entre os maiores poderes do mundo, Albert Einstein disse: "Não sei quais armas serão utilizadas na Terceira Guerra Mundial, mas na Quarta Guerra Mundial serão paus e pedras." Foi um momento de clareza, cujo ponto principal recaía nas consequências da escolha de lutar uma guerra nuclear. Independente dos motivos para tal escolha, os resultados seriam devastadores.

Infelizmente, nem sempre enxergamos à frente com tal clareza. Às vezes, as implicações das nossas escolhas são difíceis de prever. E, às vezes, estamos pensando somente no presente.

De acordo com Hebreus 11:24-26, Moisés olhou adiante e fez uma escolha baseada em possíveis consequências. "Pela fé, Moisés, quando já homem feito [...] preferindo ser maltratado junto com o povo de Deus a usufruir prazeres transitórios do pecado; porquanto considerou o opróbrio de Cristo por maiores riquezas do que os tesouros do Egito, porque contemplava o galardão."

A escolha de Moisés não foi fácil, mas sua retidão tornou-se clara porque ele sabia que as tribulações que enfrentava por viver piedosamente se tornavam toleráveis frente às futuras recompensas. Quando olhamos para diante, estamos dispostos a suportar "a reprovação de Cristo" — os tempos difíceis que advêm por estarmos associados a Jesus — em troca da prometida recompensa por agradarmos a Deus? —WEC

SE DEPENDERMOS DE CRISTO PARA TUDO, PODEREMOS SUPORTAR TUDO O QUE NOS VIER.

29 de junho

DEUS É A ÚNICA ESPERANÇA

Leitura: **Romanos 5:1-5**

Mas, se esperamos o que não vemos, com paciência o aguardamos. —ROMANOS 8:25

Em seu livro *Through the Valley of the Kwai* (Através do Vale do Kwai), o oficial escocês Ernest Gordon escreveu sobre os anos em que foi prisioneiro de guerra durante a Segunda Guerra Mundial. Esse homem de alta estatura sofreu malária, difteria, febre tifoide, beri-béri, disenteria, úlceras da selva, e, o trabalho forçado e a escassez de alimentos reduziram rapidamente o seu peso a menos de 45 quilos.

A miséria do hospital da prisão impeliu o desesperado Ernest a solicitar sua remoção para um lugar mais limpo — o necrotério. Deitado no pó da casa mortuária, ele esperou pela morte. Mas, todos os dias, outro prisioneiro vinha lavar seus ferimentos e encorajá-lo a comer uma parte da sua própria ração. Enquanto o calmo e modesto Dusty Miller buscava restaurar a saúde de Ernest, também conversava com o agnóstico escocês sobre a sua inabalável fé em Deus e lhe mostrava que — mesmo em meio ao sofrimento — há esperança.

A esperança sobre a qual lemos nas Escrituras não é um otimismo vago e insosso. Em vez disso, a esperança bíblica se reflete na forte e confiante expectativa daquilo que Deus disse, em Sua Palavra e que Ele cumprirá. A tribulação é, frequentemente, o catalisador que produz perseverança, caráter e, finalmente, esperança (Romanos 5:3,4).

Setenta anos atrás, num brutal campo de prisioneiros de guerra, Ernest Gordon aprendeu essa verdade e disse: "A fé prospera quando não há outra esperança além de Deus" (ver Romanos 8:24-25). —CHK

CRISTO, A ROCHA, É A NOSSA FIRME ESPERANÇA.

30 de junho

PERDIDOS E ACHADOS

Leitura: **Lucas 15:1-10**

... Alegrai-vos comigo, porque já achei a minha ovelha perdida.

—LUCAS 15:6

Até o dia em que fui encontrada, não sabia que estava perdida. Tocava meus negócios como de costume, mudando de uma tarefa à outra, de uma distração à outra. Mas, recebi um e-mail com o título "Acho que você é minha prima." Ao ler a mensagem, descobri que ela e outra prima procuraram pela minha parte da família por quase dez anos. A outra prima prometera ao seu pai, pouco antes de ele falecer, que encontraria a família dele.

Eu nada fizera para estar perdida e nada tive de fazer para ser encontrada, exceto reconhecer que era a pessoa que elas estavam procurando. Descobrir que elas haviam despendido tanto tempo e energia na busca por nossa família me fez sentir especial.

Esse acontecimento me fez refletir sobre as parábolas de "perdidos e achados" de Lucas 15 — a ovelha perdida, a dracma perdida e o filho pródigo. Sempre que nos desviamos de Deus, seja intencionalmente, como o filho pródigo, ou não, como a ovelha, Deus procura por nós. Mesmo que possamos não nos "sentir" perdidos, se não tivermos um relacionamento com Deus, estaremos perdidos. Para sermos encontrados, precisamos perceber que Deus está nos procurando (Lucas 19:10) e admitir que estamos separados dele. Ao desistirmos de nossa desobediência, podemos nos reconciliar com Ele e ser restaurados à Sua família. —JAL

PARA SER ENCONTRADO,
VOCÊ DEVE ADMITIR QUE ESTÁ PERDIDO.

UMA QUESTÃO DE OPINIÃO?

Leitura: **Mateus 16:13-20**

Mas vós, continuou [Jesus], quem dizeis que eu sou?

—MATEUS 16:15

Vivemos em uma era dominada por todos os tipos de pesquisas de opinião pública. Decisões estão sendo direcionadas pela multidão; uma parte delas é boa. Pesquisas podem informar-nos sobre as experiências das pessoas com os produtos, ajudando-nos a comprar mais sabiamente. Pesquisas de opinião podem fornecer aos membros do governo uma direção sobre como as suas iniciativas referentes às políticas serão recebidas. Embora a informação coletada seja uma questão de opinião pessoal, ela pode ser útil para direcionar a tomada de decisão em vários níveis.

Mas, quando se refere à questão mais importante para toda a eternidade, a pesquisa de opinião pública não pode nos dar a resposta. Precisamos responder por nós mesmos. Em Mateus 16, Jesus levou Seus discípulos para Cesaréia de Filipe e fez uma pergunta sobre a opinião pública: "...Quem diz o povo ser o Filho do Homem?" (v.13). As respostas foram variadas e todas eram corteses — mas nenhuma era adequada. Por isso, Jesus perguntou aos Seus discípulos: "Mas vós, quem dizeis que eu sou?" (v.15). Pedro respondeu corretamente: "...Tu és o Cristo, o Filho do Deus vivo" (v.16).

A opinião pública pode ajudar-nos a responder certas perguntas, mas não a única pergunta que determinará a sua eternidade: Quem você diz que Jesus é? Se você concordar com as Escrituras e depositar sua confiança em Cristo, terá a vida eterna. —WEC

A OPINIÃO NÃO SUBSTITUI A VERDADE DA PALAVRA DE DEUS.

2 de julho

"O QUE VOCÊ ESTÁ FAZENDO?"

Leitura: **Colossenses 3:12-17**

Vede prudentemente como andais, não como néscios, e sim como sábios. —EFÉSIOS 5:15

Ao passar algum tempo em nossa casa, minha neta Ana começou a perguntar repetidamente: "Tá fazendo o quê, vovô?" Eu podia estar trabalhando no meu computador, calçando meus sapatos para sair, sentado lendo ou ajudando na cozinha, ela se aproximava de mim e perguntava o que eu estava fazendo.

Após responder a ela algumas dúzias de vezes com "Pagando contas", "Indo à loja", "Lendo o jornal", "Ajudando a vovó", concluí que ela estava fazendo uma pergunta-chave.

Responder a uma menininha curiosa sobre tudo o que fazemos é uma coisa, mas responder a Deus sobre nossos atos é infinitamente mais importante. Não seria útil pensar em Deus chegando ao nosso lado a qualquer momento para perguntar "O que você está fazendo?" Imagine a frequência que as nossas respostas pareceriam sem significado ou vazias.

"Estou passando uma tarde inteira assistindo à TV. Estou comendo mais do que deveria. Estou passando mais um dia sem falar com o Senhor. Estou discutindo com meu cônjuge." A lista seria longa — para nosso constrangimento.

Somos ensinados que devemos usar o nosso tempo com cuidado — com a glória de Deus em vista (1 Coríntios 10:31; Colossenses 3:23). Portanto, esta pergunta é muito útil, pois Deus quer saber — "O que você está fazendo?" —JDB

CUIDADO PARA NÃO GASTAR TEMPO DEMAIS COM COISAS DE POUQUÍSSIMA IMPORTÂNCIA.

3 de julho

ABRA BEM!

Leitura: **1 Pedro 2:1-5**

... desejai ardentemente, como crianças recém-nascidas, o genuíno leite espiritual, para que, por ele, vos seja dado crescimento para salvação. —1 PEDRO 2:2

No começo da primavera, minha mulher e eu assistimos a um fascinante show de pássaros em frente à janela da cozinha. Um casal de pássaros-pretos, com palha no bico, entrou numa pequena abertura de ventilação da casa vizinha. Semanas depois, para nosso encanto, vimos quatro filhotes com a cabeça para fora da abertura. Mamãe e papai pássaros se revezavam alimentando seus filhotes famintos.

Ver as bocas bem abertas dos filhotes me lembrou de quão importante é, para os seguidores de Cristo, desejar ardentemente o alimento espiritual. Em 1 Pedro 2:2, o apóstolo Pedro usa a analogia de bebês desejosos de ser alimentados: "...desejai ardentemente, como crianças recém-nascidas, o genuíno leite espiritual, para que, por ele, vos seja dado crescimento." A palavra grega traduzida por "desejo" fala de um intenso anseio. Ela é uma palavra composta, que significa "desejar sinceramente" ou "ansiar".

Poderia parecer estranho ser ordenado a desejar sinceramente alguma coisa. Mas, diferentemente de pássaros famintos e bebês, precisamos ser lembrados da nossa necessidade de nutrição espiritual, mesmo que tenhamos nos alimentado da Palavra no passado (v.3), precisamos perceber que a nossa necessidade é permanente e que, sem contínua nutrição, cresceremos espiritualmente fracos. Deus está ansioso por alimentar Seus queridos filhos. Então, disponha-se a nutrir-se bem espiritualmente! —HDF

NEGLIGENCIAR A PALAVRA ESFOMEARÁ A SUA ALMA; MEDITAR NELA O NUTRIRÁ.

4 de julho

CONTROVÉRSIA DA CRUZ

Leitura: **1 Coríntios 1:17-25**

... palavra da cruz é [...] poder de Deus.

—1 CORÍNTIOS 1:18

Um processo na Suprema Corte dos EUA tinha como objeto o saber se um símbolo religioso, especificamente uma cruz, deveria ser permitido em território público. Mark Sherman, escrevendo para uma renomada agência de notícias, disse que, embora a cruz em questão tivesse sido erigida em 1934 como um memorial para soldados que morreram na Primeira Guerra Mundial, um grupo de veteranos que se opôs, chamou a cruz de "um poderoso símbolo cristão" e "não um símbolo de qualquer outra religião".

A cruz sempre foi controversa. No primeiro século, o apóstolo Paulo disse que Cristo o havia enviado "...para pregar o evangelho; não com sabedoria de palavra, para que se não anule a cruz de Cristo. Certamente, a palavra da cruz é loucura para os que se perdem, mas para nós, que somos salvos, poder de Deus" (1 Coríntios 1:17-18). Como seguidores de Cristo, vemos a cruz como mais que um poderoso símbolo cristão. Ela é a prova do poder de Deus para nos libertar da tirania do nosso pecado.

Numa sociedade diversa e pluralista, a controvérsia sobre símbolos religiosos continuará. Se uma cruz pode ser exibida em propriedade pública será, provavelmente, determinado pelos tribunais. Mas, exibir o poder da cruz ao longo das nossas vidas será decidido em nossos corações. —DCM

NADA FALA MAIS CLARAMENTE DO AMOR DE DEUS DO QUE A CRUZ.

5 de julho

ELE ME CHAMA DE AMIGO

Leitura: **João 15:9-17**

... tudo quanto ouvi de meu Pai vos tenho dado a conhecer [...] vades e deis fruto. —JOÃO 15:15-16

Alguém definiu amizade como "conhecer o coração de alguém e compartilhar o próprio coração com esta mesma pessoa". Compartilhamos nossos corações com aqueles em quem confiamos, e confiamos naqueles que se importam conosco. Confidenciamos aos nossos amigos porque temos confiança de que eles usarão a informação para ajudar-nos, não para nos prejudicar. Eles, por sua vez, confiam em nós pela mesma razão.

Frequentemente, referimo-nos a Jesus como nosso amigo porque sabemos que Ele deseja o melhor para nós. Confiamos nele porque Ele nos inspira confiança. Mas, você alguma vez refletiu sobre o fato de Jesus confiar em Seu povo?

Jesus começou a chamar Seus discípulos de amigos, em vez de servos, porque confiara a eles tudo que ouvira de Seu Pai (João 15:15). Jesus confiou nos discípulos para usarem a informação para o bem do reino do Seu Pai.

Embora saibamos que Jesus é nosso amigo, podemos dizer que somos Seus amigos? Damos ouvidos a Ele? Ou só queremos que Ele nos escute? Queremos saber o que está no coração dele? Ou só queremos dizer a Ele o que está no nosso? Para ser amigo de Jesus, precisamos dar ouvidos ao que Ele quer que saibamos e, depois, usar a informação para trazer outros para serem amigos dele. —JAL

A AMIZADE DE CRISTO EXIGE A NOSSA FIDELIDADE.

6 de julho

TOQUE UMA VIDA

Leitura: **Gálatas 6:6-10**

Não nos cansemos de fazer o bem...

—GÁLATAS 6:9

Meu amigo Daniel, que logo se formaria no Ensino Médio, precisava fazer uma apresentação. Ele tinha 15 minutos para compartilhar como havia chegado até a graduação e agradecer aos que o haviam ajudado ao longo do caminho.

Olhei demoradamente todo o salão antes de ele começar a falar. Todos os tipos de pessoas: famílias jovens, professores, amigos, líderes da igreja e técnicos — todos estavam presentes. Ele começou a falar sobre a maneira como cada pessoa havia participado em sua vida. Uma mulher havia "sido como uma tia, sempre pronta a ajudar". Um homem de 30 e poucos anos "compartilhara as Escrituras frequentemente e o aconselhara". Outro homem havia-lhe "ensinado disciplina e diligência no trabalho". Um amigo da igreja o "levara ao treino de futebol todos os dias" porque sua mãe não podia fazê-lo. Um casal o havia "tratado como se fosse seu próprio filho". Uma coisa em comum — todos eles eram simples cristãos que haviam dado de si para fazer diferença em sua vida.

Paulo chamou isso de "...o bem a todos, mas principalmente aos da família da fé" (Gálatas 6:10). Podemos ajudar a moldar a vida de outra pessoa demonstrando interesse e agindo. E, como ocorreu com Daniel, podemos ceifar o que plantamos (v.9).

Olhe ao seu redor. Existe alguém cuja vida necessita do seu toque?

—AMC

FAÇA TODO O BEM QUE VOCÊ PUDER, COMO PUDER,
POR TODOS QUE PUDER, ENQUANTO VOCÊ PUDER.

7 de julho

O HOMEM FUSÃO

Leitura: **Salmo 55:1-8**

Então, disse eu: quem me dera asas como de pomba! Voaria e acharia pouso. —SALMO 55:6

Yves Rossy conseguiu realizar o sonho de muitas pessoas desde o antigo mito de Ícaro. Ele voou. Conhecido como *Fusion Man* (O homem fusão), Rossy construiu asas com um motor que usa o seu corpo como fuselagem da aeronave, com as asas fundidas às costas da sua vestimenta resistente ao calor. Seu primeiro voo ocorreu perto de Genebra, na Suíça, em 2004 e, desde então, ele já fez numerosos voos bem-sucedidos.

O salmista Davi desejou ter asas para poder voar. No momento em que estava sendo perseguido por inimigos desejosos de tirar sua vida, o rei de Israel chorou: "...quem me dera asas como de pomba! Voaria e acharia pouso" (Salmo 55:6).

Como Davi, quando estamos sob pressão, maus-tratos, dificuldades ou pesar, poderemos desejar bater asas e voar. Mas, Jesus oferece um jeito melhor. Ao invés de fugir das nossas dificuldades, Ele nos convida a fugir para Ele. E diz: "Vinde a mim, todos os que estais cansados e sobrecarregados, e eu vos aliviarei. Tomai sobre vós o meu jugo e aprendei de mim [...] e achareis descanso para a vossa alma" (Mateus 11:28-29). Ao invés de desejarmos poder voar para bem longe e escapar dos problemas da vida, podemos levá-los a Ele.

A fuga não pode dar-nos o descanso, mas Jesus pode. —WEC

DEUS NOS DÁ FORÇA PARA ENFRENTARMOS NOSSOS PROBLEMAS, NÃO PARA FUGIR DELES.

8 de julho

O PODER DE UMA PROMESSA

Leitura: **Gênesis 2:18-25**

... Por esta causa o homem [...] se unirá a sua mulher.

—MATEUS 19:5

Uso apenas duas peças de joalheria: uma aliança de casamento no dedo e uma pequena cruz celta numa corrente pendurada ao redor do pescoço. A aliança representa meu voto de fidelidade a Carolyn, minha mulher, enquanto eu viver. A cruz me lembra de que não é só por ela, mas por Jesus, que faço isso. Ele me pediu para ser fiel a ela até que a morte nos separe.

Um voto de matrimônio é mais que um contrato que podemos cancelar pagando uma multa. É um voto singular, com o propósito explícito de união até que a morte nos separe (Mateus 19:6). As palavras "na alegria e na tristeza; na abundância e na pobreza; na saúde e na doença" consideram a probabilidade de não ser fácil manter os nossos votos. As circunstâncias, e também os nossos cônjuges, podem mudar.

O casamento é difícil, na melhor das hipóteses; desacordos e ajustes difíceis são abundantes. Embora ninguém precise viver um relacionamento abusivo e perigoso, aceitar os desafios de pobreza, dificuldades e desapontamentos podem levar à felicidade. Um voto de matrimônio é um compromisso para amar, honrar e estimar um ao outro por toda a vida, porque Jesus nos pediu para fazer isso. Como disse certa vez um amigo meu, "Esse é o voto que nos mantém fiéis até quando não sentimos vontade de manter nossos votos." —DHR

O AMOR É MAIS DO QUE UM SENTIMENTO;
É UM COMPROMISSO.

9 de julho

REUNIÃO DE FAMÍLIA

Leitura: **1 Tessalonicenses 2:4-12**

... nos tornamos carinhosos entre vós, qual ama que acaricia os próprios filhos. —1 TESSALONICENSES 2:7

Em nossa cidade, nos últimos 29 anos, o encontro anual de Celebração da Vida reuniu membros de uma família singular. O encontro festivo reúne médicos, enfermeiros e outros funcionários do Hospital Infantil, e ex-pacientes da sua UTI neonatal. Alguns ainda são bebês em seus carrinhos, enquanto outros são adolescentes. Seus pais os acompanham para agradecer àqueles que salvaram as vidas dos seus filhos e lhes deram uma segunda chance.

Um artigo sobre este evento, no jornal local, citou a resposta sincera de um dos médicos que afirmou: "Para toda a equipe, profissional e pessoalmente, este evento solidifica o porquê do nosso trabalho."

Imagino se no céu haverá ocasiões assim, em que cuidadores espirituais e os que eles ajudaram como "bebês em Cristo" se reunirão para compartilhar suas histórias e louvar a Deus. O Novo Testamento descreve como Paulo, Silvano e Timóteo trabalharam com os jovens cristãos de Tessalônica carinhosamente, "...qual ama que acaricia os próprios filhos" (1 Tessalonicenses 2:7), e com conforto e encorajamento, "...como pai a seus filhos" (v.11).

Ajudar os novos cristãos em estágios críticos da sua fé é um trabalho de amor que será motivo de grande júbilo na reunião da "família" no céu. —DCM

COMPARTILHAR NOSSAS HISTÓRIAS TERRENAS SERÁ UM DOS PRAZERES CELESTES.

10 de julho

PROBLEMAS À FRENTE

Leitura: **Números 13:25–14:9**

Tão-somente não sejais rebeldes contra o SENHOR e não temais o povo dessa terra [...] o SENHOR é conosco; não os temais

—NÚMEROS 14:9

Inevitavelmente, os problemas invadirão as nossas vidas: um resultado inesperado após um exame médico, a traição de um amigo em quem confiávamos, um filho que nos rejeita ou um cônjuge que nos deixa. A lista de possibilidades é longa, só existem duas opções: avançar por nós mesmos ou recorrer a Deus.

Fazer voo solo diante de problemas não é uma boa ideia, pois tal atitude pode conduzir-nos a padrões inadequados de comportamento, a culpar Deus e, a derrotados, batermos em retirada. Como os israelitas, podemos perder o controle e entrar em desespero (Números 14:1-4).

Quando a maioria dos espias trouxe um relato de gigantes intimidadores e perigos à frente, eles usaram o pronome "nós" sete vezes, sem uma única referência ao Senhor (13:31-33). Os israelitas estavam no auge da bênção definitiva que Deus prometera a eles. Eles eram testemunhas dos milagres no Egito e seus pés haviam pisado o fundo seco do Mar Vermelho numa vitória de cair o queixo. A fidelidade de Deus fora espantosamente evidente. Que memórias curtas! Que decepcionante falta de fé! Tristemente, eles deram as costas para Deus e deixaram a bênção para trás.

Calebe e Josué, por outro lado, escolheram voltar-se ao Senhor com essa confiança: "...O SENHOR é conosco..." (14:9). Quando seus gigantes aparecerem, qual será a sua escolha? —JMS

A PRESENÇA DE DEUS É UM SALVA-VIDAS QUE IMPEDE A ALMA DE AFUNDAR-SE NUM MAR DE PROBLEMAS.

11 de julho

RISCO OCUPACIONAL

Leitura: **Filipenses 1:12-18**

As coisas que me aconteceram têm, antes, contribuído para o progresso do evangelho. —FILIPENSES 1:12

Trabalho com as palavras. Seja escrevendo ou editando, uso as palavras para transmitir as ideias de maneira que os leitores possam compreender. Costumo enxergar o que está errado no texto de outra pessoa (embora, às vezes, não no meu próprio) e descobrir a melhor forma de consertá-lo.

Como editora, sou paga para ser crítica. Meu trabalho é ver o que está errado na maneira como as palavras são usadas no texto escrito. Essa competência se torna uma incapacidade quando a estendo à minha vida pessoal e passo a constantemente procurar por erros. Observar somente o que está errado pode fazer-nos perder de vista tudo que é bom.

O apóstolo Paulo teve razão para atentar-se aos que estavam lhes causando dificuldades. Certas pessoas estavam pregando o evangelho por ambição própria, e agindo assim aumentavam o sofrimento de Paulo (Filipenses 1:16). Mas, em vez de concentrar-se no negativo, ele escolheu concentrar-se no lado positivo e regozijar-se nele: Jesus Cristo estava sendo anunciado (v.18).

Deus deseja que tenhamos discernimento — precisamos saber diferenciar o que é bom daquilo que é ruim — mas Ele não deseja que foquemos no ruim e nos tornemos críticos ou desencorajados. Mesmo em circunstâncias não ideais (Paulo escrevia da prisão), podemos encontrar algo bom porque, em tempos de tribulação, Deus continua operando. —JAL

QUANDO A SUA PERSPECTIVA É TURVADA POR PROBLEMAS, VOLTE-SE PARA CRISTO.

12 de julho

ANTIQUADO

Leitura: **1 Timóteo 2:8-10; Romanos 12:1-2**

Quero [...] que as mulheres, em traje decente, se ataviem com modéstia e bom senso...

—1 TIMÓTEO 2:8-9

Ao vivenciar a primeira parte deste novo século, vemos aumentar o número de pessoas questionando os padrões já consagrados pelo tempo. Vimos isso claramente no comportamento de uma "estrela" adolescente — uma garota que professa a fé em Jesus.

Ao discutir padrões de modéstia em seu jeito de vestir-se, ela refutou a crítica por seus trajes minúsculos, dizendo: "Isso é tão antiquado."

Essa jovem está certa e errada. De certo modo, ela está certa. Os padrões de vestimenta para cristãos são "antiquados". Eles foram escritos há mais de dois mil anos. Mas a sua atitude, a qual sugere que os padrões antigos podem ser desconsiderados, é errada. No mais verdadeiro sentido, os princípios contidos na Bíblia não são "velhos", pois são perenes. Embora escritos em eras passadas, eles ainda são atuais e aplicáveis.

Quanto à questão da modéstia, quando a Bíblia diz que as mulheres devem "...ataviar-se com modéstia..." (1 Timóteo 2:9), hoje, ainda é verdade que não devemos vestir-nos de modo a chamar a atenção. Um princípio mais geral, "Não vos conformeis com este século, mas transformai-vos..." (Romanos 12:2), é um ensino atual que pode orientar-nos sobre a maneira de nos vestirmos.

Assim, seja um "astro, estrela" ou um frequentador da igreja, não se preocupe com o fato de ser "antiquado" se o que você faz está de acordo com o Livro. —JDB

AS MINHAS ESCOLHAS GLORIFICAM A DEUS OU CHAMAM A ATENÇÃO SOBRE MIM?

13 de julho

PAULO, O VELHO

Leitura: **Filemom 1:1-9**

... sendo o que sou, Paulo, o velho [...] solicito-te em favor de meu filho Onésimo...

—FILEMOM 1:9-10

A celebração do meu 60.º aniversário realmente mudou a minha perspectiva sobre a vida, pois eu costumava pensar que os sessentões eram "velhos". E comecei a contar o número de anos produtivos que ainda poderia ter, e estabeleci esse número como 10. Continuei com esse tipo de pensamento sem saída até que me lembrei de um colega de trabalho muito produtivo que tinha 85 anos de idade. Em seguida o procurei para perguntar-lhe como seria a vida após os 60. Ele me contou sobre algumas das maravilhosas oportunidades de ministério que o Senhor lhe dera ao longo dos últimos 25 anos.

O apóstolo Paulo, referindo-se a si mesmo como "velho" em Filemom 1:9, realmente reproduz o meu próprio senso de envelhecimento: "Sendo o que sou, Paulo, o velho [...] solicito-te em favor de meu filho Onésimo..." (vv.9-10). Paulo estava pedindo a Filemom para receber de volta o seu servo fugitivo Onésimo. Alguns acadêmicos acreditam que Paulo tinha aproximadamente 50 anos de idade ao escrever isso — certamente, ele não era um cidadão idoso pelos padrões de hoje. Mas, a expectativa de vida naquele tempo era muito menor. Ainda assim, embora consciente de sua maturidade, Paulo continuou a servir ao Senhor durante vários anos.

Embora possamos encontrar limitações físicas ou de outros tipos, importa realmente que continuemos fazendo o que pudermos para o Senhor até que Ele nos chame para o lar celestial. —HDF

DEUS PODE USÁ-LO EM QUALQUER IDADE —
SE VOCÊ ESTIVER DISPOSTO.

14 de julho

VENDO A PESSOA INTERIOR

Leitura: **2 Coríntios 5:12-21**

... nós, daqui por diante, a ninguém conhecemos segundo a carne... —2 CORÍNTIOS 5:16

No dia 1 de fevereiro de 1960, quatro alunos de um colégio só para negros sentaram-se numa lanchonete "somente para brancos" em Carolina do Norte, EUA. Um deles, Franklin McCain, percebeu que uma senhora branca idosa, sentada próxima, os olhava. Ele tinha certeza de que os pensamentos dela eram inamistosos em relação a eles e ao seu protesto contra a segregação racial. Alguns minutos depois, ela aproximou-se deles, pôs as mãos em seus ombros e disse: "Meninos, estou tão orgulhosa de vocês!"

Anos depois, recordando este fato em um programa de rádio, McCain disse que aquilo o havia ensinado a nunca estereotipar alguém. Em vez disso, ele deveria fazer uma pausa para considerar os outros e procurar uma oportunidade de conversar com eles.

A igreja do primeiro século, como a nossa atual, frequentemente sofria divisões por motivos de raça, idioma e cultura. Paulo escreveu aos seguidores de Jesus em Corinto para ajudá-los a responder àqueles mais preocupados com a aparência externa do que com o que está no coração (2 Coríntios 5:12). Pelo fato de Cristo ter morrido por todos, Paulo disse: "...nós, daqui por diante, a ninguém conhecemos segundo a carne" (v.16).

Olhemos atenciosamente para enxergar a pessoa interior, pois todos são feitos à imagem de Deus e podem tornar-se uma nova criatura em Cristo. —DCM

O QUE IMPORTA É O QUE ESTÁ NO CORAÇÃO.

15 de julho

FORA DOS LIMITES

Leitura: **Jeremias 5:21-31**

Bem sei, ó SENHOR, que os teus juízos são justos e que com fidelidade me afligiste. —SALMO 119:75

No jogo de golfe, os marcadores FL (fora de limite) indicam quando uma bola saiu de jogo. Se a bola de um jogador sai dos limites, é imposta a penalidade de uma tacada.

O profeta Jeremias advertiu Judá, o reino do sul, sobre sua persistente rejeição aos limites que Deus lhes impôs. E disse que até o mar sabe que a areia da praia é o marcador que indica a área fora do limite, "...limite perpétuo, que ele não traspassará" (Jeremias 5:22). Porém, o povo do Senhor tinha "...coração rebelde e contumaz" (v.23). Não havia temor de Deus, que lhes dava chuva para suas plantações (v.24). Eles se tornaram poderosos e enriqueceram (v.27) e ignoraram o direito dos necessitados (v.28).

Em Sua Palavra, Deus deu limites morais para a nossa vida. Ele não os deu para frustrar-nos, mas para que, mantendo-nos dentro deles, possamos desfrutar das Suas bênçãos. Davi escreveu: "Bem sei, ó SENHOR, que os teus juízos são justos..." (Salmo 119:75). Deus disse a Israel através de Moisés: "...te propus a vida e a morte [...] escolhe, pois, a vida..." (Deuteronômio 30:19).

Não teste os limites de Deus, possibilitando a Sua correção. Faça escolhas sábias para viver dentro dos Seus limites presentes em Sua Palavra. —CPH

UM PEQUENO PASSO DE OBEDIÊNCIA
É UM ENORME PASSO EM DIREÇÃO À BÊNÇÃO.

16 de julho

ESVAZIE-ME

Leitura: **Efésios 4:17-32**

O homem bom do bom tesouro do coração tira o bem, e o mau do mau tesouro tira o mal... —LUCAS 6:45

"Que projeto ordinário", resmunguei enquanto esvaziava a nossa fragmentadora de papel. Eu estava seguindo um bom conselho ao fragmentar os documentos pessoais, mas não conseguia esvaziar o reservatório sem espalhar o papel picado em todo o carpete! Um dia, ao recolher o lixo, fiquei pensando se devia me incomodar, uma vez que ainda estava somente pela metade. Mas, ao deixar um pequeno saco plástico escorregar sobre o topo e virá-lo de cabeça para baixo, agradou-me ver que nenhum pedacinho de papel havia caído no chão.

O erro havia sido meu. Eu esperava até o recipiente ficar cheio até a boca antes de esvaziá-lo!

Quando permitirmos ao pecado encher o nosso coração, ele também transbordará em nossa vida. Lucas 6:45 diz que "...o mau, do mau tesouro [do seu coração] tira o mal". Falamos "...do que está cheio o coração".

E se tivéssemos de esvaziar nosso coração do lixo do pecado antes que começasse a transbordar nas nossas interações com os outros? Jogar fora nossa amargura, teimosa soberba, fervente fúria? (Efésios 4:26-32). O livro de 1 João 1:9 nos lembra que "Se confessarmos os nossos pecados, ele é fiel e justo para nos perdoar os pecados e nos purificar de toda injustiça."

Uma fragmentadora de papel é projetada para ser um receptáculo de lixo. Você e eu não somos! —CHK

ADMITA O SEU PECADO — AFINAL, VOCÊ NÃO CONSEGUE ESCONDÊ-LO DE DEUS!

17 de julho

AJUSTE PERFEITO

Leitura: **Êxodo 26:1-11**

[Cristo], no qual todo o edifício, bem ajustado, cresce para santuário dedicado ao Senhor. —EFÉSIOS 2:21

Longo demais. Curto demais. Grande demais. Pequeno demais. Apertado demais. Folgado demais. Essas palavras descrevem a maioria das roupas que experimento. Encontrar o ajuste perfeito parece impossível.

Encontrar uma igreja "perfeitamente ajustada" apresenta problemas similares. Toda igreja tem algo que não está totalmente certo. Nossos dons não são reconhecidos, nem os talentos apreciados. Nosso senso de humor é mal interpretado e algumas de nossas atitudes, crenças, pessoas ou programas nos deixam desconfortáveis. Sentimo-nos desajustados. Lutamos para encontrar o nosso lugar.

Sabemos, porém, que Deus deseja que nos ajustemos uns com os outros. O apóstolo Paulo disse que estamos sendo "...edificados para habitação de Deus no Espírito" (Efésios 2:22).

Os cristãos na igreja atual, como o tabernáculo no tempo de Moisés (Êxodo 26) e o templo nos dias de Salomão (1 Reis 6:1-14), são a morada de Deus na terra. Deus quer que nos ajustemos — para não haver divisões na Sua igreja. Isso significa que nós, os tijolos, devemos ser "...inteiramente unidos, na mesma disposição mental e no mesmo parecer" (1 Coríntios 1:10).

Em nenhuma igreja teremos um ajuste perfeito, mas todos nós podemos nos dedicar a ajustarmo-nos uns aos outros mais perfeitamente.

—JAL

EM MEIO À DIVERSIDADE,
O AMOR DE CRISTO TRAZ A UNIDADE.

18 de julho

PAUS E PEDRAS

Leitura: **Salmo 123**

A nossa alma está saturada do [...] desprezo dos soberbos.

—SALMO 123:4

O salmista não suportava mais o "...desprezo dos soberbos" (Salmo 123:4). Talvez você também não. As pessoas na sua vizinhança, escritório ou sala de aula podem ser escarnecedoras da sua fé e determinação de seguir Jesus. Paus e pedras quebram nossos ossos, mas as palavras podem ferir mais profundamente. Em seu comentário sobre esse salmo, Derek Kidner se refere ao desprezo como "aço gelado".

Podemos afastar as vaias dos orgulhosos tornando-nos como eles, ou podemos ver sua tentativa de humilhar-nos como um galardão de honra. Podemos regozijarmo-nos de sermos "...considerados dignos de sofrer afrontas por esse Nome [de Jesus]" (Atos 5:41). É melhor ter vergonha por um curto tempo que suportar "...vergonha e horror eterno" (Daniel 12:2).

Precisamos ser diferentes dos escarnecedores, não lhes retribuindo o escárnio, mas abençoando aqueles que nos perseguem. "...abençoai e não amaldiçoeis", lembra-nos Paulo (Romanos 12:14). Pois Deus poderá levá-los à fé e ao arrependimento, e transformar nossos momentos de vergonha em glória eterna.

Finalmente, como o salmista nos aconselha, precisamos ter "...os nossos olhos fitos no SENHOR..." (123:2). Ele entende melhor do que ninguém, pois também sofreu reprovação. Ele demonstrará compaixão por nós segundo Sua infinita misericórdia. —DHR

QUANDO OS OUTROS O MALTRATAM,
MANTENHA OS OLHOS FITOS EM JESUS.

19 de julho

MOTIVO DE MEDO

Leitura: **Gênesis 20:1-13**

Abraão disse: "[...] Certamente não há temor de Deus neste lugar, e eles me matarão por causa de minha mulher".

—GÊNESIS 20:11

Se você é fã de Shakespeare, sabe que seus heróis sempre têm uma séria falha de caráter. Isso rende uma boa história e ensina algumas lições importantes. O mesmo se aplica ao nosso herói da Bíblia, Abraão. Sua falha? Medo.

Por duas vezes, Abraão sucumbiu ao seu medo de que um governante o matasse e roubasse sua mulher (Gênesis 12:11-20; 20:2-13). Temendo por sua vida, ele enganou o Faraó e o rei Abimeleque, dizendo: "Ela é minha irmã" — na verdade, permitindo que o rei levasse Sara para o seu harém (20:2). Com o medo ditando as suas ações, ele pôs em risco o plano de Deus, de fazer surgir uma grande nação através dele e de Sara (12:1-3).

Mas, antes de julgarmos Abraão, devemos nos perguntar. Por medo de perder nosso emprego, comprometeríamos a nossa integridade? Por medo de parecer antiquado, deixaríamos de lado os nossos valores? Por medo de ser ridicularizados ou mal compreendidos, negligenciaríamos compartilhar o evangelho e colocaríamos em risco a eternidade de alguém? Há somente uma coisa que vencerá os nossos medos: a firme fé na presença, na proteção, no poder e nas promessas de Deus.

Se seu medo está colocando em risco os maravilhosos planos de Deus para você, lembre-se de que Ele nunca lhe pedirá para fazer algo que Ele não possa completar, mesmo que isso exija uma miraculosa intervenção de Sua parte. —JMS

DEIXE SUA FÉ SUPLANTAR O SEU MEDO E DEUS TRANSFORMARÁ A SUA PREOCUPAÇÃO EM ADORAÇÃO.

20 de julho

BALBÚRDIA

Leitura: **Romanos 12:9-21**

Os que deixam as veredas da retidão [...] se alegram de fazer o mal, folgam com as perversidades dos maus.

—PROVÉRBIOS 2:13-14

O Museu Imperial da Guerra em Londres ocupa um prédio onde anteriormente funcionava o Hospital Real Belém, um centro de cuidados para doentes mentais. O hospital era comumente conhecido como "Balbúrdia", termo que gradualmente passou a ser usado para descrever cenas de caos e loucura.

É irônico o fato de o Museu de Guerra ocupar o antigo endereço de Balbúrdia. Ao percorrer as alas do museu, além de histórias de heroísmo e sacrifício em tempos de guerra, você também encontra os arrepiantes registros da loucura e desumanidade com o próprio homem. Das exibições sobre genocídio moderno e limpeza étnica até o Holocausto, o mal está exposto na vitrine.

Salomão observou a propensão da humanidade para o mal, descrevendo-a como aqueles que "...se alegram de fazer o mal, folgam com as perversidades dos maus" (Provérbios 2:14). Embora isso possa descrever grande parte do mundo que nos rodeia, os seguidores de Jesus possuem uma maneira reanimadora e diferente de lidar com a vida. Paulo desafiou-nos: "Não te deixes vencer do mal, mas vence o mal com o bem" (Romanos 12:21). As ações cristocêntricas tais como: viver moralmente (v.17), promover a paz (v.18) e cuidar dos nossos inimigos (v.20) afetarão o mundo para melhor.

Se cada um de nós vivesse como um reflexo do amor de Deus, talvez houvesse muito menos balbúrdia. —WEC

UM MUNDO EM DESESPERO
NECESSITA DE CRISTÃOS PRESTATIVOS.

21 de julho

CHEGA DE DOR

Leitura: **1 Coríntios 15:51-57**

Onde está, ó morte, a tua vitória?
Onde está, ó morte, o teu aguilhão? —1 CORÍNTIOS 15:55

Durante boa parte da minha vida, compartilhei a perspectiva daqueles que posicionam-se contra Deus por Ele permitir a dor. Eu não conseguia, de forma alguma, racionalizar um mundo tóxico como este.

Ao visitar pessoas cuja dor excedia grandemente a minha, surpreendi-me com os seus efeitos. O sofrimento parecia ter tanta probabilidade de reforçar a fé quanto de semear a dúvida.

Minha raiva sobre a dor se desfez, principalmente, por uma razão: vim a conhecer Deus. Ele me deu alegria, amor, felicidade e bondade. Ele me deixa com fé em uma Pessoa, uma fé tão sólida que nenhuma quantidade de sofrimento pode erodir.

Onde está Deus quando sentimos dor? Ele está desde o princípio. Ele concebeu um sistema de dor que, em meio a um mundo caído, contém a Sua marca. Ele transforma a dor, usando-a para nos ensinar e fortalecer se permitirmos que ela nos leve em Sua direção.

Ele sentiu dor, sangrou, chorou e sofreu. Ele dignificou para sempre aqueles que sofrem, compartilhando a dor deles. Mas, um dia, Ele reunirá os exércitos do céu e os soltará contra os inimigos de Deus. O mundo verá um último aterrorizante momento de sofrimento antes da vitória total. Em seguida, Deus criará para nós um mundo novo e incrível. E não haverá mais dor (Apocalipse 19:11; 2:6). —PY

A DOR NOS COLOCARÁ CONTRA DEUS
OU NOS APROXIMARÁ DELE.

22 *de julho*

NOSSA MELHOR DEFESA

Leitura: **João 9:13-25**

Se é pecador, não sei; uma coisa sei: eu era cego e agora vejo.

—JOÃO 9:25

Colegas de poltrona numa viagem de trem com oito horas de duração, um embaixador dos EUA aposentado e eu logo colidimos no momento em que ele suspirou quando peguei a minha Bíblia.

Mordi a isca. No início, fomos lacônicos na tentativa de aguilhoar um ao outro ou marcar pontos. Gradualmente, porém, pedaços das nossas respectivas histórias de vida começaram a insinuar-se em nossa discussão. A curiosidade levou a melhor e nos vimos fazendo perguntas em vez de discutir. Formado em ciências políticas e por hobby, viciado em tal assunto, fiquei intrigado com sua carreira, que incluía dois proeminentes cargos de embaixador.

Estranhamente, porém, suas perguntas a mim diziam respeito à minha fé. Como me tornara um "cristão" era o que lhe interessava mais. A viagem de trem terminou amigavelmente e até trocamos cartões de visita. Ao sair do trem, ele se virou para mim e disse: "Aliás, a melhor parte do seu argumento não é o que você pensa que Jesus pode fazer por mim. É o que Ele fez por você."

No livro de João 9, como naquele trem, Deus nos lembra de que a melhor história é aquela que conhecemos intimamente: nosso próprio encontro com Jesus Cristo. Pratique contar a sua história de fé para entes queridos e amigos íntimos, para ser capaz de contá-la claramente a outras pessoas. —RKK

AS PESSOAS CONHECEM AS HISTÓRIAS DE VERDADEIRA FÉ QUANDO AS OUVEM.

23 de julho

UMA VISTA DESLUMBRANTE

Leitura: **Salmo 33:13-22**

... do lugar de sua morada, observa todos os moradores da terra.

—SALMO 33:14

Em minha casa, nos EUA, recentemente usei o mapa do Google para "perambular" pelas imediações de Nairóbi, no Quênia, onde minha família viveu duas décadas atrás. Uma imagem de satélite na tela do meu computador me permitiu identificar estradas, pontos de referência e edifícios. Em alguns casos, consegui uma vista no nível da rua, como se estivesse em pé ali.

Era uma vista e tanto, mas somente uma pequena amostra de como o Senhor deve ver o nosso mundo.

O salmista celebrou a vista de Deus escrevendo essas palavras: "O SENHOR olha dos céus; vê todos os filhos dos homens [...] contempla todas as suas obras [...] os olhos do SENHOR estão sobre os que o temem, sobre os que esperam na sua misericórdia, para livrar-lhes a alma da morte, e, no tempo da fome, conservar-lhes a vida" (33:13-19).

Diferentemente de um satélite sem sentimentos, o Senhor vê com o Seu coração amoroso ao considerar quem somos e o que fazemos. A Bíblia revela que Ele deseja que confiemos nele e sigamos Seu caminho. Nunca estamos fora da vista de Deus; Ele mantém Seus olhos atentos em todos aqueles cuja esperança está nele.

Para todos os que conhecem o Senhor através da fé em Jesus Cristo, é encorajador perceber que todos os dias nós fazemos parte da Sua vista deslumbrante. —DCM

MANTENHA OS SEUS OLHOS FITOS EM DEUS;
ELE NUNCA TIRA OS SEUS OLHOS DE VOCÊ.

24 de julho

PERMANEÇA POR PERTO

Leitura: **1 Pedro 4:7-11**

Consolai-vos, pois, uns aos outros e edificai-vos reciprocamente.

—1 TESSALONICENSES 5:11

Minha amiga e eu estávamos viajando juntas; ela parecia um pouco em frangalhos. Ao chegarmos ao aeroporto, ela se esqueceu de ter sua identificação prontamente disponível e não conseguiu encontrar seu número de confirmação de reserva. O agente de emissão de passagens esperou pacientemente, sorriu e, ajudou-a no seu *check-in*. Após receber seu bilhete de passagem, ela perguntou: "Aonde vamos agora?" O agente sorriu novamente, apontou para mim e disse a ela: "Permaneça próxima a sua amiga."

Esse pode ser um bom conselho para todos nós quando nossas vidas ficam em frangalhos — permanecer ao lado dos amigos. Embora Jesus seja nosso melhor amigo, também precisamos relacionarmo-nos com amigos cristãos que nos ajudem a sobreviver nesta vida.

Em sua primeira epístola, Pedro escrevia aos cristãos que necessitavam uns dos outros porque estavam sofrendo devido à sua fé. Em algumas frases curtas do capítulo 4, Pedro mencionou a necessidade de receber e dar "amor intenso", oração e hospitalidade (vv.7-9). Ele também incluiu a necessidade de os cristãos usarem seus dons espirituais para ministrar uns aos outros (v.10). Em outras passagens, somos encorajados a confortar uns aos outros com o conforto que recebemos de Deus (2 Coríntios 1:3-4) e a edificar uns aos outros em amor (1 Tessalonicenses 5:11).

Quando a vida fica difícil e ficamos em frangalhos, permanecer ao lado de nossos amigos cristãos nos ajudará a atravessar a situação. —AMC

FICAR PRÓXIMO DE NOSSOS AMIGOS EM CRISTO NOS AJUDA A FICARMOS PRÓXIMOS A DEUS.

25 de julho

O PRAZER É MEU

Leitura: **Eclesiastes 2:1-11**

Nem privei o coração de alegria alguma [...] tudo era vaidade e correr atrás do vento. —ECLESIASTES 2:10-11

Estou sempre ansioso da chegada do verão. O sol quente, beisebol, praias e churrascos são prazeres que trazem alegria após um longo e frio inverno. Mas, a busca por prazer não é apenas sazonal. Não é verdade que todos gostamos de boa comida, conversas cativantes e o crepitar do fogo?

O desejo por prazer não é errado. Deus nos fez para isso. Paulo nos lembra que Deus "...tudo nos proporciona ricamente para nosso aprazimento" (1 Timóteo 6:17). Outras passagens nos dão boas-vindas ao saudável prazer de alimentos, amigos e a intimidade de um relacionamento matrimonial. Mas, pensar que podemos encontrar prazer duradouro em pessoas e coisas é, definitivamente, uma busca vazia.

O prazer definitivo não é encontrado nas fugazes emoções que o nosso mundo oferece, mas na alegria duradoura de uma intimidade cada vez mais profunda com o nosso Senhor. O rei Salomão aprendeu isso da maneira mais difícil. "Não privei o coração de alegria alguma", admitiu ele (Eclesiastes 2:10). Mas, após sua farra em busca de prazer, concluiu: "...tudo era vaidade e correr atrás do vento" (v.11). Não é de admirar que ele tenha advertido: "Quem ama os prazeres empobrecerá..." (Provérbios 21:17).

Aquilo que estamos realmente buscando só o encontramos no relacionamento satisfatório e crescente com Jesus. Busque-o e saboreie Suas delícias! —JMS

VIVEMOS PARA O NOSSO PRÓPRIO PRAZER
OU PARA AGRADAR AO NOSSO PAI CELESTIAL?

26 de julho

ALEGRIA NA MANHÃ

Leitura: **Salmo 40:1-5**

... Ao anoitecer, pode vir o choro, mas a alegria vem pela manhã.

—SALMO 30:5

Ângela não conseguia enxergar através das janelas embaçadas de seu carro. Inadvertidamente, ela arrancou na frente de um caminhão. O acidente causou tamanha lesão em seu cérebro que ela perdeu a capacidade de falar e de cuidar de si mesma.

Ao longo dos anos, tenho ficado atônito com a resiliência dos pais de Ângela. Recentemente eu lhes perguntei: "Como vocês enfrentam essa experiência?" Seu pai respondeu pensativo: "Com toda a honestidade, só conseguimos enfrentar isso aproximando-nos de Deus. Ele nos dá a força que necessitamos para suportar."

A mãe de Ângela concordou e acrescentou que, logo após o acidente, o pesar deles era tão profundo que eles imaginaram se um dia voltariam a alegrar-se. Ao confiarem em Deus, receberam incontáveis e inesperadas provisões para o cuidado físico e espiritual de Ângela e de toda a família. Apesar de Ângela talvez nunca mais recuperar sua capacidade de falar, ela agora reage com sorrisos largos e isso lhes traz alegria. O versículo favorito de seus pais continua a ser: "...Ao anoitecer, pode vir o choro, mas a alegria vem pela manhã" (Salmo 30:5).

Você já sentiu uma tristeza extrema? Há a promessa de futura alegria entre suas lágrimas ao confiar em nosso amoroso Senhor. —HDF

DEIXE SUAS TRISTEZAS COM JESUS,
O "HOMEM DE DORES".

27 de julho

SUBORNO

Leitura: **Deuteronômio 10:12-22**

Suborno não aceitarás, porque o suborno cega até o perspicaz…

—ÊXODO 23:8

Viajando em outro país, meu marido percebeu que as estradas pavimentadas apresentavam sulcos profundos. Quando ele perguntou sobre elas, nosso motorista explicou que tinham sido causadas pelos pneus de caminhões carregando peso ilegal, acima do limite. Quando parados pela polícia, os motoristas pagavam subornos para evitar multas. Os caminhoneiros e os policiais prosperavam financeiramente, mas para os outros motoristas e contribuintes sobrava uma carga financeira injusta e a inconveniência de estradas precárias.

Nem todo suborno é evidente; alguns são mais sutis. E nem todo suborno é financeiro. A lisonja é um tipo de suborno que utiliza palavras como moeda. Se dermos às pessoas um tratamento preferencial por dizerem algo agradável a nosso respeito, equivale à aceitação de um suborno. Para Deus, qualquer tipo de parcialidade é injustiça. Ele até estabeleceu a justiça como uma condição para permanecer na Terra Prometida. Os israelitas não deviam perverter a justiça ou demonstrar parcialidade (Deuteronômio 16:19-20).

O suborno priva os outros da justiça, o que é uma ofensa contra o caráter de Deus, que é "...Deus dos deuses e o Senhor dos senhores, o Deus grande, poderoso e temível, que não faz acepção de pessoas, nem aceita suborno" (10:17).

Felizmente, o Senhor trata a todos igualmente e deseja que tratemos os outros da mesma maneira. —JAL

O SUBORNO DEMONSTRA PARCIALIDADE;
O AMOR DEMONSTRA JUSTIÇA.

28 de julho

PARA O DEUS QUE EU AMO

Leitura: **Mateus 6:16-18**

Quando jejuardes, não vos mostreis contristados como os hipócritas… —MATEUS 6:16

Alguns anos atrás, fizemos em nossa igreja uma série de sermões sobre o tabernáculo do Antigo Testamento. Preparando-me para a mensagem sobre a mesa dos pães da proposição, fiz algo que nunca havia feito — jejum de alimentos durante vários dias. Jejuei porque quis vivenciar a verdade de que "...não só de pão viverá o homem, mas de tudo o que procede da boca do Senhor" (Deuteronômio 8:3). Desejei negar-me algo que amo, alimento, pelo Deus que amo mais. Enquanto jejuava, segui o ensinamento de Jesus sobre jejum em Mateus 6:16-18.

Jesus deu uma ordem negativa: "Quando jejuardes, não vos mostreis contristados como os hipócritas..." (v.16). Depois, Ele deu uma ordem positiva sobre ungir a cabeça e lavar o rosto (v.17). Os dois mandamentos em conjunto significavam que eles não deveriam chamar atenção para si. Jesus estava ensinando que este era um ato particular de adoração sacrificial, que não deveria permitir qualquer espaço ao orgulho religioso. Finalmente, Ele deixou uma promessa: "...teu Pai, que vê em secreto, te recompensará" (v.18).

Embora o jejum não seja uma exigência, ao abrirmos mão de algo que amamos, podemos ter uma experiência mais profunda do Deus que amamos. Ele nos recompensa com Sua presença em nós. —MLW

APROXIMAMO-NOS DO PAI QUANDO NOS AFASTAMOS DA MESA DOS PÃES DA PROPOSIÇÃO.

29 *de julho*

A BOA VIDA

Leitura: **Miqueias 6:6-8**

Quanto a mim, bom é estar junto a Deus…

—SALMO 73:28

Os filósofos questionam-se: "O que é a boa vida e quem a possui?" Instantaneamente, penso em meu bom amigo Roberto.

Roberto era um homem bondoso e calmo, que não buscava reconhecimento, que entregou o cuidado da sua vida ao seu Pai celestial e ocupava-se unicamente com a vontade do seu Pai. Ele tinha uma perspectiva celestial e sempre me recordava: "Somos apenas estrangeiros aqui."

Roberto faleceu no outono passado. Em seu velório, os amigos recordavam sua influência em suas vidas. Muitos falaram da sua gentileza, desprendimento, humildade e amável compaixão. Ele fora, para muitos, uma expressão visível do amor incondicional de Deus.

Após o funeral, o filho de Roberto foi até o asilo onde seu pai viveu seus últimos dias. Ele recolheu os pertences do seu pai: dois pares de sapatos, algumas camisas e calças, e miudezas — todos os bens terrenos de Roberto — e os doou à caridade. Roberto nunca teve o que alguns considerariam boa vida, mas era rico de boas obras diante de Deus. George MacDonald escreveu: "Quem possui o céu e a terra: aquele que tem mil casas ou aquele que, sem ter uma casa própria, tem dez, nas quais sua chegada desperta júbilo instantâneo?"

No final das contas, a vida de Roberto era uma boa vida. —DHR

NINGUÉM PODE CONHECER A BOA VIDA SEM DEUS.

30 de julho

JÚPITER EM DECLÍNIO

Leitura: **Colossenses 1:15-23**

... Nele, tudo subsiste.

—COLOSSENSES 1:17

Certo dia, comprei um móbile simples do sistema solar para meu filho. Para instalar foi necessário que eu pendurasse cada planeta no teto. Após dobrar-me para cima e para baixo várias vezes, senti-me tonto e cansado. Horas depois, escutamos um "plinc" quando Júpiter caiu no chão.

Mais tarde, naquela noite, pensei sobre nossa frágil réplica se desmanchando, mas Jesus sustentando o universo real. "Ele é antes de todas as coisas. Nele, tudo subsiste" (Colossenses 1:17). O Senhor Jesus mantém o nosso mundo coeso, conservando as leis naturais que regem a galáxia. Nosso Criador também sustenta "...todas as coisas pela palavra do seu poder..." (Hebreus 1:3). Jesus é tão poderoso que mantém o universo em ordem simplesmente mandando-o ser assim!

Por mais extraordinário que isso seja, Jesus é mais que um cuidador do espaço cósmico. Ele também nos sustenta. Ele "...a todos dá vida, respiração e tudo mais" (Atos 17:25). Embora, às vezes, Jesus nos dê algo diferente daquilo que poderíamos esperar, nosso Salvador nos sustenta quer estejamos com o coração partido, necessitados de dinheiro ou sofrendo enfermidades.

Até o dia em que Ele nos chame para o lar celestial, podemos confiar que aquele que impede Júpiter de cair é o mesmo Senhor que também nos sustenta. —JBS

O MESMO DEUS QUE SUSTENTA O UNIVERSO TAMBÉM ME SUSTENTA.

31 de julho

GRÁTIS PARA TODOS

Leitura: **Efésios 1:7-14; 2:8-9**

Porque pela graça sois salvos, mediante a fé; e isto não vem de vós; é dom de Deus. —EFÉSIOS 2:8

No esforço para ajudar pessoas com dificuldade de prover as necessidades de suas famílias em tempos economicamente difíceis, a igreja que frequento criou um programa denominado "Grátis Para Todos".

Trouxemos à igreja coisas quase novas e abrimos as portas às pessoas da comunidade. Elas podiam vir e levar para casa aquilo que necessitassem.

Embora o dia tenha sido um enorme sucesso quanto à quantidade de coisas que as pessoas puderam levar, foi ainda melhor porque seis pessoas aceitaram Jesus Cristo como seu Salvador durante aquele evento. Na verdade, esses seis novos cristãos participaram do maior "Grátis Para Todos" de todos os tempos — a oferta de salvação por meio de Jesus Cristo.

Os itens levados à igreja nesse dia especial já haviam sido comprados, e foram dados sem custo para todos os que simplesmente pediram. Semelhantemente, o perdão eterno pelos nossos pecados já foi comprado. Jesus pagou o preço quando morreu numa cruz no monte Gólgota há dois mil anos (Romanos 3:23-25). Agora, Ele oferece salvação sem custo aos que simplesmente se arrependem e creem que Jesus tem o poder de perdoar e salvar (Atos 16:31).

Cada um de nós tem carências espirituais — e somente Jesus pode atender a essa necessidade. Você aceitou o que Ele oferece sem custo no maior "Grátis Para Todos" do mundo? —JDB

A SALVAÇÃO É GRATUITA, MAS VOCÊ DEVE RECEBÊ-LA.

1 de agosto

FAZENDO O BEM

Leitura: **Lucas 6:27-36**

... Jesus de Nazaré [...] o qual andou por toda parte, fazendo o bem e curando a todos os oprimidos do diabo, porque Deus era com ele. —ATOS 10:38

Certa vez alguém disse: "O que você faz de bom hoje será esquecido amanhã. Mesmo assim faça o bem." Gosto disso. É um bom lembrete. No livro de Atos, Lucas resumiu o ministério terreno de Jesus dizendo que Ele "andou por toda parte fazendo o bem".

O que a Bíblia quer dizer quando nos diz para "fazer o bem"? Jesus fez o bem ensinando, curando, alimentando e confortando as pessoas. Usando Jesus como um perfeito exemplo, Seus seguidores são chamados a satisfazer as necessidades dos outros, incluindo daqueles que os odeiam: "Amai os vossos inimigos e orai pelos que vos perseguem, fazei o bem aos que vos odeiam" (Mateus 5:44; Lucas 6:27-35). Eles devem servir seus inimigos sem esperar nada em retorno.

Além disso, quando surgem as oportunidades, Seus seguidores devem fazer o bem especialmente aos companheiros cristãos ou aos da família da fé (Gálatas 6:10). Não devem deixar que a perseguição, o egoísmo e os negócios os façam esquecer-se de fazer o bem e, de dividir o que eles têm com os outros (Hebreus 13:16).

Para sermos como nosso Salvador e Seus primeiros seguidores, deveríamos perguntar a nós mesmos cada dia: "Que coisa boa posso fazer hoje em nome de Jesus?" Quando fizermos o bem estaremos oferecendo um sacrifício que agrada a Deus (Hebreus13:16) e que atrai as pessoas para Ele (Mateus 5:16). —MLW

IMITE JESUS — VÁ POR TODA PARTE FAZENDO O BEM.

2 de agosto

AMIGO PESSOAL

Leitura: **João 14:1-7**

... onde eu estou, estejais vós também.

—JOÃO 14:3

Há alguns anos, fiz exames para detectar um câncer e estava nervoso à espera do resultado. Minha ansiedade aumentou quando pensei no fato de que embora a junta médica fosse bem treinada e extremamente competente era composta por estranhos que não tinham qualquer relacionamento comigo.

Porém, após acordar da anestesia, ouvi o lindo som da voz de minha esposa: "Que bom, querido, eles não encontraram nada." Olhei para o seu rosto sorridente e senti-me confortado, pois precisava da certeza de alguém que me amava.

Existe uma certeza semelhante para todos aqueles que têm confiança em Jesus. Os cristãos podem receber conforto ao saber que quando acordarem no céu, alguém que os ama — Jesus — estará lá.

Um livro de orações expressa esta esperança cristã: "Após acordar, meu Redentor, me levantará; e em meu corpo verei a Deus. Eu mesmo o verei, e meus olhos contemplarão aquele que é meu amigo, e não um estranho."

Você tem algum tipo de problema para encarar a morte? Jesus prometeu estar lá quando partirmos deste mundo para o próximo. Ele disse: "...onde eu estou [céu], estejais vós também" (João 14:3). Que conforto para os cristãos saberem que após a morte seremos acordados por nosso Amigo pessoal. —HDF

VER JESUS SERÁ A MAIOR ALEGRIA DO CÉU.

3 de agosto

ORAÇÃO TEDIOSA

Leitura: **Josué 1:1-9**

... como fui com Moisés, assim serei contigo;
não te deixarei nem te desampararei. —JOSUÉ 1:5

Às vezes me envergonho das minhas orações. Repetidamente, uso sentenças conhecidas que mais parecem um monte de palavras vazias do que um diálogo pessoal e cuidadoso . "Senhor, fica comigo" é uma sentença que me incomoda e que acho que pode ofender a Deus. Nas Escrituras, Deus já prometeu que não irá me deixar.

Deus fez esta promessa a Josué um pouco antes de ele levar os israelitas para a Terra Prometida (Josué 1:5). Mais tarde, o autor da carta aos Hebreus reivindicou-a para todos os cristãos: "...De maneira alguma te deixarei, nunca jamais te abandonarei" (13:5). Em ambos os casos o contexto indica que a presença de Deus implica em dar-nos o poder para realizar Sua vontade, não a nossa própria, que é o que geralmente tenho em mente ao orar.

Talvez seja melhor orar assim: "Senhor, obrigado por Teu Espírito que habita em mim; desejoso e capaz de me dirigir nos caminhos pelos quais o Senhor deseja que eu ande. Que eu não o leve a lugares que o Senhor não queira ir. Que eu não o force a fazer a minha vontade, mas que humildemente me submeta à Tua."

Ao fazermos a vontade de Deus, Ele estará conosco mesmo sem o pedirmos. Se não estivermos fazendo Sua vontade precisaremos pedir-lhe por Seu perdão, mudar nossos caminhos e segui-lo. —JAL

QUE NOSSAS ORAÇÕES NÃO SEJAM PALAVRAS VAZIAS,
MAS CONSCIENTES DA VONTADE DE DEUS.

4 de agosto

COMPARTILHAR A PALAVRA

Leitura: **Salmo 19:7-14**

São mais desejáveis do que ouro,
mais do que muito ouro depurado... —SALMO 19:10

Jerry Morris começou a ler um famoso jornal há 50 anos quando era um universitário. Sua apreciação por aquele jornal e por sua estimada escola levou-o a doar centenas de assinaturas para estudantes da escola de administração onde estudava.

Morris declarou: "O jornal me deu uma boa e ampla perspectiva do que acontecia no mundo dos negócios, e me habituei a lê-lo desde o início do meu curso de administração. Ajuda a levar aos alunos os verdadeiros assuntos do mundo dos negócios.

Muitas pessoas gostam de apresentar aos outros os trabalhos escritos, que moldaram suas vidas. Não é de se surpreender que os seguidores de Cristo gostem de compartilhar a Palavra de Deus. Há muitas maneiras de passar adiante a verdade de Deus às pessoas famintas por encorajamento e ajuda. Nosso alvo é capacitar outros a experimentarem o grande benefício que encontramos ao conhecer Cristo e sermos guiados por Sua Palavra. O salmista disse: "A lei do SENHOR é perfeita e restaura a alma; o testemunho do SENHOR é fiel e dá sabedoria aos símplices" (19:7).

Vale a pena compartilhar com outros a Palavra de Deus, que guarda os nossos corações e guia os nossos passos. —DCM

CONHEÇA A BÍBLIA E GUARDE-A EM SEU CORAÇÃO,
MOSTRE-A EM SUA VIDA, SEMEIE-A NO MUNDO.

5 de agosto

UMA DESPEDIDA DIFÍCIL

Leitura: **Salmo 68:1-10**

Pai dos órfãos e juiz das viúvas é Deus em sua santa morada.

—SALMO 68:5

Quando nosso filho mais novo entrou no exército sabíamos que teria desafios à frente. Sabíamos que ele enfrentaria perigos e seria testado física, emocional e espiritualmente. Sabíamos também que de alguma maneira o nosso lar nunca mais seria completamente seu. Nos meses que antecederam a sua partida, minha esposa e eu nos preparamos para esses desafios.

Chegou o dia em que Marcos apresentou-se. Abraçamo-nos, dissemos adeus, e em seguida ele caminhou para o posto de recrutamento, deixando-me com um momento para o qual eu estava decididamente despreparado. A dor do adeus foi insuportável. Não querendo parecer excessivamente dramático, não me lembro de outra ocasião na qual tenha chorado tanto quanto naquele dia. O difícil adeus e o sentimento de perda que causou, cortou-me o coração.

Em momentos assim, sou grato por ter um Pai celestial que sabe o que é estar separado de um Filho amado. Sou grato por ter um Deus que é descrito como "Pai dos órfãos e juiz das viúvas" (Salmo 68:5). Eu creio que se Ele se importa com os órfãos e com as viúvas em sua solidão, Ele também cuidará de mim e me confortará — mesmo nos momentos em que eu enfrentar as lutas acompanhadas das despedidas difíceis. —WEC

A SOLIDÃO CHEGA QUANDO NOS ESQUECEMOS DAQUELE QUE ESTÁ SEMPRE CONOSCO.

6 de agosto

O INESPERADO

Leitura: **Provérbios 16:1-9**

O coração do homem traça o seu caminho,
mas o SENHOR lhe dirige os passos. —PROVÉRBIOS 16:9

Antônia procurava o que não estava perdido, e encontrou o que não procurava, por essa razão, alguns receberam o ânimo espiritual, pelo qual não esperavam.

Antônia, líder de um estudo bíblico numa clínica de reabilitação, estava procurando a carteira de motorista de seu marido, que estava perdida. Ao repassar seus passos do dia anterior, visitou um hospital. A carteira não estava lá, mas um coral cristão estava, e Antônia sentiu-se tocada pelas músicas de adoração. Ela perguntou ao regente do coral se os adolescentes poderiam cantar para o seu grupo de estudo bíblico naquela noite. Eles aceitaram o convite e levaram: a esperança, a alegria e o amor de Deus através da música e das conversações após o concerto àqueles que procuravam acertar suas vidas.

Ao voltar para casa, Antônia encontrou a carteira sobre uma cadeira. Aparentemente, a única razão de ela ter saído naquele dia foi para que Deus pudesse direcioná-la a ouvir o coral que pôde ministrar ao seu grupo de reabilitação.

Quando Deus nos guia (Provérbios 16:9), Ele trabalha de maneiras que não podemos prever. O Senhor pode até usar nossos inconvenientes para trazer honra ao Seu nome. Quando encaramos transtornos semelhantes em nosso dia, talvez devêssemos olhar não somente para o que desejamos, mas também para o que Deus tem para nós naquele dia. —JDB

DEUS ESTÁ NOS BASTIDORES
E CONTROLA AS CENAS QUE ELE DIRIGE.

7 de agosto

TEMPO PARA A ARMADURA

Leitura: **Efésios 6:10-18**

Tomai [...] a espada do Espírito, que é a Palavra de Deus.

—EFÉSIOS 6:17

Descobri logo que um menino, que recitava versículos num programa de crianças na igreja, não sabia muito sobre a Bíblia. Ele estava recitando Efésios 6:17 sobre o estudo da armadura espiritual: "Tomai [...] a espada do Espírito, que é a Palavra de Deus."

Quando tentou citar a referência, disse: "Achei que não precisava memorizar os números, pois se referiam apenas à hora do dia." Era isso que os números significavam para ele, já que eram quase 6h17 naquele momento! Sorri, abri minha Bíblia, e mostrei a ele que os números referem-se aos capítulos e versículos.

Embora seja útil conhecer a referência bíblica, esconder a Palavra de Deus em nossos corações é o que verdadeiramente importa (Salmo 119:11). Memorizar as Escrituras permite-nos guardá-las na mente para nos precavermos contra os ataques de Satanás (Efésios 6:10-18). Por exemplo, quando o diabo tentou Jesus no deserto, Cristo resistiu-lhe recitando as Escrituras (Mateus 4:1-11). Do mesmo modo, quando somos tentados a desobedecer a Deus, podemos trazer à lembrança o que já aprendemos e escolher obedecer. Podemos também compartilhar os ensinamentos da Palavra com outros para encorajá-los a confiar no Senhor também.

Não importa qual a hora do dia, deveríamos sempre nos revestir com a armadura espiritual da Palavra de Deus. —AMC

NENHUM MAL PODE PENETRAR A ARMADURA DE DEUS.

8 de agosto

ONDE HÁ PEIXES?

Leitura: **Lucas 7:34-48**

Convidou-o um dos fariseus para que fosse jantar com ele. Jesus, entrando na casa do fariseu, tomou lugar à mesa.

—LUCAS 7:36

Tenho um amigo com quem saio para pescar. Ele é muito cuidadoso. Após calçar suas botas impermeáveis e juntar os equipamentos, senta-se na traseira de seu caminhão e examina o rio por 15 minutos, procurando por peixes. "Não adianta pescar onde não há peixes", ele diz. Isso me lembra outra questão: "Será que pesco almas onde elas não estão?"

Jesus era "...amigo de publicanos e pecadores" (Lucas 7:34). Como cristãos, devemos nos diferenciar no comportamento, viver como Ele viveu. Devemos nos perguntar: Será que, como Jesus, tenho amigos que são pecadores? Se tiver somente amigos cristãos, talvez eu esteja pescando almas "onde elas não estão".

Estar com pessoas não-cristãs é o primeiro passo para "pescar". Em seguida, vem o amor — um sentimento que vê o que acontece sob a superfície, e reconhece o profundo grito da alma, que pergunta: "Você pode falar-me mais sobre isto?" e acompanhar com a misericórdia. "Há muito ensino nesta cordialidade," disse o pastor George Herbert (1593–1633).

Amor como esse não é um instinto natural. Vem somente de Deus. E oramos: "Senhor, quando eu estiver com não-cristãos torna-me ciente da voz triste, da fisionomia cansada ou dos olhos desanimados que sozinho, eu não poderia facilmente perceber. Que o meu amor seja resultado do Teu amor e nele esteja enraizado. Que eu ouça os outros, demonstre a Tua compaixão e fale a Tua verdade." —DHR

DEVEMOS SER CANAIS DA VERDADE DIVINA — NÃO APENAS RESERVATÓRIOS.

9 de agosto

COMO UM REBANHO

Leitura: **Salmo 77:11-20**

O teu povo, tu o conduziste, como rebanho, pelas mãos de Moisés e de Arão. —SALMO 77:20

Durante uma demonstração do ajuntamento do rebanho usando um cão da raça Border Collie, o treinador do cachorro explicou que por serem as ovelhas muito vulneráveis aos animais selvagens, sua maior defesa contra os predadores é ficarem bem unidas em grupo. "Ovelha sozinha é uma ovelha morta," disse o treinador. "O cão sempre mantém as ovelhas juntas à medida que as faz caminhar."

A imagem bíblica de Deus como nosso pastor é uma lembrança poderosa sobre o quanto precisamos uns dos outros na comunidade da fé. Quando escrevia sobre a saída dos israelitas do Egito, o salmista escreveu: "[Deus] fez sair o seu povo como ovelhas e o guiou pelo deserto, como um rebanho. Dirigiu-o com segurança, e não temeram..." (Salmo 78:52-53).

Como parte do rebanho de Deus, nós que confiamos em Cristo, estamos sob Sua proteção e direção, enquanto estivermos rodeados pela presença protetora dos outros. Somos parte de um corpo de cristãos maior, no qual há segurança e responsabilidade.

Enquanto não desistirmos de pensar e agir como partes do rebanho, devemos admitir o conceito da palavra "nós" em vez de "eu" em nosso dia-a-dia. Com Cristo, como nosso Pastor, e amigos cristãos ao nosso redor, encontramos segurança no rebanho. —DCM

COMO PARTE DO REBANHO DE DEUS,
SOMOS PROTEGIDOS POR ELE E UNS PELOS OUTROS.

10 de agosto

DESFALECENDO

Leitura: **Êxodo 18:13-27**

Sem dúvida, desfalecerás...

—ÊXODO 18:18

A filha de meu amigo Jeferson pediu-lhe que realizasse a cerimônia de seu casamento. Enquanto viajavam a um lugar exótico e romântico para a cerimônia, pensavam que tudo seria uma grande alegria. Mas havia um problema maior — como o grupo de participantes do casamento era bem restrito, Jeferson teria que realizar três papéis diferentes que poderiam entrar em conflito, ele seria o juiz de paz, o pai da noiva e o fotógrafo do casamento!

Você já se sentiu como se estivesse usando muitos chapéus? Jetro achou que seu genro Moisés estava (Êxodo 18). Liderar os israelitas, intermediar disputas pessoais e transmitir adiante os julgamentos à multidão, exigia muito dele. Finalmente, Jetro aproximou-se de Moisés e lhe disse: "...isto é pesado demais para ti; tu só não o podes fazer" (v.18). Com muita sabedoria aconselhou Moisés a delegar pequenas disputas aos outros conselheiros e assumir apenas as causas mais graves (Êxodo 18:22).

Se você é uma mãe com filhos pequenos, um grande executivo ou um voluntário sobrecarregado na igreja, também poderá aprender uma lição com Moisés. Por que você não procura discernir através da oração se há tarefas que podem ser delegadas a outros ou até mesmo interrompidas — para você não desfalecer? —HDF

SE NÃO NOS AFASTAMOS PARA DESCANSAR, PODEMOS DESABAR. —HAVNER

11 de agosto

O CHAPÉU DO PAPAI

Leitura: **Efésios 6:1-4**

Honra a teu pai…

—EFÉSIOS 6:2

Em meio à celebração ocorreu uma tragédia. Eram as cerimônias de abertura dos Jogos Olímpicos de Verão de 1992, em Barcelona. Uma a uma, as delegações adentraram o estádio e desfilaram em torno da pista sob os aplausos de 65 mil pessoas. Mas, em um setor do Estádio Olímpico, houve choque e tristeza quando Pedro Karnaugh, pai do nadador Ron Karnaugh, dos EUA, sofreu um ataque cardíaco fatal.

Cinco dias mais tarde, Ron apresentou-se à competição usando o chapéu do pai, que cuidadosamente colocou de lado antes do início da competição. Por que o chapéu? Era o tributo do nadador ao seu pai, que ele descreveu como "meu melhor amigo". O chapéu tinha sido usado pelo pai quando eles tinham pescado e praticado outras atividades juntos. Usar o chapéu era a maneira de Ron honrar seu pai por tê-lo apoiado, encorajado e orientado. Quando Ron mergulhou na água, ele o fez sem a presença de seu pai, mas inspirado pela memória dele.

Há muitas maneiras de honrarmos os nossos pais, como as Escrituras nos exortam (Efésios 6:2). Mesmo que eles já não estejam mais conosco, podemos demonstrar respeito pelos bons valores que eles nos ensinaram.

O que você pode fazer hoje por seu pai para demonstrar-lhe o tipo de honra sobre a qual a Bíblia fala? —JDB

OS MELHORES PAIS NÃO APENAS NOS DÃO VIDA — ELES NOS ENSINAM COMO VIVÊ-LA.

12 de agosto

UM NOVO PROPÓSITO

Leitura: **Atos 9:1-9**

... sei que pensamentos tenho a vosso respeito, diz o SENHOR; pensamentos de paz e não de mal, para vos dar o fim que desejais.

—JEREMIAS 29:11

Um hotel de 60 anos está sendo reformado em apartamentos. Um navio enferrujado ancorado está sendo restaurado e poderá se tornar um hotel ou um museu. Um hangar, que é uma peça de arquitetura admirada num velho aeroporto, está sendo transformado em igreja. Cada construção teve um uso específico, mas que agora é ultrapassado. Porém alguém viu uma nova utilidade e um novo objetivo em cada uma delas.

Se construções podem encontrar nova vida e novas finalidades, por que não as pessoas? Pense nestes homens na Bíblia, cujas vidas tomaram uma direção inesperada. Havia Jacó, que lutou com o anjo do Senhor (Gênesis 32); Moisés, que falou com o arbusto em chamas (Êxodo 3); Paulo, que ficou temporariamente cego (Atos 9). Suas histórias foram diferentes, mas todas tiveram uma mudança de propósito quando o seu encontro com Deus os enviou para um novo caminho.

Nós também podemos experimentar circunstâncias que mudam o curso de nossas vidas. Mas Deus nos relembra que: Ele nos amou primeiro e quer nos dar esperança e futuro. Deus nos pede que lhe entreguemos todas as nossas preocupações porque Ele cuida de nós (1 João 4:19; Jeremias 29:11; 1 Pedro 5:7; João 10:10).

Quando você se apegar às promessas de Deus, peça-lhe para revelar a você novas direções e propósitos para a sua vida. —CHK

MANTENHA SEUS OLHOS FITOS NO SENHOR E VOCÊ NÃO PERDERÁ DE VISTA O PROPÓSITO DA VIDA.

13 de agosto

ARTÍFICE-MESTRE

Leitura: **Jeremias 18:1-10**

Como o vaso que o oleiro fazia de barro se lhe estragou na mão, tornou a fazer dele outro vaso, segundo bem lhe pareceu.

—JEREMIAS 18:4

Quando minha esposa e eu noivamos, o pai dela nos deu um presente de casamento especial. Como relojoeiro e joalheiro, ele fez nossos anéis de casamento. Para fazer a minha aliança de casamento, meu sogro usou pedaços de ouro que eram sobras de outros anéis — restos que eram aparentemente sem muito valor. Mas, nas mãos desse artífice, aqueles pedaços se tornaram um objeto de beleza que eu aprecio até hoje. É surpreendente o que um artífice-mestre pode fazer com aquilo que os outros consideram inútil.

É assim que Deus trabalha em nossas vidas. Ele é o maior Artífice-Mestre de todos, e junta os pedaços gastos e os cacos quebrados de nossas vidas, restaurando-os em algo de valor e significado. O profeta Jeremias descreve isto ao comparar o trabalho de Deus com o trabalho do oleiro: "Como o vaso que o oleiro fazia de barro se lhe estragou na mão, tornou a fazer dele outro vaso, segundo bem lhe pareceu" (Jeremias 18:4).

Não importam as confusões em nossas vidas, Deus pode remodelar-nos em vasos que sejam bons aos Seus olhos. Ao confessarmos qualquer pecado e nos submetermos em obediência à Sua Palavra, permitimos que o Mestre faça o Seu trabalho redentor em nossas vidas (2 Timóteo 2:21). Essa é a única maneira de transformar os cacos em pedaços inteiros e bons novamente. —WEC

VIDAS DESTRUÍDAS PODEM SE TORNAR VIDAS ABENÇOADAS SE PERMITIRMOS QUE DEUS AS CONSERTE.

14 de agosto

DEUS É OBRIGADO?

Leitura: **Jeremias 7:1-11**

... Emendai os vossos caminhos e as vossas obras...

—JEREMIAS 7:3

Um amigo me enviou fotografias de 20 belas igrejas no mundo. Localizadas tão distantes quanto a Islândia e Índia, cada uma delas tem arquitetura única.

Nos dias de Jeremias, o lugar de adoração mais lindo era o templo em Jerusalém, que o rei Josias tinha acabado de reparar e restaurar (2 Crônicas 34–35). As pessoas fixavam a sua atenção no magnífico prédio (Jeremias 7:4) e elas pensavam tolamente que ter um templo naquele local significava que Deus as protegeria de seus inimigos.

Em vez disso, Jeremias chamou a atenção para o pecado em suas vidas (vv.3,9-10). Deus não se impressiona com belos prédios construídos em Seu nome, se não houver beleza interior nos corações daqueles que os frequentam. Ele não está interessado numa adoração legalista exterior que não se adéqua à santidade interior. É errado pensar que Deus protege as pessoas somente por causa dos atos religiosos que praticam.

Apenas por lermos a Bíblia, orar e ter comunhão com outros cristãos não significa que Deus, de alguma maneira, está obrigado a fazer algo por nós. Ele não pode ser manipulado. O propósito dessas atividades externas é desenvolver o nosso relacionamento com o Senhor e nos ajudar a viver de modo diferente daqueles no mundo ao nosso redor. —CPH

LEMBRE-SE — DEUS NÃO PODE E NÃO SERÁ MANIPULADO.

15 de agosto

ORNAMENTO DA TERRA

Leitura: **Isaías 41:17-20**

Plantarei no deserto o cedro, a acácia, a murta e a oliveira...

—ISAÍAS 41:19

Perto de um dos mais deslumbrantes lugares na natureza que Deus criou há um jardim botânico de beleza inspiradora e admirável. No lado canadense das Cataratas do Niágara fica o *Floral Showhouse* (Exposição de Flores). Dentro da estufa há um grande conjunto de belas flores e plantas exóticas. Além da flora que minha esposa e eu admiramos, algo mais chamou nossa atenção — as palavras expressas num painel.

Dizia o seguinte: "Entrem, amigos, e vejam o agradável trabalho manual de Deus, o ornamento da terra." Que maneira maravilhosa de descrever o modo como nosso Criador favoreceu este globo com uma beleza de cair o queixo!

O "ornamento da terra" inclui toques de Deus numa extensão tão vasta como a selva tropical verdejante do Brasil, a beleza glacial das geleiras do Polo Norte, os campos ondulantes de trigo na América do Norte, e a vasta extensão da fértil savana africana. Essas áreas, como aquelas descritas em Isaías 41, lembram-nos de louvar a Deus por Sua criatividade.

As Escrituras também nos lembram que a maravilha de cada planta em particular faz parte da ação de Deus. Desde o narciso e a rosa (Isaías 35:1) aos lírios (Mateus 6:28), murtas, cipestres e pinheiros (Isaías 49:1-20), Deus traz cores ao nosso mundo com uma esplendorosa demonstração de beleza.

Aprecie a maravilha. Invista algum tempo louvando a Deus pelo "ornamento da terra". —JDB

A CRIAÇÃO ESTÁ CHEIA DE SINAIS
QUE REFLETEM A AÇÃO DO CRIADOR.

16 de agosto

FAÇA VOCÊ MESMO

Leitura: **Marcos 6:30-44**

Porém ele [Jesus] lhes respondeu: Dai-lhes vós mesmos de comer...

—MARCOS 6:37

"Dai-lhes vós mesmos de comer..." (Marcos 6:37). É fácil essas palavras de Jesus passarem despercebidas. Uma multidão havia se reunido para ouvi-lo. Mais tarde naquele mesmo dia, os discípulos ficaram nervosos e começaram a pressionar Jesus para que despedisse a multidão (v.36) "...Dai-lhes vós mesmos de comer..." foi a resposta de Jesus (v.37).

Por que Jesus teria dito isso? Em João 6:6 diz que Ele os estava testando. Será que Jesus queria ver se iriam confiar nele para realizar um milagre? Talvez, parece que Jesus desejava ver Seus discípulos envolvidos em cuidar da multidão. O Senhor queria vê-los pessoalmente envolvidos e trabalhando com Ele e para Ele. Jesus abençoou o que lhe trouxeram — cinco pães e dois peixes — e realizou o milagre de alimentar cinco mil pessoas.

Creio que Jesus usa essas palavras conosco também. Quando surge uma necessidade nas vidas daqueles que estão ao nosso redor, nós levamos isto a Jesus em oração. "Faça você alguma coisa", Jesus diz geralmente. "Mas, Senhor," nós contestamos: "Nós não temos tempo, dinheiro ou energia." É lógico que estamos errados. Quando Jesus pede para nos envolvermos, Ele já sabe como realizará Seu trabalho através de nós.

Precisamos de fé e visão; a habilidade de ver que Deus deseja que sejamos Seus instrumentos, e que Ele suprirá o que precisamos. —RKK

QUANDO DEUS NOS DIZ PARA FAZER, ELE JÁ PLANEJOU OS RECURSOS PARA REALIZARMOS A TAREFA.

17 de agosto

AMIGOS ATÉ DURANTE A NOITE

Leitura: **1 Samuel 20:30-42**

... A alma de Jônatas se ligou com a de Davi; e Jônatas o amou como à própria alma. —1 SAMUEL 18:1

Existe alguém que você poderia chamar no meio da noite se precisasse de ajuda? Ray Pritchard, um professor de ensino bíblico, chama essas pessoas de "amigos das 2h da madrugada". Se você tiver uma emergência, esse tipo de amigo lhe fará duas perguntas: "Onde você está?" e "O que você precisa?".

Amigos assim são cruciais em tempos de dificuldades. Jônatas era esse tipo de amigo para Davi. O pai de Jônatas — o rei Saul, que sentia inveja da popularidade de Davi e da bênção de Deus sobre ele — tentou matá-lo (1 Samuel 19:9-10). Davi escapou e pediu ajuda a seu amigo (capítulo 20). Enquanto Davi escondia-se no campo, Jônatas sentou-se para jantar com seu pai, e logo percebeu que Saul pretendia mesmo matar Davi (vv.24-34).

Devido à sua profunda amizade, Jônatas "...ficou muito sentido por causa de Davi" (v.34). Ele avisou-o do plano de seu pai e disse-lhe para ir embora (vv.41-42). Davi reconheceu que Jônatas era um grande amigo. A Bíblia diz que eles choraram juntos, "...mas Davi chorou mais" (v.41). Suas almas estavam unidas.

Você tem amigos cristãos prestativos com os quais pode contar em tempos de crise? Os seus amigos o chamariam de "amigo das 2h da madrugada"? —AMC

UM VERDADEIRO AMIGO PERMANECE AO NOSSO LADO EM TEMPOS DE AFLIÇÃO.

18 de agosto

PROMESSAS

Leitura: **2 Crônicas 6:1-11**

Porque quantas são as promessas de Deus, tantas têm nele o sim; porquanto também por ele é o amém para glória de Deus...

—2 CORÍNTIOS 1:20

Após uma crise financeira global, o governo dos Estados Unidos decretou leis mais severas para proteger as pessoas contra práticas bancárias duvidosas. Os bancos precisaram mudar algumas de suas diretrizes para sujeitar-se. Para me comunicar tais mudanças, meu banco enviou-me uma carta. Quando cheguei ao final da leitura, tinha mais dúvidas do que certezas. O uso de expressões como "talvez nós" e "em nosso critério" certamente não pareciam com qualquer coisa da qual eu pudesse depender!

Em contraste, no Antigo Testamento Deus diz inúmeras vezes: "Eu farei". Ele promete a Davi: "Farei levantar depois de ti o teu descendente, que procederá de ti, e estabelecerei o seu reino. Este edificará uma casa ao meu nome, e eu estabelecerei para sempre o trono do seu reino" (2 Samuel 7:12-13). Nenhuma incerteza nessas palavras. Reconhecendo a fidelidade de Deus às Suas promessas, o rei Salomão diz em sua oração de dedicação do templo: "...que cumpriste para com teu servo Davi, meu pai, o que lhe prometeste; pessoalmente o disseste e, pelo teu poder, o cumpriste" (2 Crônicas 6:15). Séculos mais tarde, o apóstolo Paulo disse que todas as promessas de Deus "...têm nele [Cristo] o sim" (2 Coríntios 1:20).

Neste mundo de incertezas, nossa confiança está num Deus fiel que sempre manterá Suas promessas. —JAL

A FÉ RECONHECE QUE DEUS SEMPRE CUMPRE O QUE PROMETE.

19 de agosto

A CÂMERA HUMANA

Leitura: **1 João 1:1-5**

... o Espírito Santo [...] vos ensinará [...] e vos fará lembrar-se de tudo o que vos tenho dito. —JOÃO 14:26

Steven Wiltshire, chamado de "a câmera humana", tem uma habilidade fantástica para lembrar-se de pequenos detalhes sobre qualquer coisa que tenha visto e em seguida reproduzi-las em desenhos. Por exemplo, após Steve ter voado sobre a cidade de Roma, pediram-lhe para desenhar o centro da cidade num papel em branco. Surpreendentemente, ele reproduziu de memória, com precisão, as ruas sinuosas, os prédios, as janelas e outros detalhes.

A memória de Wiltshire é notável. Porém há outro tipo de memória que é ainda mais notável — e muito mais vital. Antes de Jesus voltar para o céu, Ele prometeu aos Seus discípulos que enviaria o Espírito Santo para dar-lhes uma memória sobrenatural daquilo que eles tinham experimentado. "Mas o Consolador, o Espírito Santo [...] vos ensinará [...] e vos fará lembrar de tudo o que vos tenho dito" (João 14:26).

Os discípulos ouviram os ensinamentos maravilhosos de Cristo. Eles ouviram-no mandar o cego ver, o surdo ouvir e o morto ressuscitar. Mas quando os escritores dos evangelhos registraram estes eventos, suas palavras não foram um produto de uma memória humana bem dotada. Suas lembranças vieram de um Consolador divino que certificou-se de que os registros sobre a vida de Cristo eram fidedignos.

Creia na Bíblia com confiança. Ela foi escrita com orientação da "câmera divina", o Espírito Santo. —HDF

O ESPÍRITO SANTO USA A PALAVRA DE DEUS PARA ENSINAR O SEU POVO.

20 de agosto

UM INVENTÁRIO DE OBSTÁCULO

Leitura: **2 Coríntios 6:3-10**

Não nos julguemos mais uns aos outros; pelo contrário, tornai o propósito de não pordes tropeço ou escândalo ao vosso irmão.

—ROMANOS 14:13

Encontrar falhas é um passatempo popular e, infelizmente, muitos de nós achamos que é fácil nos juntarmos a essa diversão. A concentração nas imperfeições dos outros é uma grande maneira de nos sentirmos melhor sobre nós mesmos. E este é exatamente o problema. Evitar as falhas que precisam ser corrigidas em nossas vidas não somente retardam nosso crescimento espiritual, mas também impedem o trabalho de Deus através de nós. A atuação de Deus em nossas vidas é realçada ou obstruída pela maneira que vivemos.

Não é de admirar, então, que o apóstolo Paulo tenha feito um esforço concentrado para "...não dando nós nenhum motivo de escândalo em coisa alguma..." (2 Coríntios 6:3). Para ele não havia nada mais importante do que ser usado por Cristo nas vidas de outros. Tudo que atrapalhasse isso era dispensável.

Se você quer ser autêntico e útil para Deus, faça um inventário dos obstáculos. Às vezes, os obstáculos são coisas que em si podem ser legítimas, mas em certos contextos podem ser inapropriados. Mas o pecado é claramente um impedimento para outros. Fofoca, difamação, orgulho, amargura, avareza, abuso, ira, egoísmo e vingança todos esses fecham os corações daqueles à nossa volta para receber a mensagem de Deus através de nós.

Portanto, substitua suas falhas com as formas cativantes de Jesus. Isso irá permitir que outros vejam o Salvador "perfeito" com mais clareza. —JMS

OS CRISTÃOS TÊM MAIOR EFICÁCIA QUANDO SUAS ATITUDES E AÇÕES ESTÃO ALINHADAS ÀS DE JESUS.

21 de agosto

SANTOS

Leitura: **Colossenses 1:1-2**

Aos santos e fiéis em Cristo que se encontram em Colossos...

—COLOSSENSES 1:2

Provavelmente este não é um nome que usaríamos para nós mesmos, mas o apóstolo Paulo seguidamente chamava os cristãos de "santos" no Novo Testamento (Efésios 1:2; Colossenses 1:2). Ele os chamava de santos porque eram perfeitos? Não. Aquelas pessoas eram humanas e, portanto, pecadoras.

O que então ele tinha em mente? A palavra "santo" no Novo Testamento significa que a pessoa era separada para Deus. Descreve as pessoas que têm uma união espiritual com Cristo (Efésios 1:3-6). A palavra é sinônimo de crentes em Jesus (Romanos 8:27) e dos que formam a igreja (Atos 9:32).

Através do poder do Espírito, os santos têm a responsabilidade de viver dignamente o seu chamado. Isto não se limita apenas a não praticar imoralidades sexuais e usar linguagem imprópria (Efésios 5:3-4). Devemos nos revestir dos traços de um novo caráter ao servir uns aos outros (Romanos 16:2) tais como: humildade, bondade, paciência, amor, unidade do Espírito nos laços da paz (Efésios 4:1-3), obediência, e perseverança durante a privação e sofrimento (Apocalipse 13:10; 14:12). No Antigo Testamento, o salmista chamou os santos de "...os notáveis, nos quais tenho todo o meu prazer" (Salmo 16:3).

Nossa união com Cristo nos torna santos, mas nossa obediência à Palavra de Deus através do poder do Espírito Santo nos torna santificados. —MLW

A LUZ DE DEUS BRILHA ATRAVÉS DAQUELES QUE SÃO SANTOS.

22 de agosto

PONDERE SUAS VEREDAS

Leitura: **Provérbios 4:14-27**

Sobre tudo o que se deve guardar, guarda o coração [...] pondera a vereda de teus pés... —PROVÉRBIOS 4:23,26

Karl Rabeder, um austríaco de 47 anos, doou toda a sua fortuna de aproximadamente oito milhões de reais após constatar que a sua riqueza e o esbanjamento o mantinham fora da realidade e felicidade. Ele afirmou numa entrevista: "Sentia que estava trabalhando como escravo para coisas que não desejava e nem precisava. Foi o maior choque da minha vida perceber como o estilo de vida 'cinco estrelas' era horrível, cruel e sem sentimento". Seu dinheiro agora financia instituições de caridade que ele fundou para ajudar pessoas na América Latina.

Provérbios 4 estimula-nos a refletir cuidadosamente sobre o nosso próprio caminho na vida. A passagem contrasta o caminho livre, desimpedido do justo com o caminho escuro e confuso do perverso (v.19). "Então, ele me ensinava e me dizia: Retenha o teu coração as minhas palavras; guarda os meus mandamentos e vive" (v.4). "Sobre tudo o que se deve guardar, guarda o teu coração, porque dele procedem as fontes da vida" (v.23). "Pondera a vereda dos teus pés, e todos os teus caminhos sejam retos" (v.26). Cada versículo nos encoraja a avaliar onde estamos na vida.

Ninguém quer passar pela vida num caminho egoísta e insensível. Mas pode acontecer, a menos que reflitamos para onde estamos indo e peçamos ao Senhor para nos conduzir. Que Ele nos dê graça ainda hoje para aceitarmos a Sua Palavra e o seguirmos de todo o coração. —DCM

VOCÊ ESTÁ NA DIREÇÃO CERTA QUANDO CAMINHA COM DEUS.

23 de agosto

REUNIÃO FELIZ

Leitura: **2 Timóteo 4:1-8**

Aquele que dá testemunho destas coisas diz: Certamente, venho sem demora. Amém! Vem, Senhor Jesus!

—APOCALIPSE 22:20

Alguns anos atrás quando nossos filhos ainda eram pequenos, voei para casa após uma viagem ministerial de dez dias. Naqueles dias as pessoas ainda tinham a permissão de visitar a área de embarque e desembarque para cumprimentar os passageiros que chegavam. Quando meu avião pousou, saí do jato e fui cumprimentado por nossos filhos pequenos — tão felizes de me verem que gritaram e choraram. Olhei para minha esposa, cujos olhos estavam cheios de lágrimas. Eu não conseguia falar. Na área do portão, estranhos também se emocionaram ao ver os nossos filhos abraçando as minhas pernas e expressando suas emoções com choro. Foi um momento maravilhoso.

A lembrança da intensidade daquele momento serve como uma repreensão suave para as prioridades de meu próprio coração. O apóstolo João, desejando ansiosamente o retorno de Jesus, escreveu: "Aquele que dá testemunho destas coisas diz: Certamente, venho sem demora. Amém! Vem, Senhor Jesus!" (Apocalipse 22:20). Em outra passagem, Paulo falou de uma coroa que aguarda aqueles que "...amam a Sua vinda" (2 Timóteo 4:8). Às vezes, não me sinto tão ansioso pelo retorno de Cristo, como meus filhos se sentiram pelo meu.

Jesus é digno do melhor de nosso amor e devoção — e nada na terra deveria ser comparado com o pensamento de vê-lo face a face. Que o nosso amor por nosso Salvador se aprofunde à medida que aguardamos nossa feliz reunião com Ele. —WEC

AQUELES QUE PERTENCEM A CRISTO DEVERIAM ESTAR ANSIOSOS PARA VÊ-LO.

24 de agosto

PÁSSAROS, LÍRIOS E EU

Leitura: **Lucas 12:22-34**

... Por isso, eu vos advirto; não andeis ansiosos pela vossa vida...
—LUCAS 12:22

Nos episódios de um antigo show de televisão, o veterano tenente da polícia sempre dizia aos jovens oficiais quando saíam para as ruas para as tarefas do dia: "Tenham cuidado lá fora!" Era um bom conselho e uma palavra de compaixão porque ele sabia o que poderia acontecer a eles no cumprimento do dever.

Jesus deu um conselho semelhante aos Seus seguidores, mas em termos ainda mais fortes. O livro de Lucas 11 termina de modo sinistro com estas palavras: "Passaram os escribas e fariseus a argui-lo com veemência, procurando confundi-lo com muitos assuntos" (v.53). Na continuação deste relato, Lucas diz que Jesus instruiu compassivamente os Seus discípulos a "tomar cuidado" (12:1), mas a não se preocupar ou terem medo (vv.4-7,22).

Jesus estava prometendo guardar, proteger e lhes cuidar quando saíssem para o mundo. Ele lhes garantiu que por se importar com pequenas coisas como pássaros e lírios, eles poderiam ter a certeza de que Ele cuidaria de Seu "pequeno rebanho" de cristãos (vv.24-32).

Não podemos conhecer o futuro. Mas podemos saber isto: Não importa o que vier, estamos debaixo do amor, cuidado e olhos atentos de nosso grande Pastor, que também é o Filho de Deus! —DCE

SE JESUS SE PREOCUPA COM FLORES E PÁSSAROS,
ELE CERTAMENTE SE IMPORTA COM VOCÊ E COMIGO.

25 de agosto

QUE VENHA!

Leitura: **2 Coríntios 11:22; 12:10**

Fui três vezes fustigado [...]; em naufrágio, três vezes; [...] em perigos [...] em trabalhos e fadigas [...] em fome e sede.

—2 CORÍNTIOS 11:25-27

Um programa de televisão apresentou os aeroportos internacionais com as maiores dificuldades para aterrissagem. O aeroporto que me chamou a atenção não funciona mais, mas é um no qual já estive. Concordo que o Aeroporto Kai Tak de Hong Kong era definitivamente um passeio cheio de emoção para os passageiros e um desafio para os pilotos. Se você viesse de uma direção tinha que voar sobre os arranha-céus e depois esperar que o avião parasse antes de mergulhar no mar. Se viesse de outra direção, dava a sensação de que iria bater contra a montanha.

Fiquei impressionado com um piloto que costumava levar aviões lotados de pessoas para Kai Tak comentar: "Sinto falta de pousar naquele aeroporto." Mas acho que sei o que ele queria dizer. Como piloto, apreciava o desafio. Sua confiança baseava-se em sua habilidade e na dependência dos que o guiavam ao aeroporto.

Muitas vezes, nós fugimos dos desafios. Mas as pessoas sobre as quais amamos ler na Bíblia são impressionantes porque elas enfrentavam os desafios. Pense no apóstolo Paulo. Com a confiança na ajuda de Deus, ele enfrentou os problemas de frente e os venceu. A promessa de Cristo para Paulo e para nós é: "A minha graça te basta, porque o poder se aperfeiçoa na fraqueza" (2 Coríntios 12:9). Com o exemplo de Paulo, confiando no cuidado de Deus, podemos dizer para o próximo desafio: Que venha! —JDB

SE DEUS O ENVIOU PARA CAMINHOS ROCHOSOS,
ELE IRÁ FORNECER-LHE SAPATOS FORTES.

26 de agosto

A BONDADE DO SENHOR

Leitura: **Salmo 119:97-104**

Quanto amo a tua lei!...

—SALMO 119:97

Alguns anos atrás li uma peça literária escrita por Sir James Barrie, um barão inglês. Nesta, ele apresenta um retrato íntimo de sua mãe, que amava profundamente a Deus e Sua Palavra e que, literalmente, leu sua Bíblia até que esta ficou esfarrapada. "É minha agora", Sir James escreveu, "e as linhas pretas com as quais ela a costurou, fazem parte do conteúdo."

Minha mãe também amava a Palavra de Deus. Ela leu e nela meditou durante 60 anos ou mais. Guardo sua Bíblia numa estante em lugar de destaque. Essa também está bem rasgada e gasta. Cada página manchada marcada com seus comentários e reflexões. Quando eu era menino, muitas vezes entrava em seu quarto pela manhã e a encontrava balançando sua Bíblia no colo mergulhando em suas palavras. Ela fez isso até o dia em que não podia mais ver as palavras na página. Mesmo nesta situação sua Bíblia era o livro mais precioso que possuía.

Quando a mãe de Sir James envelheceu, ela não podia mais ler as palavras de sua Bíblia. Mas, seu esposo a colocava em suas mãos diariamente, e ela a segurava reverentemente.

O salmista escreveu: "Quão doces são as tuas palavras ao meu paladar! Mais que o mel à minha boca" (119:103). Você já experimentou a bondade do Senhor? Abra sua Bíblia hoje. —DHR

UMA BÍBLIA BEM LIDA
É SINAL DE UMA ALMA BEM ALIMENTADA.

27 de agosto

UMA PROPOSTA MODESTA

Leitura: **Filipenses 2:1-11**

[Jesus] a si mesmo se humilhou, tornando-se obediente até a morte e morte de cruz. —FILIPENSES 2:8

Quando eu era aluno na faculdade, ouvi inúmeras histórias de noivado. Meus amigos com olhos radiantes contaram sobre restaurantes pomposos, pôr-do-sol no topo das montanhas, passeios em carruagens. Também me lembro de uma história sobre um jovem que apenas lavou os pés de sua namorada. Sua "modesta proposta" provou que ele sabia que a humildade é essencial para um compromisso que dura a vida toda.

O apóstolo Paulo também entendeu a importância da humildade e como ela une as pessoas. Isso é de suma importância no casamento. Paulo aconselha a rejeitarmos os impulsos de "primeiro eu". "Nada seja feito por partidarismo ou vanglória" (Filipenses 2:3). Em vez disso, deveríamos valorizar nossos cônjuges mais do que a nós mesmos, e procurar os interesses deles.

Humildade em ação significa servir nosso cônjuge, e nenhum ato de serviço é pequeno ou grande demais. Afinal, Jesus "humilhou-se [...] até a morte e morte de cruz" (v.8). Sua abnegação demonstrou Seu amor por nós.

O que você pode fazer para servir humildemente a pessoa que ama? Talvez seja algo simples como deixar as couves-de-bruxelas fora do cardápio ou difícil, como cuidar dele durante um longo período de doença. Seja o que for, devemos colocar as necessidades de nosso cônjuge antes das nossas para confirmar nosso compromisso mútuo através da humildade semelhante à de Cristo. —JBS

SE VOCÊ ACHA QUE É POSSÍVEL AMAR DEMAIS, PROVAVELMENTE NÃO AMA O SUFICIENTE.

28 de agosto

FALHA NO DISCIPLINAR

Leitura: **1 Samuel 2:27-36**

Toda disciplina, com efeito, no momento não parece ser motivo de alegria, mas de tristeza; ao depois, entretanto, produz fruto de justiça. —HEBREUS 12:11

Moramos na floresta e recebemos pouca luz solar no verão. Mas amamos tomates frescos e por isso decidi plantá-los em potes e colocá-los em lugares mais ensolarados.

As plantas começaram a crescer imediatamente e muito rápidas. Fiquei muito feliz — até que percebi que seu rápido crescimento era devido aos seus esforços para estar sob a luz solar limitada. Quando finalmente descobri o que estava acontecendo, os pés de tomates estavam pesados demais para aguentar o seu peso. Procurei algumas estacas, levantei as plantas com gentileza, e amarrei-as verticalmente. Embora tentasse ser gentil, um dos galhos quebrou quando tentava arrumá-los.

Isso me fez lembrar que a disciplina deve começar antes do caráter ser permanentemente dobrado ou torcido.

O sacerdote Eli falhou na disciplina de seus dois filhos. Quando a maldade deles se tornou tão ruim que não podia mais ignorá-la, ele tentou a repreensão gentil (1 Samuel 2:24-25). Mas era tarde demais, e Deus anunciou as terríveis consequências: "Julgarei a casa [de Eli] para sempre, pela iniquidade que ele bem conhecia, porque seus filhos se fizeram execráveis, e ele não os repreendeu" (3:13).

É doloroso sermos corrigidos, mas permanecer sem correção, em última instância, ferirá ainda mais. —JAL

O AMOR DE DEUS CONFRONTA E CORRIGE.

29 de agosto

UMA QUESTÃO DE PERSPECTIVA

Leitura: **Êxodo 14:1-14**

... Serei glorificado em Faraó e em todo o seu exército; e saberão os egípcios que eu sou o SENHOR *...* —ÊXODO 14:4

Você é parte do problema ou parte da solução? Se esta questão for apresentada durante uma reunião de negócios, um conselho de igreja ou uma discussão familiar, ela geralmente surgirá de um sentimento de desespero na tentativa de compreender porque alguém age de certa maneira. Mais frequentemente do que não, a resposta é uma questão de perspectiva.

Se estivéssemos entre os israelitas que saíram do Egito após 400 anos de escravidão, talvez tivéssemos visto Faraó como parte do problema — e ele era. Mas Deus viu algo mais.

Inexplicavelmente, o Senhor mandou que Moisés levasse o povo de volta em direção ao Egito e acampasse de costas para o Mar Vermelho, assim Faraó os atacaria (Êxodo 14:1-3). Os israelitas pensaram que iriam morrer, mas Deus disse que Ele iria ganhar glória e honra para si próprio através de Faraó e todo o seu exército, "...e saberão os egípcios que eu sou o SENHOR" (vv.4,17-18).

Quando simplesmente não podemos entender porque Deus permite circunstâncias que ameaçam nos derrubar, é bom lembrar que Ele tem o nosso bem e a Sua glória em mente. Se pudermos dizer: "Pai, por favor, capacita-nos para confiar no Senhor e honrá-lo nesta situação", então estaremos em sintonia com Sua perspectiva e plano. —DCM

A FÉ NOS AJUDA A ACEITAR O QUE NÃO PODEMOS ENTENDER.

30 de agosto

CRISTO VIVENDO EM NÓS

Leitura: **Gálatas 2:15-21**

Combati o bom combate, completei a carreira, guardei a fé. Já agora a coroa da justiça me está guardada. —2 TIMÓTEO 4:7-8

O Triatlo Ironman consiste em 3,8 km de natação, 180 km de ciclismo e 42 km de corrida. Não é uma tarefa fácil de realizar. Mas Dick Hoyt participou da corrida e completou-a com Rick, seu filho com necessidades especiais. Quando Dick nadou, puxou seu filho num barquinho. Quando andou de bicicleta, seu filho o acompanhou num assento da bicicleta. Quando Dick correu, empurrou Rick na cadeira de rodas. Rick dependia de seu pai para terminar a competição. Não poderia tê-la feito sem ele.

Vemos um paralelo entre a história deles e nossa própria vida cristã. Assim como Rick dependia de seu pai, nós dependemos de Cristo para completar nossa corrida cristã.

Enquanto lutamos para viver uma vida que agrade a Deus, percebemos que apesar de nossas melhores intenções e determinação, geralmente tropeçamos e não conseguimos. Isto é impossível somente com nossas forças. Como precisamos da ajuda do Senhor! E ela já foi providenciada. O apóstolo Paulo afirma claramente através destas palavras: "Logo, já não sou eu quem vive, mas Cristo vive em mim; e esse viver que, agora, tenho na carne, vivo pela fé no Filho de Deus" (Gálatas 2:20).

Não podemos terminar a corrida cristã por nossos próprios méritos. Para vencê-la, dependemos da presença de Jesus em nós. —AL

A FÉ CONECTA NOSSA FRAQUEZA À FORÇA DE DEUS.

31 de agosto

ESPÍRITO DE APRENDIZADO

Leitura: **Provérbios 2:1-9**

Não sejas sábio aos teus próprios olhos...

—PROVÉRBIOS 3:7

Um pouco antes do culto em nossa igreja começar, ouvi um jovem no banco de trás conversar com sua mãe. Eles liam, no boletim, sobre o desafio diário de ler um capítulo do livro de Provérbios nos meses de julho e agosto. O jovem perguntou à sua mãe: "O que faremos com o capítulo 31 em agosto, visto que só tem 30 dias?" Ela respondeu que achava que havia 31 dias em agosto. E ele reafirmou: "Não, há somente 30 dias."

Quando chegou o momento do culto em que todos se cumprimentam, virei-me para ele e o cumprimentei. Depois acrescentei: "Agosto realmente tem 31 dias." Ele insistiu: "Não, não tem. Não pode haver dois meses seguidos com 31dias." A música começou, e apenas sorri.

Este pequeno encontro me fez pensar sobre a nossa necessidade de desenvolvermos um espírito de aprendizado, buscando sabedoria além de nossa própria. Em Provérbios 3, a atitude que o pai recomenda ao filho é de humildade: "Não sejas sábio aos teus próprios olhos; teme ao SENHOR..." (v.7). No capítulo 2, ele diz: "...para fazeres atento à sabedoria o teu ouvido [...] como a tesouros escondidos a procurares" (vv.2,4).

Saber se agosto tem 30 ou 31 dias não importa tanto, entretanto é importante ter um espírito desejoso de aprender. Isto nos ajudará a ganhar sabedoria de Deus e dos outros. Ler um capítulo de Provérbios por dia pode ser o começo para cada um de nós. —AMC

A VERDADEIRA SABEDORIA COMEÇA E TERMINA EM DEUS.

1 de setembro

ENCONTRE O LIVRO

Leitura: **2 Reis 22:8–23:3**

... Achei o Livro da Lei na Casa do S*ENHOR* ...

—2 REIS 22:8

Certo domingo, na igreja em que sou pastor, pedi para três crianças que encontrassem vários rolos contendo versículos da Bíblia, que eu havia escondido em nosso local de adoração. Disse-lhes que, quando os encontrassem, deveriam ler em voz alta, e receberiam um prêmio. Vocês precisavam ter visto aquelas crianças! Elas corriam, moviam cadeiras, procuravam debaixo de plantas e dentro de bolsas (com permissão). Sua busca pelos rolos era intensa e cheia de entusiasmo. A procura diligente e a subsequente descoberta dos rolos trouxeram alegria para as crianças, apoio da congregação e um renovado senso de valor da Palavra de Deus.

Em 2 Reis 22–23, lemos como o rei Josias e o povo de Judá redescobriram a alegria e a importância da Palavra de Deus. Durante a restauração do templo, o sumo sacerdote Hilquias encontrou o Livro da Lei. Devia ter sido perdido ou escondido durante o reinado de Manassés. Quando o Livro foi lido para o rei Josias, ele escutou e reagiu (vv.10-11). O rei procurou compreender melhor o Livro da Lei (vv.12-20) e orientou o povo a renovar o seu compromisso à importância deste livro em suas vidas (23:1-4).

Nos dias de hoje, ao contrário de outrora, muitos têm completo acesso à Palavra de Deus. Renovemos o nosso comprometimento de "encontrá-la" e, por meio da leitura diária e do nosso modo de viver, demonstrar sua importância. —MLW

CONHECER CRISTO — A PALAVRA VIVA,
É AMAR A BÍBLIA — A PALAVRA ESCRITA.

2 de setembro

PROBLEMAS COM HERÓIS

Leitura: **Salmo 139:1-14**

Graças te dou, visto que por modo assombrosamente maravilhoso me formaste... —SALMO 139:14

Quando criança, eu tinha um herói: Pete Maravich, um jogador de basquetebol que marcava muitos pontos e manuseava a bola como um mágico.

O problema era o meu desejo de ser como Pete, o qual bloqueava a minha satisfação em ser a pessoa que Deus me fez. Ao perceber que nunca conseguiria jogar como Pete, fiquei desanimado. Por um tempo, até saí da equipe da faculdade, porque não conseguia igualar-me ao seu padrão.

As crianças continuam fazendo esse tipo de coisa. Sentem-se infelizes em ser quem Deus as fez porque se comparam aos seus heróis "perfeitos".

A cantora *gospel* Jonny Diaz reconheceu isso e compôs uma canção chamada "Você a Mais Linda". A canção começa assim: "Garotinha de catorze anos folheando uma revista; ela quer ter aquela aparência." Algumas garotas gostariam de poder ser como a atriz Selena Gomez, da Disney, ou alguma outra atriz, da mesma maneira que eu queria ser como Maravich. Jonny canta: "Não poderia haver uma pessoa mais linda; não compre as mentiras...; você foi feita para cumprir um propósito que só você pode cumprir." Jonny diz aquilo que outro compositor disse sob a inspiração de Deus há milhares de anos: "...[Somos formados] por modo assombrosamente maravilhoso..." (Salmo 139:14).

Deus nos fez da maneira que Ele deseja que sejamos. Creia nisso. Você não poderia ser mais maravilhoso. —JDB

SOMOS LINDAS OBRAS DE ARTE PROJETADAS POR DEUS.

A NECESSIDADE DE LÁGRIMAS

Leitura: **Lucas 19:37-44**

Quando ia chegando, vendo a cidade, chorou.
—Lucas 19:41

Após o terremoto de 2010 no Haiti, todos nós ficamos oprimidos pelas imagens de devastação e dificuldades enfrentadas pelo povo daquela minúscula nação. Das muitas fotos de partir o coração, uma capturou a minha atenção. Ela mostrava uma mulher observando a massiva destruição e chorando. Sua mente não conseguia processar o sofrimento do seu povo e, com seu coração esmagado, lágrimas se derramavam dos seus olhos. Sua reação era compreensível. Às vezes, chorar é a única reação adequada ao sofrimento que encontramos.

Examinando aquela foto, pensei na compaixão do nosso Senhor. Jesus compreendeu a necessidade de lágrimas e também chorou. Mas, Ele chorou devido a um tipo diferente de devastação — a destruição trazida pelo pecado. Ao aproximar-se de Jerusalém, marcada por corrupção e injustiça e pela dor que estas originam, Ele reagiu com lágrimas. "Quando ia chegando, vendo a cidade, chorou" (Lucas 19:41). Jesus chorou movido por compaixão e pesar.

Ao encontrarmos a desumanidade, o sofrimento e o pecado que causam a destruição no nosso mundo, como reagimos? Se Cristo sofre pela degradação do nosso mundo, não deveríamos fazer o mesmo? Não deveríamos fazer todo o possível para sermos diferença àqueles que têm necessidades espirituais ou físicas? —WEC

A COMPAIXÃO OFERECE TUDO QUE É NECESSÁRIO PARA CURAR AS FERIDAS DOS OUTROS.

4 de setembro

MUNDO DE FORMIGAS

Leitura: **2 Timóteo 4:9-18**

Demas, tendo amado o presente século, me abandonou...

—2 TIMÓTEO 4:10

Um dos pontos altos do meu trabalho como presidente de uma faculdade é o dia da formatura. Um ano, ao caminhar para a cerimônia de graduação, estava animado por pensar que nossos formandos estavam prontos para sair incumbidos de espalhar pelo mundo o conhecimento sobre o poder transformador do reino de Cristo. No caminho, percebi algumas diligentes formigas ocupando-se da sua rotina. Pensei: "Há coisas muito maiores acontecendo do que a construção de montes de terra!"

É fácil, para nós, nos perdermos no "mundo de formigas" — tão ocupados com nossas rotinas, que perdemos a alegria de nos envolver pessoalmente com o restante do grande trabalho de Deus ao redor do mundo. A atuação do Espírito está varrendo a América do Sul, milhares na África estão encontrando Cristo diariamente, os cristãos perseguidos estão aumentando e a costa asiática está latejante com o pulsar do evangelho! Esses pensamentos chegam a capturar o seu coração? Sua vida de oração? Seu talão de cheques?

Nossa preocupação com coisas de pouca importância traz-me à mente o relato de Paulo, de que "...Demas, tendo amado o presente século, me abandonou..." (2 Timóteo 4:10). Fico imaginando se Demas se arrependeu por abandonar o evangelho e preferir os montes de terra deste mundo.

Saiamos do "mundo de formigas" e engajemos os nossos corações e vidas na difusão do evangelho de Jesus Cristo. —JMS

NÃO PERMITA QUE AS PEQUENAS DISTRAÇÕES O AFASTEM DO TRABALHO MAIOR DE DEUS AO REDOR DO MUNDO.

5 de setembro

O TRABALHO É BOM

Leitura: **Gênesis 1:26-31**

Disse Deus: Façamos o homem à nossa imagem, conforme a nossa semelhança… —GÊNESIS 1:26

Alguns cristãos crescem acreditando que o trabalho é ruim; uma maldição trazida pelo pecado de Adão e Eva. Se não corrigida, essa crença enganosa pode fazer as pessoas sentirem que sua atuação diária em seus empregos não é importante para Deus, ou, no mínimo, não tão importante quanto o trabalho de missionários e pastores. Como nos ensina o livro de Gênesis 1:26-31, isso é uma inverdade.

Primeiro, aprendemos que o próprio Deus trabalha; como demonstra a criação e o fato de que Ele descansou no sétimo dia. Depois, descobrimos que fomos feitos à Sua imagem (v.26) e que recebemos o domínio sobre a criação. Isso implica que devemos trabalhar para cuidar da criação. Claramente, o cuidado da criação de Deus é trabalho — trabalho nobre, pois Deus olhou para os Seus trabalhos e os declarou muito bons (v.31).

Também não nos pode passar despercebido que aquele trabalho foi declarado bom antes de o pecado entrar em cena. Em outras palavras, o trabalho não é uma consequência da queda e, portanto, não é maldição. Encontramos essa ideia novamente em Gênesis 2, quando Deus "Tomou […] ao homem e o colocou no jardim do Éden para o cultivar e o guardar" (v.15).

Abordemos o trabalho de cada dia — seja num emprego ou fazendo outra atividade para ajudar nossa família, com a consciência da dignidade e nobreza que Deus lhe concedeu na criação. —RKK

DEUS, CONCEDA-ME TRABALHO ATÉ MINHA VIDA FINDAR — E VIDA ATÉ MEU TRABALHO FINDAR.

6 de setembro

MENSURANDO O CRESCIMENTO

Leitura: **Efésios 4:1-16**

Até que todos cheguemos à unidade da fé e [...] à medida da estatura da plenitude de Cristo. —EFÉSIOS 4:13

Quando um aluno do Ensino Médio tentou usar um termômetro para medir uma mesa, seu professor ficou boquiaberto. Em 15 anos de ensino, Dave havia visto muitas situações tristes e chocantes. Mas, até ele ficou estupefato por um aluno do Ensino Médio chegar a tal ponto, sem saber a diferença entre uma régua e um termômetro.

Quando um amigo me contou esta história, meu coração se compadeceu daquele estudante e de outros como ele, que ficaram tão para trás nos estudos. Eles não conseguem avançar porque ainda não aprenderam as lições básicas do cotidiano.

Então, veio-me um pensamento moderador: Não é verdade que, às vezes, fazemos o mesmo quando utilizamos dispositivos errados de mensuração espiritual? Por exemplo, presumimos que igrejas com maior quantidade de recursos são as mais abençoadas por Deus? E alguma vez já pensamos que os pregadores de sucesso são mais dedicados que aqueles com poucos seguidores?

A medida adequada da nossa condição espiritual é a qualidade das nossas vidas, que é mensurada por atributos como humildade, mansidão e longanimidade (Efésios 4:2), "...suportando-vos uns aos outros em amor" (v.2) é uma boa indicação de que estamos nos movendo em direção à meta de Deus para nós: "...à medida [...] da plenitude de Cristo" (v.13). —JAL

NOSSO AMOR POR DEUS PODE SER MENSURADO PELO NOSSO AMOR PELOS OUTROS.

7 de setembro

FOCO EM EQUIDADE

Leitura: **Provérbios 1:1-9**

Aborrecei o mal, e amai o bem, e estabelecei na porta o juízo.

—AMÓS 5:15

Durante os últimos 135 anos do beisebol profissional nos EUA, somente 20 arremessadores fizeram jogadas perfeitas. Em 2 de junho de 2010, Armando Galarraga da equipe de Detroit Tigers teria sido o número 21, mas um erro do árbitro lhe negou o sonho de todo arremessador. O *replay* do vídeo mostrou a verdade. Mesmo o árbitro tendo, depois, reconhecido seu erro e se desculpado com Galarraga, a decisão tomada em campo não podia ser alterada.

Em todo o tempo, Galarraga permaneceu calmo, expressou compreensão pelo árbitro e nunca o criticou. Armando recusou-se a retaliar e surpreendeu fãs, jogadores e repórteres esportivos.

Se insistirmos em receber tratamento justo, poderemos nos sentir irritados e frustrados. Mas, quando aceitamos a sabedoria da Bíblia, procuramos o bem-estar dos outros. O livro de Provérbios nos conclama "...para entender as palavras de inteligência, para obter o ensino do bom proceder, a justiça, o juízo e a equidade" (1:2-3). Sobre as nossas disputas pessoais, Oswald Chambers disse o seguinte: "Nunca busque justiça, mas nunca cesse de concedê-la; e nunca permita que algo em seu caminho estrague o seu relacionamento com os homens por meio de Jesus Cristo."

Quando somos submetidos à injustiça, é nosso privilégio e responsabilidade, como seguidores de Cristo, reagir com honestidade e integridade, fazendo o que é correto, justo e reto. —DCM

A VIDA NÃO É JUSTA, MAS DEUS É SEMPRE FIEL.

8 de setembro

O RELÓGIO DO VOVÔ

Leitura: **Salmo 90:1-12**

Ensina-nos a contar os nossos dias, para que alcancemos coração sábio. —SALMO 90:12

Em 1876, Henry Clay Work escreveu a canção *My Grandfather's Clock* (O Relógio do Meu Avô). A canção descreve o relógio do avô, que funcionou fielmente ao longo da vida do seu proprietário. Infância, vida adulta e idade avançada são vistas em relação ao amado contador de tempo. O refrão diz:

Noventa anos sem dormitar, tique, taque.
Enumerando os segundos da vida, tique, taque.
Mas parou, e não mais funcionou,
quando o velho homem não mais respirou.

Os tique-taques nos lembram que o tempo na terra é limitado. A despeito das alegrias e dores da vida, o tempo avança. Para o cristão, o tempo nesta terra é a oportunidade de adquirir sabedoria. O salmista escreve: "Ensina-nos a contar os nossos dias, para que alcancemos coração sábio" (Salmo 90:12).

Uma maneira de contar os nossos dias é nos questionarmos: Como posso tornar-me mais semelhante a Cristo? Estou lendo a Palavra regularmente? Estou dedicando tempo à oração? Tenho comunhão com os outros cristãos? Nossas respostas a tais perguntas indicam o progresso que estamos fazendo em adquirir sabedoria e nos tornarmos mais semelhantes a Cristo.

Independente da fase da vida; infância, juventude, meia-idade ou velhice — a vida nos concede oportunidades de crescer em fé e sabedoria. Portanto, contar os nossos dias é a sábia resposta ao inevitável progresso da vida.

Como você está progredindo em sua jornada? —HDF

NÃO DESPERDICE O SEU TEMPO — INVISTA-O.

9 de setembro

VOCÊ NUNCA SABE

Leitura: **Marcos 4:26-32**

A terra por si mesma frutifica…

—MARCOS 4:28

Durante meus anos de seminário, dirigi um acampamento diurno de verão para meninos e meninas na Associação Cristã de Moços (ACM). Em cada manhã, iniciávamos o dia com uma breve história, na qual eu procurava incorporar um elemento do evangelho.

Para ajudar a ilustrar que o tornar-se um cristão significava tornar-se uma nova criatura em Cristo, contei uma história sobre um alce que queria ser um cavalo. O alce havia visto uma manada de cavalos selvagens, achara-os criaturas elegantes e desejava ser como eles. Assim, ensinou a si mesmo como portar-se como um cavalo. Contudo, ele nunca foi aceito como um cavalo porque era... bem, um alce. Como um alce pode transformar-se num cavalo? Somente nascendo cavalo, é claro. Depois, eu explicava como podemos nascer novamente crendo em Jesus.

Certo verão, tive um conselheiro de equipe, chamado Henry, que era muito hostil à fé. Tudo que eu podia fazer era respeitá-lo e orar por ele, mas no final do verão ele foi embora, endurecido e descrente. Já se passaram mais de 50 anos. Alguns anos atrás, recebi uma carta de Henry. A primeira sentença dizia: "Escrevo para contar que nasci novamente e agora, finalmente, sou um 'cavalo'". Isso confirma que precisamos continuar orando e plantando a semente da Palavra (Marcos 4:26), para que ela possa, um dia, frutificar. —DHR

NÓS PLANTAMOS A SEMENTE — DEUS PRODUZ A COLHEITA.

10 de setembro

BONS VIZINHOS

Leitura: **Hebreus 13:1-6**

Sede misericordiosos, como também é misericordioso vosso Pai.

—LUCAS 6:36

Quando o espaço aéreo dos EUA foi fechado após os ataques de 11 de setembro de 2001, os aviões tiveram de pousar no aeroporto disponível mais próximo. Quase 40 aviões pousaram em Gander, Terra Nova. Repentinamente, essa pequena comunidade canadense quase dobrou de tamanho, à medida que milhares de passageiros assustados desembarcavam. As pessoas abriram seus lares e as autoridades converteram escolas, alojamentos, igrejas e salões de convenção em abrigos. Os passageiros, sem ter para onde ir, ficaram impressionados com a generosidade e gentileza da recepção.

As pessoas de Gander demonstraram o tipo de amor descrito em Hebreus 13: "Não negligencieis a hospitalidade, pois alguns, praticando-a, sem o saber acolheram anjos" (v.2). Provavelmente, isso se refere a Abraão quando ele acolheu três homens que vieram dizer-lhe que ele logo teria um filho (Gênesis 18:1-16). Dois dos "homens" eram anjos e um era o Anjo do Senhor. O comentarista bíblico F. F. Bruce diz sobre Abraão: "Dentre os judeus, Abraão era considerado notável por sua hospitalidade e por suas outras virtudes; um verdadeiro filho de Abraão também precisa ser hospitaleiro."

Deus convoca os cristãos para demonstrar seu amor e sua gratidão a Ele em suas boas obras de hospitalidade e compaixão.

De que maneira você responderá ao Seu chamado hoje? —AMC

O AMOR CRISTÃO É VISTO NAS BOAS OBRAS.

11 de setembro

A MISERICÓRDIA DE DEUS

Leitura: **Salmo 31:9-15**

Compadece-te de mim, SENHOR, porque me sinto atribulado; de tristeza os meus olhos se consomem, e a minha alma e o meu corpo.

—SALMO 31:9

Hoje recorda-se o aniversário dos ataques terroristas nos EUA em 11 de setembro de 2001. É difícil pensar nessa data sem ter imagens mentais da destruição, do luto e da perda que varreram os EUA e o mundo após aqueles trágicos eventos. A perda de milhares de vidas foi agravada pela extensão dos prejuízos corporativos — e no país, a sensação de que tínhamos perdido a segurança. A dor da perda, pessoal e corporativa, sempre acompanhará a memória dos acontecimentos daquele dia.

Aqueles horríveis acontecimentos não são as únicas memórias dolorosas do dia 11 de setembro. Eles também marcam o aniversário da morte do meu sogro. Em nossa família e em seu círculo de amigos, sentimos profundamente a perda de Jim.

Independente do tipo de tristeza que sentimos, só existe um conforto verdadeiro — a misericórdia de Deus. Em sua dor, Davi clamou ao seu Pai celestial: "Compadece-te de mim, SENHOR, porque me sinto atribulado; de tristeza os meus olhos se consomem, e a minha alma e o meu corpo" (Salmo 31:9). Somente na misericórdia de Deus podemos encontrar conforto para nossa dor e paz para nossos corações atribulados.

Em todas as perdas, podemos voltar-nos ao verdadeiro Pastor, Jesus Cristo, que sozinho pode curar nosso quebrantamento e nossa tristeza.

—WEC

QUANDO DEUS PERMITE O SOFRIMENTO,
ELE TAMBÉM CONFORTA.

12 de setembro

ABENÇOADA SEGURANÇA

Leitura: **2 Coríntios 5:1-10**

Estamos em plena confiança, preferindo deixar o corpo e habitar com o Senhor. —2 CORÍNTIOS 5:8

Ao conversar com um senhor cuja esposa havia falecido, ele compartilhou comigo algo que um amigo lhe havia dito: "Lamento a perda da sua esposa", ao que ele respondeu: "Eu não a perdi; sei exatamente onde ela está."

Para alguns, isso pode parecer uma afirmação bastante ousada ou até irreverente. Com tantas teorias sobre a vida após a morte, alguém poderia imaginar como podemos ter verdadeira certeza de para onde nossos entes queridos vão após a morte, para não falar em para onde nós mesmos iremos.

Contudo, a confiança é um sentimento bem adequado aos cristãos. Temos a segurança, dada pela Palavra de Deus, de que, ao morrermos, iremos imediatamente estar com o nosso Senhor (2 Coríntios 5:8). Felizmente, isso é mais do que um simples pensamento positivo. Está fundamentado na realidade histórica de Jesus, que veio e morreu para cancelar a nossa penalidade pelo pecado, para que pudéssemos receber a vida eterna (Romanos 6:23). Portanto, Ele nos provou que existe vida após a morte ao deixar o Seu túmulo e ascender ao céu, onde, como prometera, está preparando um lugar para nós (João 14:2).

Sendo assim, rejubile-se! Como os benefícios desta realidade estão fora deste mundo, podemos dizer ousadamente, com Paulo, que "...estamos em plena confiança, preferindo deixar o corpo e habitar com o Senhor" (2 Coríntios 5:8). —JMS

PARA O CRISTÃO, A MORTE SIGNIFICA O CÉU, A FELICIDADE E O ENCONTRO COM JESUS.

13 de setembro

AMNÉSIA DE CARÁTER

Leitura: **Jó 1:13-22**

Havia um homem [...] homem íntegro e reto, temente a Deus e que se desviava do mal. —JÓ 1:1

Parece que os jovens da China estão começando a esquecer como escrever os caracteres que constituem a linda caligrafia do seu tradicional idioma. Alguns estão chamando o fenômeno de "amnésia de caracteres". O uso maciço de computadores e *smart phones* significa, frequentemente, que a escrita é negligenciada e alguns podem esquecer-se dos caracteres que aprenderam na infância. Um jovem disse: "As pessoas não escrevem mais nada à mão, exceto [seus] nomes e endereços".

Algumas pessoas parecem ter uma "amnésia de caráter" diferente. Quando confrontadas com um dilema, parecem "esquecer" a coisa certa a fazer e em vez disso, escolhem a saída mais fácil.

Deus chamou Jó "...homem íntegro e reto, temente a Deus e que se desvia do mal" (Jó 1:8). Deus permitiu que Satanás tirasse tudo que Jó possuía — seus filhos, sua riqueza e sua saúde. Mas, a despeito das suas circunstâncias de cortar o coração, Jó recusou-se a amaldiçoar Deus. "Em tudo isto Jó não pecou, nem atribuiu a Deus falta alguma" (v.22). Satanás havia contestado a afirmação de Deus sobre o caráter isento de culpa de Jó, mas comprovou-se que ele estava errado.

Amnésia de caráter? Não. Caráter é o que somos; não é algo que "esquecemos". Quem perde o caráter faz uma escolha. —CHK

SE A RIQUEZA ACABA, POUCO SE PERDE; SE A SAÚDE, ALGO SE PERDE. SE FOR O CARÁTER, TUDO SE PERDE!

14 de setembro

SUBINDO AO TOPO

Leitura: **1 Samuel 15:17-30**

Nada façais por partidarismo ou vanglória...

—FILIPENSES 2:3

“Não tem ambição.” Essa não é uma frase que você deseja ver na sua avaliação de desempenho. Quando se trata de trabalho, os empregados sem ambição raramente atingem o topo de uma organização. Sem o forte desejo de atingir alguma coisa, nada se faz.

A ambição, porém, tem um lado escuro. Frequentemente, tem mais a ver com elevar-se do que realizar algo nobre para outros.

Muitos reis de Israel, inclusive o primeiro, Saul, começou com humildade, mas, gradualmente, passou a considerar sua posição como algo que lhe pertencia. Esqueceu-se de que tinha uma delegação especial de Deus para conduzir Seu povo eleito de maneira a mostrar às outras nações o caminho para Deus. Quando Deus o desobrigou do dever, a única preocupação de Saul foi consigo mesmo (1 Samuel 15:30).

Num mundo em que, frequentemente, a ambição compele os indivíduos a fazer o que for necessário para galgar posições de poder em detrimento de outros, Deus conclama o Seu povo para um novo modo de vida. Não devemos ser movidos por ambição egoísta (Filipenses 2:3), mas deixar de lado o peso do pecado que nos ilude (Hebreus 12:1).

Se você quiser ser alguém que verdadeiramente “sobe”, tenha como ambição amar e servir a Deus humildemente de todo o seu coração, alma, mente e força (Marcos 12:30). —JAL

A AMBIÇÃO É MÍOPE
SE O NOSSO FOCO NÃO ESTIVER EM DEUS.

LEVANTAMENTO DE PESO

Leitura: **Mateus 11:25-30**

Vinde a mim, todos os que estais cansados e sobrecarregados…

—MATEUS 11:28

Um dia, encontrei meu filho esforçando-se para levantar um par de halteres de dois quilos acima da cabeça — um feito ambicioso para uma criança pequena. Ele os tinha levantado apenas alguns centímetros acima do chão, mas os seus olhos estavam determinados e sua face estava corada pelo esforço. Ofereci ajuda e, juntos, levantamos o peso em direção ao teto. O que era tão difícil para ele era fácil para mim.

Jesus tem essa perspectiva sobre as coisas que para nós são difíceis. Quando a vida parece um carrossel de catástrofes, Jesus não se intimida por uma pequena batida de automóvel, não se perturba por uma dor de dente ou se incomoda por uma discussão acalorada — mesmo que tudo isso aconteça num único dia! Ele pode cuidar de qualquer coisa, por isso disse: "Vinde a mim, todos os que estais cansados e sobrecarregados..." (Mateus 11:28).

Você está desgastado por contínuos problemas? Sente o peso da tensão e preocupação? Jesus é a única solução verdadeira. Aproximarmo-nos do Senhor em oração permite que lancemos nossa carga sobre Jesus, para que Ele possa nos sustentar (Salmo 55:22). Hoje, peça a Ele para ajudá-lo com tudo. Ajudando a levar a sua carga, Jesus pode dar descanso à sua alma, porque o Seu jugo é suave e o Seu fardo é leve (Mateus 11:29-30). —JBS

A ORAÇÃO É O LUGAR EM QUE OS FARDOS TROCAM DE OMBROS.

16 de setembro

SEJA UM ESCUDEIRO

Leitura: **1 Samuel 14:1-14**

... Faze tudo segundo inclinar o teu coração; eis-me aqui contigo, a tua disposição será a minha. —1 SAMUEL 14:7

Os israelitas e os filisteus estavam em guerra. Enquanto Saul relaxava sob um pé de romã com seus homens, Jônatas e seu escudeiro saíram do acampamento silenciosamente para ver se o Senhor operaria em seu favor, crendo que "...para o SENHOR nenhum impedimento há de livrar com muitos ou com poucos" (1 Samuel 14:6).

Jônatas e seu ajudante estavam a ponto de cruzar um caminho entre dois penhascos altos. Soldados inimigos armados estavam posicionados acima deles nos dois lados. Eles eram dois homens contra um número incalculável. Quando Jônatas sugeriu que escalassem para atacar o inimigo, o escudeiro nunca vacilou. "...Faze tudo segundo inclinar o teu coração", disse ele a Jônatas. "Eis-me aqui contigo, a tua disposição será a minha" (v.7). Assim, os dois escalaram o penhasco e, com a ajuda de Deus, venceram o inimigo (vv.8-14). Temos de admirar esse corajoso jovem escudeiro. Ele arrastou a armadura penhasco acima e permaneceu com Jônatas, seguindo-o e matando os que Jônatas feria.

A igreja necessita de líderes fortes para enfrentar nossos inimigos espirituais, mas eles não podem ser deixados sozinhos para enfrentá-los. Eles precisam da ajuda e do apoio de todos da congregação — leais "escudeiros" como você e eu, desejosos de juntar-se a eles em batalha contra o "inimigo das nossas almas". —DCE

OS LÍDERES TÊM SEU MELHOR DESEMPENHO QUANDO AS PESSOAS LHES DÃO APOIO.

17 de setembro

SEM RÉ

Leitura: **Êxodo 16:1-12**

... à tarde, sabereis que foi o SENHOR quem vos tirou da terra do Egito. —ÊXODO 16:6

Quando a vi pela primeira vez, apaixonei-me por ela. Ela era uma beleza. Lustrosa. Limpa. Radiante. Assim que vi aquela máquina, um *Ford Thunderbird* 1962, na loja de carros usados, seu exterior lustroso e seu interior imbatível me acenaram. Sabia que aquele era o carro para mim. Então, desembolsei 800 dólares e comprei meu primeiro carro.

Mas, um problema espreitava no interior do meu bem mais valioso. Alguns meses depois de eu ter comprado meu *T-Bird*, de repente ele começou a determinar para onde eu podia ir. Ele me permitia andar para frente, mas não para trás, pois não tinha marcha a ré.

Embora não ter marcha a ré num carro seja um problema, às vezes é bom sermos um pouco como meu velho *T-Bird*. Precisamos manter-nos seguindo adiante — sem a possibilidade de engatar a marcha a ré na vida. Em nosso caminhar com Jesus, precisamos recusar-nos a retroceder. Paulo disse de maneira simples: precisamos "...prosseguir para o alvo" (Filipenses 3:14).

Talvez os filhos de Israel pudessem ter usado o sistema de transmissão do meu *T-Bird*. Lemos em Êxodo 16 que eles corriam o risco de colocar a vida em marcha a ré. A despeito dos muitos milagres que Deus havia feito, eles tinham saudade do Egito e não confiaram que Ele podia guiá-los adiante.

Precisamos seguir em frente em nossa caminhada com Deus. Não volte para trás. Olhe à frente. Acelere. —JDB

AO ENFRENTAR UMA CRISE,
CONFIE EM DEUS E SIGA EM FRENTE.

18 de setembro

PAPAI!

Leitura: **2 Reis 19:10-19**

Inclina, ó S*ENHOR, o ouvido e ouve;*
abre, S*ENHOR, os olhos e vê...* —2 REIS 19:16

Tiago, de 20 meses de idade, conduzia sua família confiantemente através dos corredores de sua grande igreja. Seu pai olhava o tempo todo para Tiago enquanto este dava seus passos vacilantes através da multidão de "gigantes". De repente, o garotinho entrou em pânico porque não conseguia ver seu pai. Ele parou, olhou ao redor e começou a chorar: "Papai, Papai!". Seu pai aproximou-se rapidamente dele e o pequeno Tiago lhe estendeu a mão, e papai segurou com firmeza. Imediatamente, Tiago tranquilizou-se.

O segundo livro de Reis conta a história do rei Ezequias, que clamou a Deus por ajuda (19:15). Senaqueribe, o rei da Assíria, havia ameaçado Ezequias e o povo de Judá, dizendo "...Não te engane o teu Deus, em quem confias [...] Já tens ouvido o que fizeram os reis da Assíria a todas as terras, como as destruíram totalmente; e crês tu que te livrarias?" (vv.10-11). O rei Ezequias buscou o Senhor e orou por livramento "...para que todos os reinos da terra saibam que só tu és o SENHOR Deus" (vv.14-19). Em resposta à sua oração, o anjo do Senhor feriu o inimigo e Senaquerib retirou-se (vv.20-36).

Se você está numa situação em que necessita da ajuda de Deus, eleve sua mão a Ele em oração. Ele prometeu o Seu conforto e ajuda (2 Coríntios 1:3-4; Hebreus 4:16). —AMC

FREQUENTEMENTE, A ALVORADA DE LIVRAMENTO DE DEUS CHEGA QUANDO A PROVAÇÃO É A MAIS ESCURA.

19 de setembro

ALTOS E BAIXOS

Leitura: **Eclesiastes 3:1-8**

Tempo de chorar e tempo de rir; tempo de prantear e tempo de saltar de alegria. —ECLESIASTES 3:4

A maioria de nós concordaria que a vida tem seus altos e baixos. O sábio rei Salomão cria nisso e refletiu sobre as nossas reações às circunstâncias agitadas. Em Eclesiastes, ele escreveu: "Tudo tem o seu tempo determinado, e há tempo para todo propósito debaixo do céu: [...] tempo de chorar e tempo de rir; tempo de prantear e tempo de saltar de alegria" (3:1-4).

O pai de Salomão, Davi, foi chamado um homem segundo o coração de Deus (1 Samuel 13:14; Atos 13:22). Contudo, a vida de Davi ilustra como a vida é cheia de temporadas de altos e baixos. Davi chorou sobre seu primeiro filho com Bate-Seba, fatalmente enfermo (2 Samuel 12:22). Contudo, ele também escreveu canções de louvor e júbilo (Salmo 126:1-3). Com a morte de seu filho rebelde, Absalão, o rei Davi passou por um tempo de profundo pesar (2 Samuel 18:33). E, quando a arca foi trazida a Jerusalém, Davi, em êxtase espiritual, dançou perante o Senhor (2 Samuel 6:12-15).

Fazemos um desserviço a nós mesmos e aos outros ao retratarmos a vida cristã como pacífica e feliz o tempo todo. Em vez disso, a Bíblia descreve a vida do cristão com temporadas de altos e baixos. Em qual temporada você está? Seja um tempo de alegria ou de tristeza, cada temporada deve motivar-nos a buscar o Senhor e confiar nele. —HDF

CADA TEMPORADA PRECISA DE FÉ
PARA QUE POSSAMOS ATRAVESSÁ-LA.

20 de setembro

VOCÊ ESTÁ PRONTO?

Leitura: **2 Pedro 3:1-13**

Não retarda o Senhor a sua promessa...

—2 PEDRO 3:9

Muitos se recordarão do outono de 2008 (primavera no hemisfério sul) como o início da pior crise financeira desde a Grande Depressão de 1929. Nos meses que se seguiram, muitos perderam seus empregos, moradias e investimentos. Numa entrevista à BBC um ano depois, Alan Greenspan, ex-diretor do Banco Central dos EUA, afirmou que as pessoas, em geral, não acreditam que isso possa ocorrer novamente. Ele disse: "Essa é a insaciável capacidade dos seres humanos, que ao serem confrontados com longos períodos de prosperidade, presumem que esta continuará."

Supor que as coisas continuarão como sempre foram não é um pensamento exclusivo do século 21. No primeiro século, Pedro escreveu sobre os que pensavam que a vida continuaria como era e que Jesus não voltaria. Ele disse: "...desde que os pais dormiram, todas as coisas permanecem como desde o princípio da criação" (2 Pedro 3:4). Jesus disse que voltaria, mas as pessoas continuaram a viver em desobediência, como se Ele nunca fosse voltar. Mas, a Sua demora se deve apenas à paciência de Deus conosco, pois Ele "...não quer que nenhum pereça, senão que todos cheguem ao arrependimento" (v.9).

Paulo nos diz que os cristãos devem viver "...sensata, justa e piedosamente..." à luz do esperado retorno de Cristo (Tito 2:12). Você está pronto para encontrá-lo? —CPH

JESUS PODE VIR A QUALQUER MOMENTO;
POR ISSO, DEVEMOS ESTAR SEMPRE PREPARADOS.

21 de setembro

UMA AULA SOBRE CHORO

Leitura: **Apocalipse 21:1-7**

Bem-aventurados os que choram, porque serão consolados.

—MATEUS 5:4

Você já teve seu coração partido? O que o partiu? Crueldade? Fracasso? Infidelidade? Perda? Talvez você já tenha se escondido num lugar escuro para chorar.

Chorar é bom. "As lágrimas são a única cura para o choro", disse o pregador escocês George MacDonald. Um pouco de choro nos faz bem.

Jesus chorou no túmulo de Seu amigo Lázaro (João 11:35) e chora conosco (v.33). Seu coração também se partiu. Nossas lágrimas atraem a benignidade e o terno cuidado do nosso Senhor. Ele conhece nossas noites agitadas e insones. Seu coração dói por nossa causa quando pranteamos. Ele é o "...Deus de toda consolação [...] que nos conforta em toda a nossa tribulação..." (2 Coríntios 1:3-4). E Ele usa Seu povo para confortar uns aos outros.

Mas, as lágrimas e a nossa necessidade de sermos confortados retornam com muita frequência nesta vida. Conforto no presente não é a resposta final. Haverá no futuro um dia em que não teremos morte, tristeza ou choro, "...porque as primeiras cousas passaram" (Apocalipse 21:4). Lá no céu, Deus enxugará todas as lágrimas. Nosso Pai nos quer tão bem, que será Ele quem enxugará as lágrimas dos nossos olhos; Ele nos ama muito profunda e pessoalmente.

Lembre-se, "Bem-aventurados os que choram, porque serão consolados" (Mateus 5:4). —DHR

DEUS SE PREOCUPA E SOFRE CONOSCO
EM NOSSAS TRISTEZAS.

22 de setembro

ALÉM DO *STATU QUO*

Leitura: **João 5:35-47**

Contudo, não quereis vir a mim para terdes vida.

—JOÃO 5:40

Dr. Jack Mezirow, professor emérito da Universidade de Columbia, EUA, acredita que um elemento essencial do aprendizado do adulto é desafiar nossas próprias percepções arraigadas e examinar criticamente os nossos discernimentos. Em renomado jornal americano, o dr. Mezirow afirma que os adultos aprendem melhor quando são confrontados com o que ele chama de "dilema desorientador" — algo que "o ajuda a refletir criticamente sobre as premissas adquiridas". Isto é o oposto de dizer "Minha decisão está tomada — não me confunda com os fatos."

Quando Jesus curou no sábado, Ele desafiou as crenças arraigadas de muitos líderes religiosos, que tentaram silenciá-lo (João 5:16-18). Jesus lhes disse: "Examinais as Escrituras, porque julgais ter nelas a vida eterna, e são elas mesmas que testificam de mim. Contudo, não quereis vir a mim para terdes vida" (vv.39-40).

Oswald Chambers observou: "Deus tem uma maneira de trazer fatos que perturbam as doutrinas de um homem, quando estas atrapalham o Seu acesso à sua alma."

Experiências inquietantes que nos fazem questionar nossas premissas sobre o Senhor também podem levar-nos a compreensão e confiança mais profunda nele — se estivermos dispostos a repensar e aproximarmo-nos dele. —DCM

"A VIDA NÃO QUESTIONADA NÃO MERECE SER VIVIDA."

—SÓCRATES

23 de setembro

ASSUNTO SÉRIO

Leitura: **Salmo 96:1-13**

... Reina o S*ENHOR. Ele firmou o mundo para que não se abale e julga os povos com equidade.* —SALMO 96:10

Recentemente, fui convocado a participar de um júri. Isso significou uma extraordinária inconveniência, e muita perda de tempo, mas também era assunto sério. Durante a orientação, no primeiro dia, o juiz nos fez uma preleção sobre a responsabilidade depositada em nossas mãos e a importante natureza da tarefa. Teríamos de julgar pessoas em contendas civis ou acusadas de crimes. Senti um enorme senso de inadequação para a tarefa. Emitir julgamento sobre outra pessoa, com sérias consequências sobre a vida, dependendo da decisão, não é simples. Por sermos seres humanos falhos, nem sempre podemos fazer os julgamentos corretos.

Embora os sistemas de justiça do nosso mundo possam ser difíceis e vacilantes devido às falhas inerentes aos seres humanos que os administram, podemos sempre confiar em nosso Deus, que é insuperável em sabedoria e justiça. O salmista cantou: "...Reina o SENHOR. Ele firmou o mundo para que não se abale e julga os povos com equidade" (Salmo 96:10). Deus julga segundo a Sua retidão — definida por Sua justiça perfeita e caráter imaculado.

Podemos confiar em Deus agora, e também quando a vida parece injusta, sabendo que, um dia, Ele endireitará todas as coisas em Seu juízo final (2 Coríntios 5:10). —WEC

UM DIA, DEUS CORRIGIRÁ TODO O MAL.

24 de setembro

DE MAL A PIOR

Leitura: **Êxodo 5:1-14,22-23**

... eu sou o SENHOR, *e vos tirarei de debaixo das cargas do Egito [...] e vos resgatarei com braço estendido.* —ÊXODO 6:6

Aconteceu novamente. Senti-me impelida a limpar meu escritório. Antes de conseguir resistir, já havia criado uma bagunça ainda maior que a original. Uma pilha de papel se transformou em muitas pilhas quando comecei a separar livros, jornais e revistas. Ao ver a bagunça aumentar, lamentei ter começado. Porém, não havia como voltar atrás.

Quando Deus recrutou Moisés para resgatar os hebreus da escravidão, sua situação também foi de mal a pior. Não havia dúvida de que o serviço precisava ser feito. O povo vinha clamando a Deus por ajuda (Êxodo 2:23). Com muita relutância, Moisés concordou em apelar a Faraó em favor dos hebreus. O encontro não foi bem-sucedido. Em vez de libertar o povo, Faraó aumentou suas exigências nada razoáveis. Moisés questionou se deveria ter iniciado tudo aquilo (5:22-23). Somente após muitas outras tribulações para muita gente, Faraó permitiu que o povo fosse.

Sempre que começamos a fazer algo bom, mesmo quando estamos certos de que Deus deseja que o façamos, não devemos surpreender-nos ao ver a situação piorar antes de melhorar. Isso não prova que estamos fazendo a coisa errada; apenas nos lembra que necessitamos de Deus para realizar todas as coisas. —JAL

O MAIS IMPORTANTE EM TODOS OS MOMENTOS DE DIFICULDADE É OLHAR PARA DEUS. —G. C. MORGAN

25 de setembro

CRISTÃOS EXAURIDOS

Leitura: **1 Coríntios 3:5-15**

... manifesta se tornará a obra de cada um; pois o Dia a demonstrará [...] e qual seja a obra de cada um o próprio fogo o provará. —1 CORÍNTIOS 3:13

Uma vez, alguém me perguntou por que ela deveria ser como Jesus agora, uma vez que se tornaria como Ele quando chegasse ao céu (1 João 3:1-3). Grande pergunta! Especialmente quando é mais fácil ser, simplesmente, você mesmo.

Na verdade, existem várias razões pelas quais é importante tornar-se como Ele agora, mas uma delas é uma das principais. Quando virmos e nos colocarmos diante dele, prestaremos contas de termos, ou não, vivido de maneira consistente em relação à Sua vontade. Ou, como disse Paulo, se edificamos ou não, nele, os nossos alicerces com "...ouro, prata, pedras preciosas, madeira, feno, [ou] palha" (1 Coríntios 3:12).

Tudo que fazemos para avançar o Seu reino — coisas como contribuir para a força da Sua igreja, servir aos pobres e necessitados, e promover equidade e justiça, como Ele fez — é como edificar com materiais essenciais que sobreviverão ao fogo do Seu julgamento. Ao contrário, edificar com coisas que refletem nossos caminhos decaídos, e viver para favorecer-nos e aos nossos desejos terrenos são comodidades que se tornarão um monte de cinzas diante do fogo consumidor da Sua glória.

Não sei você, mas eu preferiria amar Jesus o suficiente para viver como Ele agora, pois é uma alternativa impensável estar diante dele num monte de cinzas. —JMS

EDIFIQUE SUA VIDA COM MATERIAIS QUE RESISTIRÃO AO TESTE DO JULGAMENTO DE DEUS.

26 de setembro

UM FIRME FUNDAMENTO

Leitura: **Deuteronômio 6:1-9**

Estas palavras que, hoje, te ordeno [...] tu as inculcarás a teus filhos... —DEUTERONÔMIO 6:6-7

Com menos de dois anos de idade, minha neta Katie fez algo que teria orgulhado qualquer avô. Ela começou a reconhecer os automóveis por marca e ano de fabricação. Isso teve início quando ela e seu pai passaram a brincar com a coleção de miniaturas de carros antigos dele. Seu pai dizia "Katie, pegue o Chevrolet 1957" e ela o encontrava em meio às centenas de carrinhos. Certa vez, enquanto ele lia um livro da coleção *George, o Curioso*, ela desceu do seu colo e correu para buscar uma miniatura de *Rolls-Royce* — uma réplica exata do carro citado pelo livro.

O fato de uma criança de dois anos conseguir estabelecer tais conexões não demonstra a importância de ensinar cedo às crianças as coisas certas? Podemos fazer isso utilizando o que eu chamo de princípio *FIRM:* Familiaridade, Interesse, Reconhecimento e Modelagem. Ele segue o padrão de Moisés, em Deuteronômio 6, de aproveitar cada oportunidade para ensinar verdades bíblicas, para que as crianças se tornem familiarizadas com elas e as tornem parte das suas vidas. Usando os seus interesses como oportunidades de ensino, repetimos as histórias da Bíblia para que se tornem reconhecíveis, enquanto atuamos como modelo de uma vida piedosa diante delas.

Que possamos dar às crianças da nossa vida um fundamento *FIRM*, ensinando-as sobre o amor de Deus, a salvação em Cristo e a importância de uma vida piedosa. —JDB

EDIFIQUE AS VIDAS DOS SEUS FILHOS SOBRE O FIRME FUNDAMENTO DA PALAVRA.

27 de setembro

OS DOIS CAJADOS

Leitura: **Êxodo 4:1-9,17**

Toma, pois, este bordão na mão, com o qual hás de fazer os sinais.

—ÊXODO 4:17

A sabedoria convencional questiona quanto pode ser realizado com pouco. A nossa tendência é acreditar que muito mais pode ser feito se possuirmos grandes recursos financeiros, funcionários talentosos e ideias inovadoras. Mas, essas coisas não fazem diferença para Deus. Considere apenas dois exemplos: Em Juízes 3:31, Sangar era um homem relativamente desconhecido que, libertou, sozinho, Israel dos filisteus. Como? Ele teve uma grande vitória matando 600 filisteus com nada mais que uma aguilhada de bois (vara comprida usada para conduzir o gado, com um ferro pontudo numa das extremidades).

Em Êxodo, quando Deus pediu a Moisés para liderar o povo de Israel na saída do Egito, Moisés teve medo que o povo não lhe desse ouvidos ou o seguisse. Assim, Deus disse: "...Que é isso que tens na mão?" (4:2). Moisés respondeu: "...Um bordão". Então, Deus usou o bordão na mão de Moisés para convencer o povo a segui-lo, transformar o rio Nilo em sangue, trazer grandes pragas sobre o Egito, abrir o Mar Vermelho e realizar milagres no deserto.

O bordão de Moisés e a aguilhada de Sangar, quando dedicados a Deus, tornaram-se ferramentas poderosas. Isto nos ajuda a perceber que, quando nos rendemos a Deus, Ele pode usar o pouco que temos para fazer grandes coisas. Deus não procura pessoas com grandes capacidades, mas aquelas que se dedicam a seguir e obedecer-lhe. —AL

O POUCO É MUITO QUANDO DEUS ESTÁ NO COMANDO.

28 de setembro

AGORA NÃO

Leitura: **Romanos 11:33–12:2**

... transformai-vos pela renovação da vossa mente...

—ROMANOS 12:2

Aspirantes a escritores podem ficar muito desencorajados ao ter seu trabalho rejeitado uma vez após outra. Quando enviam um manuscrito a uma editora, é frequente receberem uma carta que diz: "Obrigado, mas seu material não preenche nossas necessidades neste momento." Às vezes, o verdadeiro significado da mensagem é "não agora — nem nunca". Assim, eles tentam uma próxima editora e uma após a outra.

Descobri que a frase "Isto não preenche nossas necessidades agora — nem nunca" pode ser útil na minha caminhada cristã, para renovar minha mente e retornar os meus pensamentos para o Senhor.

Entenda o que quero dizer. Ao nos preocuparmos, podemos lembrar que "A preocupação não preenche minhas necessidades nem agora — nem nunca. A necessidade do meu coração é confiar em Deus. Não ficarei '...ansioso de coisa alguma'" (Filipenses 4:6).

Quando invejamos aquilo que outra pessoa tem ou faz, podemos reforçar a verdade: "A inveja não preenche minhas necessidades nem agora — nem nunca. Minha necessidade é de dar graças a Deus. Sua Palavra diz: '...a inveja é a podridão dos ossos' (Provérbios 14:30) e 'Em tudo, dai graças...'" (1 Tessalonicenses 5:18).

Não somos capazes de renovar as nossas mentes por nós mesmos (Romanos 12:2); esse é o operar transformador do Espírito Santo que habita em nós. Mas, falar a verdade em nossos pensamentos pode nos ajudar a nos submetermos à ação do Espírito em nosso interior. —AMC

O ESPÍRITO DE DEUS RENOVA NOSSAS MENTES QUANDO LEMOS A PALAVRA DE DEUS.

29 de setembro

A HISTÓRIA DA MURALHA

Leitura: **Efésios 2:11-22**

... ele é a nossa paz, o qual de ambos fez um; e, tendo derribado a parede da separação que estava no meio...

—EFÉSIOS 2:14

Ao visitar as ruínas da Muralha de Adriano, no Norte da Inglaterra, refleti sobre o fato de ela poder ser a realização mais lembrada do imperador romano que assumiu o poder no ano 117 da era cristã. Dezoito mil soldados romanos guarneciam essa barreira de 129 quilômetros de extensão, construída para impedir que os bárbaros do norte invadissem o sul.

Adriano é lembrado por construir uma barreira física para manter as pessoas no lado de fora. Em contraste, Jesus Cristo é lembrado por rasgar uma barreira espiritual para deixar as pessoas entrarem.

Quando a igreja primitiva vivenciou a tensão entre os cristãos judeus e não-judeus, Paulo lhes disse que, através de Cristo, eles eram iguais na família de Deus. "Porque ele é a nossa paz, o qual de ambos fez um; e, tendo derrubado a parede da separação que estava no meio [...] para que dos dois criasse, em si mesmo, um novo homem, fazendo a paz [...] porque, por ele, ambos temos acesso ao Pai em um Espírito" (Efésios 2:14-15,18).

Um dos aspectos mais lindos da fé cristã é a unidade entre os seguidores de Jesus. Através de Sua morte na cruz, Cristo removeu as barreiras que, com tanta frequência, separam as pessoas e nos uniu em amizade e amor verdadeiros. —DCM

A UNIDADE CRISTÃ COMEÇA NA CRUZ.

30 de setembro

MILÉSIMO ANIVERSÁRIO

Leitura: **Amós 4:7-13**

... prepara-te [...] para te encontrares com o teu Deus.

—AMOS 4:12

Em seu livro *Long for This World* (Permanecer Neste Mundo, inédito em português), Jonathan Weiner escreve sobre a promessa da ciência de estender radicalmente o nosso tempo de vida. No centro do livro está o cientista inglês Aubrey de Grey, que prediz que, um dia, a ciência nos oferecerá vidas de mil anos. Aubrey afirma que, finalmente, a biologia molecular colocou ao nosso alcance a cura para o envelhecimento.

Mas, que diferença faz se, após vivermos mil anos, morreremos de qualquer maneira? A predição de Grey somente adia o momento de encararmos a pergunta definitiva sobre o que acontece quando morremos. Ela não a responde.

As Escrituras nos dizem que a morte não é o término da nossa existência. Pelo contrário, elas nos asseguram que todos se apresentarão diante de Cristo — os cristãos, por suas obras, e os não-cristãos, por tê-lo rejeitado (João 5:25-29; Apocalipse 20:11-15). Todos nós somos pecadores e necessitados de perdão. E somente a morte de Cristo na cruz traz o perdão a todos os que creem (Romanos 3:23; 6:23). A Bíblia diz: "...aos homens está ordenado morrerem uma só vez, vindo, depois disto, o juízo" (Hebreus 9:27).

Nosso encontro face a face marcado com Deus coloca tudo na perspectiva correta. Então, quer vivamos 70 ou mil anos, a questão da eternidade é a mesma: "...prepara-te [...] para te encontrares com o teu Deus!" (Amós 4:12). —HDF

SOMENTE OS QUE DEPOSITARAM SUA FÉ EM CRISTO ESTÃO PREPARADOS PARA ENCONTRAR SEU CRIADOR.

1 de outubro

VERIFICADOR DO TOM

Leitura: **Colossenses 4:2-6**

A vossa palavra seja sempre agradável, temperada com sal, para saberdes como deveis responder a cada um.

—COLOSSENSES 4:6

Dirigindo de volta para casa após o trabalho, uma propaganda no rádio chamou a minha atenção, pois mencionava um programa de computador que verifica os *e-mails* à medida que estes são escritos. Eu estava familiarizado com programas de "verificação ortográfica e gramatical", mas esse era diferente. Ele checava o "tom". O programa monitora a qualidade do fraseado dos *e-mails* para certificar-se de que eles não são exageradamente agressivos, desrespeitosos ou ameaçadores.

Enquanto escutava o locutor descrever as características deste programa, imaginei como seria ter algo semelhante para minha boca. Quantas vezes reagi rudemente em vez de ouvir primeiro — e, depois, me arrependi do que havia dito? Certamente, uma verificação de tom teria evitado que eu respondesse tão tolamente.

Paulo enxergou a necessidade de nós, cristãos, verificarmos nossa fala — especialmente ao falarmos com não-cristãos. Ele disse: "A vossa palavra seja sempre agradável, temperada com sal, para saberdes como deveis responder a cada um" (Colossenses 4:6). A preocupação dele era que o nosso falar fosse cheio de graça, refletindo a beleza do nosso Salvador. Nosso falar deve ser convidativo. Conversar no tom correto com os não-cristãos é vital à nossa capacidade de testemunhar-lhes. A passagem em Colossenses 4:6 pode ser o nosso verificador de tom. —WEC

SEMPRE QUE FALAMOS,
MOSTRAMOS O NOSSO CORAÇÃO PUBLICAMENTE.

2 de outubro

EM BUSCA DE SILÊNCIO

Leitura: **Marcos 1:35-45**

... fiz calar e sossegar a minha alma ...

—SALMO 131:2

A cantora Meg Hutchinson afirmou: "Meu próximo disco terá 45 minutos de silêncio, porque isso é o que mais faz falta na sociedade."

Silêncio é, de fato, algo difícil de ser encontrado. As cidades são notoriamente barulhentas, devido à grande concentração de tráfego e pessoas. Parece ser impossível fugir de música em volume alto, máquinas ruidosas e vozes altas. Mas, o tipo de ruído que coloca em perigo o nosso bem-estar espiritual não é o ruído do qual não conseguimos fugir, mas o ruído que convidamos a entrar em nossa vida. Alguns de nós usamos o ruído como uma maneira de nos isolarmos da solidão: vozes de personalidades da TV e do rádio nos dão a ilusão de companhia. Alguns de nós utilizamos o ruído como uma maneira de manter os nossos próprios pensamentos isolados; outras vozes e opiniões nos poupam de termos de pensar por nós mesmos. Alguns de nós usamos o ruído como uma maneira de isolar a voz de Deus, pois a tagarelice constante, mesmo quando estamos falando sobre Deus, nos impede de escutar o que Ele tem a nos dizer.

Mas Jesus, mesmo em Seus momentos de maior ocupação, fez questão de procurar lugares solitários onde pudesse manter uma conversação com Deus (Marcos 1:35). Mesmo que não consigamos encontrar um lugar perfeitamente calmo, precisamos encontrar um lugar para aquietar as nossas almas (Salmo 131:2), um lugar onde Deus possa ter a nossa total atenção. —JAL

NÃO DEIXE QUE O RUÍDO DO MUNDO
O IMPEÇA DE OUVIR A VOZ DO SENHOR.

3 de outubro

CURA VINDA DO CÉU

Leitura: **2 Coríntios 1:1-10**

Bendito seja [...] o Pai de misericórdias e Deus de toda consolação! —2 CORÍNTIOS 1:3

Thomas Moore (1779–1852) foi compositor, cantor e poeta irlandês. Seus talentos levaram alegria a muitos que assistiram às suas apresentações ou que cantaram suas músicas. Contudo, tragicamente, sua vida pessoal foi atribulada por repetidas tristezas, incluindo a morte de todos os seus cinco filhos ao longo da sua vida. As feridas pessoais de Moore dão ainda mais significado às suas palavras: "Tragam seus corações feridos, venham contar as suas angústias; a terra não tem tristezas que o céu não possa curar." Esta comovente afirmação nos lembra de que encontrar-se com Deus em oração pode trazer cura à alma atribulada.

O apóstolo Paulo também viu como nosso Pai celestial pode prover consolo ao coração ferido. Aos cristãos de Corinto, ele escreveu: "Bendito seja o Deus e Pai de nosso Senhor Jesus Cristo, o Pai de misericórdias e Deus de toda consolação! É ele que nos conforta em toda a nossa tribulação" (2 Coríntios 1:3-4). Às vezes, contudo, podemos estar tão preocupados com uma tristeza interior que nos isolamos daquele que pode nos consolar. Precisamos ser lembrados de que a consolação e a cura de Deus vêm pela oração.

Quando confiamos em nosso Pai, podemos encontrar paz e o início da cura dos nossos corações feridos. Porque, verdadeiramente, "a terra não tem tristezas que o céu não possa curar". —HDF

A ORAÇÃO É O SOLO EM QUE
A ESPERANÇA E A CURA CRESCEM MELHOR.

4 de outubro

NENHUMA AUTORIDADE?

Leitura: **Provérbios 6:6-11**

Vai ter com a formiga [...] considera os seus caminhos e sê sábio. Não tendo ela [...] comandante [...] ajunta o seu mantimento.

—PROVÉRBIOS 6:6-8

Quando o deque situado nos fundos da nossa casa começou a desmoronar, tive certeza de que o conserto excederia as minhas habilidades. Fiz algumas ligações, recebi algumas propostas e escolhi um empreiteiro para construir um novo deque.

Quando ele terminou o serviço, examinei seu trabalho de perto e percebi alguns problemas. Em busca de uma segunda opinião, liguei para o inspetor de obras da prefeitura e tive uma surpresa. O empreiteiro não tinha uma licença para construir. Trabalhando sem supervisão oficial, ele havia violado muitos itens do código de obras.

Este incidente me fez recordar uma importante verdade (além de pedir para ver a licença para construir): Frequentemente, não damos o nosso melhor se não tivermos de prestar contas à autoridade acima de nós.

Na Escritura, vemos esse princípio explicado em duas parábolas de Jesus (Mateus 24:45-51; 25:14-30). Nos dois casos, pelo menos um trabalhador sem supervisão falhou quando o mestre estava ausente. Porém, encontramos uma abordagem diferente em Provérbios 6. Vemos o exemplo da formiga, que trabalha bem mesmo sem um supervisor visível. Ela faz independentemente o seu trabalho, sem ser monitorada.

E nós? Fazemos um bom trabalho somente quando alguém está observando? Ou reconhecemos que todo o nosso servir é a Deus e, assim, sempre damos o melhor de nós — mesmo quando nenhuma autoridade humana está observando? —JDB

INDEPENDENTE DE QUEM SEJA O SEU PATRÃO, VOCÊ, NA VERDADE, ESTÁ TRABALHANDO PARA DEUS.

5 de outubro

LOCALIZAÇÃO

Leitura: **Colossenses 1:3-14**

Ele nos libertou do império das trevas e nos transportou para o reino do Filho do seu amor. —COLOSSENSES 1:13

Comercializar imóveis nos EUA é um negócio complicado nos dias de hoje. Os preços de imóveis caíram significativamente e, se você estiver tentando vender uma propriedade comercial, a dificuldade será ainda maior. Assim, no jogo imobiliário, continua importante manter o velho adágio em mente: "As três coisas mais importantes para comprar e vender propriedades são: localização, localização, localização!"

O mesmo se aplica sobre o viver para Jesus. É fundamental conhecermos a nossa localização espiritual se quisermos ser bem-sucedidos em nossa navegação pelo desvalorizado território do nosso mundo. Paulo nos lembra que possuímos uma nova localização em Cristo, pois fomos libertos "...do império das trevas e transportados para o reino do Filho..." (Colossenses 1:13). Saber que fomos recolocados por Sua maravilhosa graça no reino de Jesus faz diferença. Jesus agora reina como Rei em nossos corações e mentes, e nós somos Seus gratos servos. A Sua vontade é a nossa vontade e os Seus caminhos tornam-se padrões para toda a vida e modo de agir. E, quando somos forçados a fazer uma escolha, nossa aliança é com Ele.

Assim, quando as tentações e as seduções das trevas das quais vocês foram removidos ameaçarem o Seu reino em seus corações, lembrem-se do seu novo endereço "...o reino do Filho do seu amor" Colossenses 1:13! —JMS

OS SERVOS DO REINO DEVEM DEMONSTRAR AS MANEIRAS DA CORTE.

6 de outubro

BRILHE!

Leitura: **Mateus 5:14-16; 1 Pedro 2:9-10**

Assim brilhe também a vossa luz diante dos homens, para que vejam as vossas boas obras e glorifiquem a vosso Pai que está nos céus.

—MATEUS 5:16

Fiquei frustrada quando, após minhas várias reclamações, a luz da rua em frente à minha casa continuava apagada. Por não termos calçadas e os postes de iluminação estarem distantes um do outro, é importante que cada luz funcione para iluminar a escuridão. Tinha receio de atingir algum dos escolares ao sair com o carro da garagem de manhã bem cedo.

A ideia de luz é usada com frequência na Bíblia. Jesus disse que Ele é a luz do mundo (João 9:5). Somos ensinados a "...revestirmo-nos das armas da luz" vestindo-nos com o Senhor (Romanos 13:12-14). E Mateus 5:16 nos instrui a "...deixar nossa luz brilhar diante dos homens, para que vejam as nossas boas obras e glorifiquem a nosso Pai que está nos céus".

Uma luz que não brilha perdeu sua utilidade. Jesus disse que ninguém acende uma candeia para colocá-la debaixo do alqueire, mas no velador, e alumia a todos os que se encontram na casa (Mateus 5:15). Nossa luz (nossos atos) deve direcionar as pessoas àquele que é a Luz. Nós não temos brilho próprio, mas refletimos o brilho de Cristo (Efésios 5:8).

Deus colocou cada um de nós em um ambiente específico, que será o melhor para que possamos brilhar com Sua luz. Não seja como uma lâmpada de rua, queimada. Brilhe! —CHK

SEJA VOCÊ UMA VELA NUM CANTO, OU UM FAROL NO TOPO DE UM MORRO, DEIXE SUA LUZ BRILHAR.

7 de outubro

A POLÍTICA É NÃO SORRIR

Leitura: **João 13:31-35**

Nisto conhecerão todos que sois meus discípulos: se tiverdes amor uns aos outros. —JOÃO 13:35

Habitualmente, nos pedem para sorrir antes de tirarem nossa foto. Mas, em algumas regiões dos EUA, não se deve sorrir ao tirar a foto para a carteira de motorista. Devido ao furto de identidade, os departamentos de trânsito verificam cuidadosamente as novas fotos para certificar-se de que elas não estejam cadastradas no sistema. Se alguém utilizar uma foto com um nome falso, um alarme será enviado ao operador. De 1999 a 2009, um estado impediu que seis mil pessoas obtivessem habilitações fraudulentas. Mas, por que não sorrir? A tecnologia reconhece uma face mais facilmente se a pessoa apresentar uma expressão facial neutra.

Jesus determinou uma boa maneira de reconhecer um cristão. Ele disse aos Seus discípulos: "Nisto conhecerão todos que sois meus discípulos: se tiverdes amor uns aos outros" (João 13:35). As maneiras de demonstrar amor por irmãos em Cristo são tão infinitas quanto o número de pessoas necessitadas: uma nota de encorajamento, uma visita, uma refeição, uma repreensão suave, uma oração, um versículo da Bíblia, um momento para ouvir o outro, até mesmo um simples sorriso amigo.

O apóstolo João escreveu: "Nós sabemos que já passamos da morte para a vida, porque amamos os irmãos..." (1 João 3:14). Os outros conseguem reconhecer, pelo nosso cuidado com nossos irmãos em Cristo, que conhecemos e amamos ao Senhor? —AMC

UMA MEDIDA DO NOSSO AMOR POR DEUS
É O QUANTO DEMONSTRAMOS AMOR AOS SEUS FILHOS.

8 de outubro

LIVRE PARA ESCOLHER

Leitura: **Daniel 6:1-10**

... três vezes por dia, se punha de joelhos, e orava, e dava graças, diante do seu Deus, como costumava fazer. —DANIEL 6:10

Quando se soube que a maior partida de futebol americano da temporada de 2011 estava marcada para o dia de Iom Kipur (Dia do Perdão judaico), a representação discente da Universidade do Texas entrou com uma petição junto à reitoria para alteração da data. Eles disseram que era injusto fazer os alunos judeus escolherem entre a clássica rivalidade esportiva com a Universidade de Oklahoma e a observação do seu dia santo mais importante e sagrado do ano. Mas a data não foi alterada. Até mesmo em sociedades em que as pessoas têm liberdade religiosa, ainda se exigem escolhas difíceis das pessoas de fé.

Daniel demonstrou coragem ao obedecer a Deus, apesar das consequências. Quando seus rivais políticos armaram uma cilada para eliminá-lo do seu caminho rumo ao poder (Daniel 6:1-9), ele não desafiou a lei ou queixou-se de ter sido injustiçado. "Daniel, pois, quando soube que a escritura estava assinada, entrou em sua casa e, em cima, no seu quarto, onde havia janelas abertas do lado de Jerusalém, três vezes por dia, se punha de joelhos, e orava, e dava graças, diante do seu Deus, como costumava fazer" (v.10).

Daniel não sabia se Deus o salvaria da cova dos leões, mas isso não importava. Ele escolheu honrar a Deus em sua vida, sem preocupar-se com o resultado. Como Daniel, também nós, somos livres para escolher seguir ao Senhor. —DCM

VOCÊ NUNCA ERRARÁ AO ESCOLHER SEGUIR A CRISTO.

9 de outubro

O CUSTO DE LUTAR

Leitura: **Tiago 4:1-10**

De onde procedem guerras e contendas que há entre vós? De onde, senão dos prazeres que militam na vossa carne?

—TIAGO 4:1

Durante um documentário sobre a Primeira Guerra Mundial, o narrador disse que, se as baixas britânicas na "guerra para acabar com todas as guerras" formassem quatro colunas e marchassem em frente ao monumento da guerra em Londres, a procissão duraria sete dias. Essa atordoante imagem em palavras fez minha mente conjecturar sobre o horrível custo da guerra. Embora este preço inclua gastos monetários, destruição de propriedades e interrupção econômica, nenhum desses se compara ao custo de vidas humanas. Soldados e civis pagam o preço definitivo, multiplicado exponencialmente pela dor dos sobreviventes. A guerra custa caro.

Quando os cristãos entram em guerra uns contra os outros, o custo também é alto. Tiago escreveu: "De onde procedem guerras e contendas que há entre vós? De onde, senão dos prazeres que militam na vossa carne?" (Tiago 4:1). Em nossas próprias buscas egoístas, às vezes batalhamos sem considerar o preço exigido do nosso testemunho para o mundo ou dos nossos relacionamentos mútuos. Talvez por isso Tiago tenha precedido essas palavras com o desafio: "Ora, é em paz que se semeia o fruto da justiça, para os que promovem a paz" (3:18).

Se nós, cristãos, devemos representar o Príncipe da Paz em nosso mundo, precisamos parar de lutar uns contra os outros e praticar a paz.

—WEC

QUANDO OS CRISTÃOS ESTÃO EM PAZ UNS COM OS OUTROS, O MUNDO VÊ O PRÍNCIPE DA PAZ COM MAIOR CLAREZA.

10 de outubro

A ALEGRIA DE RECORDAR

Leitura: **Salmo 103:1-14**

Bendize, ó minha alma, ao SENHOR,
e não te esqueças de nem um só de seus benefícios.
—SALMO 103:2

Um velho amigo descreveu os dias em torno do seu 90.º aniversário como "um momento... para refletir, olhar no espelho retrovisor da vida e dedicar muitas horas ao que ele chama 'A Alegria de Recordar'. É tão fácil esquecer-se de todas as ocasiões em que o Senhor liderou! '...não te esqueças de nem um só de seus benefícios'" (Salmo 103:2).

Essa atitude era típica de alguém que conheci e admirei por mais de 50 anos. Em lugar de rever seus desapontamentos, sua carta era impregnada de gratidão e louvor a Deus.

Primeiro, ele recordou as misericórdias temporais do Senhor — sua boa saúde, o prazer de sua esposa e filhos, a alegria e o sucesso do trabalho, suas amizades edificantes e as oportunidades que teve de servir a Deus. Ele os considerou como presentes — nenhum merecido, mas todos gratamente recebidos.

Depois, ele reviu as misericórdias espirituais de Deus — a influência dos pais cristãos e a experiência do perdão de Deus quando aceitou a Cristo ainda adolescente. Ele concluiu com o encorajamento que recebera de igrejas, escolas e homens cristãos que se importavam e oravam uns pelos outros.

Esse é um modelo que devemos seguir regularmente — a alegria de recordar. "Bendize, ó minha alma, ao SENHOR, e tudo o que há em mim bendiga ao seu santo nome" (v.1). —DCM

AGRADEÇA AMOROSAMENTE
PELOS GENEROSOS PRESENTES DO SENHOR.

11 de outubro

O DEUS ESQUECIDO

Leitura: **1 Coríntios 2:6-16**

... as coisas de Deus, ninguém as conhece, senão o Espírito de Deus.

—1 CORÍNTIOS 2:11

Quando citamos o Credo Apostólico, dizemos "Creio no Espírito Santo." O autor J. B. Phillips disse: "toda vez que dizemos [isso], queremos dizer que cremos que [o Espírito] é um Deus vivo capaz e desejoso de adentrar a personalidade humana e transformá-la".

Às vezes, esquecemo-nos de que o Espírito Santo não é uma força impessoal. A Bíblia o descreve como Deus. Ele possui os atributos de Deus: está presente em toda parte (Salmo 139:7-8), conhece todas as coisas (1 Coríntios 2:10-11) e tem poder infinito (Lucas 1:35). Ele também faz coisas que somente Deus pode fazer: criar (Gênesis 1:2) e dar vida (Romanos 8:2). Ele é igual, em todas as maneiras, às outras Pessoas da Trindade — o Pai e o Filho.

O Espírito Santo é uma Pessoa que interage pessoalmente conosco. Ele se entristece quando pecamos (Efésios 4:30). Ele nos ensina (1 Coríntios 2:13), ora por nós (Romanos 8:26), nos guia (João 16:13), nos concede dons espirituais (1 Coríntios 12:11) e nos assegura da nossa salvação (Romanos 8:16).

O Espírito Santo habita em nós se tivermos recebido o perdão dos pecados por intermédio de Jesus. Ele deseja transformar-nos para que nos tornemos cada vez mais semelhantes a Jesus. Vamos cooperar com o Espírito lendo a Palavra de Deus e confiando em Seu poder para obedecer aquilo que aprendemos. —MLW

O CRISTÃO QUE NEGLIGENCIA O ESPÍRITO SANTO
É COMO UMA LÂMPADA NÃO LIGADA A TOMADA.

12 de outubro

POTENCIAL DA CRIANÇA

Leitura: **Provérbios 22:1-6**

Ensina a criança no caminho em que deve andar, e, ainda quando for velho, não se desviará dele.
—PROVÉRBIOS 22:6

Louis Armstrong era bem conhecido por seu rosto sorridente, voz rouca, lenço branco e extraordinária habilidade no trompete. Sua infância, porém, foi cercada de privação e dor. Foi abandonado por seu pai quando era criança e enviado para um reformatório quando tinha apenas 12 anos. De maneira surpreendente, isto veio a ser um acontecimento positivo.

O professor de música Peter Davis visitava regularmente a escola e proporcionava instrução musical aos meninos. Louis logo se destacou na corneta e tornou-se o líder da banda dos garotos. Sua trajetória de vida parecia ter sido reajustada para ele se tornar um trompetista de fama internacional.

A história de Louis Armstrong pode servir de exemplo para pais cristãos.

O provérbio: "Ensina a criança no caminho em que deve andar, e, ainda quando for velho, não se desviará dele" (Provérbios 22:6) pode ser aplicado além dos aspectos morais e espirituais das vidas de nossos filhos. Devemos também compreender que a habilidade natural de uma criança, frequentemente determinará a sua área de interesse. No caso de Louis, um pouco de treino musical resultou em um excelente trompetista.

Quando, com amor, proporcionamos as instruções divinas da Bíblia aos nossos filhos, devemos encorajá-los em seus interesses e dons para que possam se tornar tudo o que Deus planejou que fossem. —HDF

SALVE UMA CRIANÇA, SALVE UMA VIDA.

13 de outubro

OCUPADO DEMAIS?

Leitura: **Lucas 10:38-42**

Tinha ela uma irmã, chamada Maria, e esta quedava-se assentada aos pés do Senhor a ouvir-lhe os ensinamentos. —LUCAS 10:39

Um dia, enquanto eu aguardava para embarcar num avião, um desconhecido que me havia ouvido mencionar que era capelão começou a descrever-me sua vida antes de conhecer a Cristo. Disse-me que sua vida era marcada por "pecado e autoabsorção. Então, encontrei Jesus".

Escutei, com interesse, uma lista de alterações que ele havia feito em sua vida e as boas obras que havia praticado. Mas, como tudo que ele me contou era sobre sua ocupação para Deus e não sobre sua comunhão com Deus, não fiquei surpreso quando ele acrescentou: "Francamente, capelão, pensei que me sentiria melhor em relação a mim mesmo."

Concluo que Marta, mencionada no Novo Testamento, teria compreendido a observação daquele desconhecido. Tendo convidado Jesus a hospedar-se em sua casa, ela se ocupou em fazer aquilo que pensava serem coisas importantes. Mas, isso significava que ela não podia concentrar sua atenção em Jesus. Pelo fato de Maria não estar ajudando, Marta sentiu-se justificada ao pedir a Jesus para repreendê-la. Erro que muitos de nós também cometemos. Estamos tão ocupados praticando o bem, que não dedicamos tempo para conhecer melhor a Deus.

Meu conselho ao amigo que encontrara recentemente no avião veio do âmago das palavras de Jesus a Marta em Lucas 10:41-42. Eu lhe disse: "Diminua o ritmo e dedique-se a conhecer a Deus; deixe a Sua Palavra revelá-lo a você." Se estivermos ocupados demais para dedicar tempo a Deus, estamos por demais ocupados. —RKK

NOSSO PAI CELESTIAL ANSEIA DEDICAR TEMPO AOS SEUS FILHOS.

14 de outubro

COMO CAMINHAMOS

Leitura: **Deuteronômio 11:13-23**

... como Cristo foi ressuscitado dentre os mortos pela glória do Pai, [...] andemos nós em novidade de vida. —ROMANOS 6:4

Um programa de televisão que gosto de assistir tem um segmento denominado *Emboscada da Maquiagem*. Duas mulheres são escolhidas para se submeterem a três horas de mimos para atualizar seu cabelo, maquiagem e guarda-roupa. Frequentemente, a mudança é dramática. Quando as mulheres saem detrás de uma cortina, a plateia fica sem fôlego. Às vezes, amigos e parentes começam a chorar. Só após tudo isso, a pessoa com a nova aparência finalmente pode ver a si mesma. Algumas ficam tão chocadas que continuam se olhando ao espelho, como que em busca de provas de serem elas mesmas.

Quando as mulheres atravessam o palco para se unirem aos acompanhantes, seu eu anterior torna-se evidente. A maioria não sabe nem como caminhar com os novos sapatos. Embora pareçam chiques, seu caminhar desajeitado as delata. Sua transformação é incompleta.

Isso é válido também para a nossa vida cristã. Deus faz a obra em nós para nos dar o recomeço, mas andar no caminho do Senhor (Deuteronômio 11:22) requer tempo, esforço e muita prática. Se apenas ficarmos parados e sorrirmos, poderemos passar por pessoas transformadas. Mas, nossa maneira de caminhar denuncia o quanto fomos transformados. Ser transformado significa abrir mão do nosso estilo de vida anterior e aprender uma nova maneira de caminhar (Romanos 6:4). —JAL

UMA MUDANÇA DE COMPORTAMENTO
COMEÇA COM UMA MUDANÇA NO CORAÇÃO.

15 de outubro

UMA DÍVIDA DE GRATIDÃO

Leitura: **Romanos 16:1-16**

... pela minha vida arriscaram a sua própria cabeça; e isto lhes agradeço, não somente eu, mas também todas as igrejas dos gentios.

—ROMANOS 16:4

Dave Randlett foi alguém de quem posso dizer: "Devido a ele, minha vida nunca mais será a mesma." Dave, que foi para o céu em outubro de 2010, tornou-se um mentor para mim quando eu era um novo seguidor de Jesus durante a faculdade. Ele não apenas investiu seu tempo em mim, mas correu riscos dando-me oportunidades de aprender e crescer no ministério. Dave foi instrumento de Deus para dar-me a oportunidade de ser um aprendiz de pregador e de viajar com a equipe de música da faculdade. Como resultado, ele me ajudou na formação e preparação para uma vida de ensino da Palavra de Deus. Fico feliz por ter tido a oportunidade de expressar o meu agradecimento a ele em várias ocasiões.

Assim como, sou grato pela influência de Dave em minha vida, o apóstolo Paulo era grato a Áquila e Priscila, que serviram ao Senhor com ele. A respeito deles, ele disse: "...pela minha vida arriscaram a sua própria cabeça...". Em gratidão, Paulo lhes agradeceu, como também o fizeram "...todas as igrejas dos gentios" (Romanos 16:4).

Você também pode ter, em sua vida, pessoas que se arriscaram dando-lhe oportunidades de servir ou que exerceram grande influência em sua espiritualidade. Talvez pastores, líderes de ministério, amigos ou parentes tenham dado de si mesmos para fazer você andar ainda mais com Cristo. A pergunta é: você lhes agradeceu? —WEC

DEDIQUE TEMPO PARA AGRADECER ÀQUELES QUE O AJUDARAM.

16 de outubro

A REGRA DE WOODEN

Leitura: **1 Coríntios 12:14-26**

... o corpo não é um só membro, mas muitos.

—1 CORÍNTIOS 12:14

John Wooden, o lendário técnico de basquetebol de uma renomada universidade americana, tinha uma regra interessante para as suas equipes. Sempre que um jogador marcava pontos, ele devia dar o reconhecimento à pessoa da equipe que o ajudara. Quando ele era técnico em escolas do Ensino Médio, um dos seus jogadores perguntou: "Técnico, isso não vai tomar muito tempo?" Wooden respondeu: "Não estou pedindo que corra até lá para abraçá-lo. Um aceno com a cabeça é o suficiente."

Para obter vitória na quadra de basquetebol, Wooden viu a importância de ensinar aos seus jogadores que eles eram uma equipe — não "apenas um monte de operadores independentes". Cada pessoa contribuía para o sucesso de todas as outras.

Lembra-me de como o corpo de Cristo deveria funcionar. Conforme o livro de 1 Coríntios 12:19-20, cada um de nós é uma parte diferente de um corpo. "Se todos fossem um membro, onde estaria o corpo? Mas [...] existem muitos membros e, ainda assim, um único corpo." O sucesso de um pastor, um estudo da Bíblia ou um programa de igreja se baseia unicamente nas realizações de uma só pessoa? Quantas pessoas contribuem para o bom funcionamento de uma igreja, uma organização cristã, uma família?

A regra do técnico Wooden e 1 Coríntios 12 têm suas raízes no princípio de suprirmos as necessidades uns dos outros. Usemos nossos dons no corpo de Cristo para edificar, fortalecer e ajudar a realizar os propósitos de Deus (vv.1-11). —CHK

NÃO EXISTEM PESSOAS SEM IMPORTÂNCIA
NO CORPO DE CRISTO.

17 de outubro

CARÁTER EM JOGO

Leitura: **2 Pedro 1:1-11**

... pelo seu divino poder, nos têm sido doadas todas as coisas que conduzem à vida e à piedade... —2 PEDRO 1:3

Um técnico de futebol americano de uma faculdade do bairro do Bronx, em Nova Iorque, montou sua equipe valorizando as boas qualidades de caráter. Em vez de expor o nome dos jogadores nas costas das camisas, eles portavam palavras como família, respeito, responsabilidade e caráter. Antes de cada jogo, o técnico Clayton Kendrick-Holmes lembrava sua equipe para que jogassem segundo aqueles princípios dentro do campo.

O apóstolo Pedro tinha sua própria lista de qualidades cristãs (2 Pedro 1:5-7), e ele encorajava os cristãos a acrescentarem-na à sua vida de fé:

Virtude: Realizar o projeto de Deus para uma vida com excelência moral.

Conhecimento: Estudar a Palavra de Deus a fim de obter sabedoria para combater a falsidade.

Autocontrole: Reverenciar tanto a Deus a ponto de escolher um comportamento piedoso.

Perseverança: Manter uma atitude esperançosa, mesmo nas dificuldades, porque confiamos no caráter de Deus.

Piedade: Honrar ao Senhor em todos os relacionamentos da vida.

Bondade fraternal: Demonstrar afeição amorosa por outros cristãos.

Amor: Sacrificar-se pelo bem dos outros.

Desenvolvamos estas qualidades em maior proporção e as integremos em todas as partes da nossa vida. —AMC

O EXERCÍCIO DA PIEDADE
É A CHAVE PARA O CARÁTER PIEDOSO.

18 de outubro

O PAPAI NÃO DISSE "OH!"

Leitura: **Efésios 5:1-10**

Benigno e misericordioso é o SENHOR...

—SALMO 145:8

Tenho um amigo que, uma noite, estava trabalhando em seu escritório em casa tentando preencher alguns documentos necessários. Sua pequena filha, que na época tinha cerca de quatro anos, estava brincando em torno da escrivaninha, reorganizando coisas, movendo objetos aqui e ali, abrindo gavetas e fazendo um bocado de barulho.

Meu amigo suportou a distração com estoica paciência até a criança prender um dedo ao fechar uma gaveta e berrar de dor. Numa reação exasperada, ele gritou "Chega!" enquanto a levava para fora do aposento e fechava a porta.

Mais tarde, sua mãe a encontrou chorando em seu quarto e tentou confortá-la. "Seu dedo ainda está doendo?", perguntou ela. "Não", fungou a menininha. "Então, por que você está chorando?", perguntou-lhe a mãe. "Porque, quando prendi meu dedo, o papai não disse: 'Oh!'"

Às vezes, isso é tudo que precisamos, não é? Alguém que se importe e reaja com bondade e compaixão, alguém que diga: "Oh!". Nós temos uma pessoa, chamada Jesus, que faz isso por nós.

Jesus nos ama; compreende nossas tristezas e se entregou por nós (Efésios 5:2). Agora, é nosso dever "andar em amor" e imitá-lo. —DHR

O CONFORTO DE DEUS
AQUIETA O BARULHO DAS NOSSAS PROVAÇÕES.

19 de outubro

INVESTINDO NO FUTURO

Leitura: **Mateus 6:19-24**

... ajuntai para vós outros tesouros no céu, onde traça nem ferrugem corrói, e onde ladrões não escavam, nem roubam.

—MATEUS 6:20

Jason Bohn era um universitário quando ganhou um milhão de dólares ao fazer ponto com uma só tacada num jogo de golfe. Enquanto outros poderiam ter esbanjado aquele dinheiro, Bohn tinha um plano. Desejando ser um jogador de golfe profissional, ele usou o dinheiro como um fundo para o sustento e treinamento para aprimorar suas habilidades golfísticas. O dinheiro se tornou em investimento para o seu futuro — um investimento que se pagou quando ele venceu um importante torneio em 2005. A sua decisão em investir no futuro em vez de viver para o momento, foi muito sábia.

De certa maneira, é isso que Jesus nos chama a fazer. Ele nos confiou recursos — tempo, capacidade, oportunidade — e nós decidimos como usá-los. Nosso desafio é enxergar esses recursos como uma oportunidade para investir em longo prazo. "Ajuntai para vós outros tesouros no céu..." é o que Jesus disse em Mateus 6:20. Jesus nos assegura que esses tesouros protegidos não podem ser destruídos ou levados.

Pense em seus recursos: talento, tempo, conhecimento. Eles são temporais e limitados. Mas, se você investi-los olhando para a eternidade, estas coisas temporárias podem ter impacto duradouro. Qual é o seu foco? O presente ou a eternidade? Invista no futuro. Isso não somente terá impacto eterno, mas também mudará a sua maneira de enxergar a vida a cada dia. —WEC

AS PESSOAS MAIS RICAS DA TERRA SÃO AQUELAS QUE INVESTEM SUAS VIDAS NO CÉU.

MINHAS UNHAS OU SUA MÃO?

Leitura: **Salmo 37:23-26**

... o Senhor o segura pela mão.

—SALMO 37:24

Tempos difíceis podem fazer-nos alterar nossa perspectiva. Lembrei-me disso recentemente, ao conversar com uma companheira de pesar — uma mãe que, como minha esposa e eu, perdêramos uma filha adolescente numa morte repentina e sem aviso.

Ela me contou que sentia uma terrível falta da filha, e que disse a Deus que se sentia como se estivesse pendurada pelas unhas. Então, sentiu como se Deus a lembrasse de que Sua mão de proteção estava lá para ampará-la — que ela podia soltar as mãos e Ele as seguraria.

Essa é uma perspectiva melhor, não é? Esse quadro nos lembra de que, quando surgem os problemas e nos sentimos menos capazes de mantermo-nos firmes na fé, a situação não está em nossas mãos. Cabe a Deus sustentar-nos com a Sua poderosa mão.

O Salmo 37:23-24 diz: "O Senhor firma os passos do homem bom [...] se cair, não ficará prostrado, porque o Senhor o segura pela mão." E o Salmo 63:8 nos diz: "A minha alma apega-se a ti; a tua destra me ampara."

Em tempos difíceis, podemos ficar tão preocupados com nosso papel de "nos agarrarmos a Deus", que nos esquecemos da Sua prometida proteção. Não são as nossas unhas que nos sustentam — mas Sua mão amorosa e encorajadora. —JDB

Ninguém está mais seguro do que aquele que está nas mãos de Deus.

21 de outubro

UM CORAÇÃO POR VEZ

Leitura: **Filemom 1:12-22**

... não como escravo; antes, muito acima de escravo, como irmão caríssimo... —FILEMOM 1:16

O *quaker* (ou quacre) John Woolman era um pregador itinerante que empreendeu sua própria campanha pessoal para abolir a escravidão quando os EUA eram colônias. Woolman encontrou-se com senhores de escravos para falar-lhes sobre a injustiça de manter outras vidas humanas como propriedade. Embora Woolman não tenha erradicado totalmente a escravidão, ele persuadiu muitos senhores a libertarem seus escravos. Seu sucesso se deveu a persuasão individual e pessoal.

O livro de Filemom contém um apelo pessoal similar. Onésimo era um escravo foragido de seu senhor cristão Filemom. Onésimo havia chegado à fé através do ministério de Paulo e, agora, Paulo o devolvia a Filemom com estas palavras: "Pois acredito que ele veio a ser afastado de ti temporariamente, a fim de que o recebas para sempre, não como escravo; antes, muito acima de escravo, como irmão caríssimo" (vv.15-16). Embora não saibamos se Onésimo foi liberto da escravidão, sua nova fé em Jesus tinha mudado o seu relacionamento com seu senhor cristão. Agora, ele era também um irmão em Cristo. Paulo estava influenciando seu mundo, de coração em coração, de pessoa em pessoa.

As pessoas e as situações podem mudar pelo poder transformador do evangelho. Como Woolman e Paulo, procuremos influenciar o nosso mundo — um coração de cada vez. —HDF

MOSTRAR A VERDADE A ALGUÉM
É A ATITUDE MAIS AMÁVEL QUE VOCÊ PODE DEMONSTRAR.

22 de outubro

ATÉ LOGO

Leitura: **1 Tessalonicenses 4:13-18**

... não vos entristecerdes como os demais, que não têm esperança.

—1 TESSALONICENSES 4:13

Meu avô se recusava a dizer "adeus"; ele sentia que essa palavra é excessivamente final. Assim, ao despedir-se ao final de visitas da família, seu ritual era sempre o mesmo. Em pé à frente das samambaias que delineavam sua casa, ele acenava e dizia: "Até logo!".

Como cristãos, nunca temos de dizer "adeus" àqueles que amamos, desde que tenham colocado sua confiança em Jesus como Salvador. A Bíblia promete que os veremos novamente.

O apóstolo Paulo disse que não devemos nos entristecer "...como os demais, que não têm esperança" (1 Tessalonicenses 4:13), porque, quando Jesus voltar, os cristãos que morreram serão levantados dos seus túmulos e — e com os cristãos ainda vivos — encontrarão o Senhor no ar (vv.15-17). Temos confiança de que, um dia, no céu "...a morte já não existirá, já não haverá luto, nem pranto" (Apocalipse 21:4). É nesse lugar maravilhoso que "...estaremos para sempre com o Senhor" (1 Tessalonicenses 4:17).

Os cristãos têm a esperança de uma reunião eterna com Cristo e com os amados cristãos já falecidos. É por isso que Paulo nos exortou a "...consolar uns aos outros com essas palavras" (v.18). Hoje, encoraje alguém com a esperança que nos permite dizer "até logo" e não "adeus". —JBS

NA MORTE, O POVO DE DEUS NÃO DIZ "ADEUS", MAS "ATÉ MAIS TARDE".

23 de outubro

ELE ME GUARDA BEM

Leitura: **João 10:7-15**

... dou a minha vida pelas ovelhas.

—JOÃO 10:15

Durante os calmos momentos que precedem um culto matinal de domingo, o organista tocou um hino que eu não conhecia. Abri a página anotada no hinário e li a letra da canção "O Senhor meu Pastor me Protege," uma linda paráfrase do Salmo 23:

O Senhor meu pastor me protege e sustém: Entre pastos verdejantes me faz deitar. Guia-me às águas tranquilas. Minh'alma se fortalece ao caminhar pelas veredas da justiça.

Independente da frequência com que lemos ou ouvimos o conhecido Salmo 23, ele sempre parece trazer uma revigorante mensagem do cuidado de Deus por nós.

"Ainda que eu ande pelo vale da sombra da morte, não temerei mal nenhum, porque tu estás comigo; o teu bordão e o teu cajado me consolam" (23:4).

Essa imagem era familiar às pessoas que ouviram Jesus dizer "Eu sou o bom pastor. O bom pastor dá a vida pelas ovelhas" (João 10:11). O mercenário foge do perigo, o verdadeiro pastor fica com as ovelhas para protegê-las. "O mercenário, que não é pastor [...] vê vir o lobo, abandona as ovelhas e foge [...] Eu sou o bom pastor; conheço as minhas ovelhas..." (vv.12-14).

Não importa o que você estiver enfrentando hoje, Jesus sabe seu nome, conhece o perigo e Ele não sairá do seu lado. Você pode dizer com confiança: O Senhor meu Pastor me guarda bem! —DCM

O CORDEIRO QUE MORREU PARA NOS SALVAR
É O PASTOR QUE VIVE PARA NOS LIDERAR.

24 de outubro

PRESO NA LAMA

Leitura: **Jeremias 20:7-13**

Isso me foi no coração como fogo ardente, encerrado nos meus ossos; já desfaleço de sofrer. —JEREMIAS 20:9

Jeremias foi chamado "o profeta chorão". Talvez ele tivesse uma disposição sensível e melancólica agravada por seu desgosto a respeito do julgamento de Deus sobre o desobediente Israel. Sua capacidade de entristecer-se é surpreendente: "Prouvera a Deus a minha cabeça se tornasse em águas, e os meus olhos, em fonte de lágrimas! Então, choraria de dia e de noite" (Jeremias 9:1).

Como se a tristeza por sua nação não fosse o suficiente, Jeremias foi perseguido por sua mensagem profética de julgamento. Certa ocasião, ele foi aprisionado em uma cisterna cheia de lama (Jeremias 38:6). A oposição ao seu ministério levou o grande profeta a ficar preso num lugar de desespero.

Às vezes, em nossas tentativas de servir ao Senhor, podemos nos sentir presos em circunstâncias dolorosas e sofrimentos inesperados. Mas, a resiliência do profeta deve inspirar-nos a perseverar.

O entendimento de Jeremias sobre um chamado divino era tão forte que ele não podia ser impedido de servir ao Senhor. E ele afirmou: "...isso me foi no coração como fogo ardente, encerrado nos meus ossos; já desfaleço de sofrer e não posso mais" (Jeremias 20:9).

Os resultados do seu serviço ao Senhor têm sido decepcionantes? Peça a Ele para renovar seu coração pelo Seu Espírito e continue a servi-lo a despeito dos seus contratempos. —HDF

NENHUM SERVIÇO A CRISTO É INSIGNIFICANTE.

25 de outubro

JUSTIÇA POÉTICA

Leitura: **Ester 3:1-11; 7:1-10**

... A mim me pertence a vingança;
eu é que retribuirei, diz o Senhor. —ROMANOS 12:19

Durante quase um ano, um ex-colega editor viveu sob a ameaça de demissão. Por razões desconhecidas, um novo chefe do departamento começou a preencher os arquivos do seu pessoal com comentários negativos. Mas, no dia em que meu amigo esperava perder seu emprego, o novo chefe foi demitido.

Quando os israelitas foram levados cativos à Babilônia, um judeu chamado Mordecai se encontrou nesse tipo de situação. Hamã, o mais engrandecido que estava com o rei Assuero, esperava que todo oficial real se ajoelhasse e o honrasse, mas Mordecai recusou prostrar-se a alguém além de Deus (Ester 3:1-2). Esta atitude ultrajou Hamã, fazendo-o decidir destruir não apenas Mordecai, mas todos os judeus em todo o império Persa (vv.5-6). Hamã convenceu Assuero a assinar um decreto autorizando a destruição de todos os judeus e começou a construir uma forca para a execução de Mordecai (5:14). Mas, numa surpreendente reviravolta dos acontecimentos, Hamã foi executado na forca que construíra para Mordecai, e o povo judeu foi poupado (7:9-10; 8).

Em literatura, isso se chama justiça poética. Nem todos são justiçados de maneira tão dramática, mas a Escritura promete que, um dia, Deus vingará toda a injustiça (Romanos 12:19). Enquanto esperamos, devemos fazer o que pudermos para trabalhar por justiça e devemos deixar os resultados nas mãos de Deus. —JAL

A BALANÇA DA JUSTIÇA DIVINA SEMPRE SE EQUILIBRA — SE NÃO EQUILIBRAR AQUI, SERÁ NO PORVIR.

CONVOCAÇÕES DIVINAS

Leitura: **Atos 16:9-31**

... Paulo e Silas oravam e cantavam louvores a Deus, e os demais companheiros de prisão escutavam. —ATOS 16:25

Você já ficou retido num aeroporto, por 24 horas? Numa cidade em que você não fala o idioma local? A 6.400 quilômetros de casa?

Recentemente, um amigo passou por tal experiência e, nós podemos aprender com a sua reação. A maioria de nós consideraria intolerável tal inconveniência, mas meu amigo João viu a mão de Deus neste atraso. Enquanto aguardava para findar a espera forçada, ele procurou oportunidades de conectar-se com outros passageiros. "Aconteceu" de ele encontrar cristãos da Índia — e, ao conversar com eles, ouviu falar de um ministério no qual estavam envolvidos. Na verdade, devido aos interesses de João coincidirem com os do ministério dos seus novos amigos, eles o convidaram para ir à Índia participar de um projeto de curta duração.

Com que frequência somos vítimas de atrasos, mudanças de planos e redirecionamentos, e os tratamos como intrusões? Pode ser que Deus esteja nos desviando para podermos fazer algo diferente ou novo para Ele. Considere a viagem de Paulo a Filipos, relatada no livro de Atos 16. Paulo fora à Macedônia seguindo uma visão dirigida por Deus (vv.9-10). Como ele poderia descobrir que seria preso ali? Mas, mesmo essa ida à prisão foi guiada por Deus, porque Ele usou Paulo para levar salvação a um carcereiro e sua família (vv.25-34).

Deus pode usar as inconveniências em nossas vidas se as olharmos como convocações divinas. —JDB

DEUS PODE TRANSFORMAR OS OBSTÁCULOS EM OPORTUNIDADES.

TOLERÂNCIA ZERO

Leitura: **Levítico 19:11-18**

Não andarás como mexeriqueiro entre o teu povo...

—LEVÍTICO 19:16

Quando Shayla McKnight se candidatou a um emprego numa editora *on-line*, ficou surpresa ao descobrir que lá existia uma política de tolerância zero para fofoca. Os funcionários são encorajados a confrontar uns aos outros, ao invés de fofocar sobre seus colegas. Funcionários pegos fofocando são repreendidos e, se continuam, são demitidos.

Muito antes deste tipo de política ter sido implementado por alguma empresa, Deus falou sobre Sua própria política de tolerância zero para fofoca e calúnia entre Seu povo (Levítico 19:16). Era proibido a conversa fiada que estúpida ou maliciosamente espalhasse boatos e fatos sobre outra pessoa.

Salomão afirmou que o falar mal dos outros poderia ter efeitos desastrosos, pois trai a confiança (Provérbios 11:13), separa amigos íntimos (16:28; 17:9), envergonha e confere má reputação (25:9-10), e abastece perpetuamente as brasas de uma briga (26:20-22). Raramente as pessoas conseguem desfazer os danos que suas palavras falsas causaram ao próximo.

Peçamos ao Senhor que nos ajude a não nos engajarmos em falar mal de outros. Ele deseja que coloquemos uma guarda sobre a boca, para que em vez disso, falemos todo o bem que conhecemos sobre todas as pessoas. —MLW

DESTRUA A FOFOCA IGNORANDO-A.

28 de outubro

POR QUE EU?

Leitura: **Salmo 131**

As coisas encobertas pertencem ao SENHOR*, nosso Deus...*

—DEUTERONÔMIO 29:29

Recentemente li o Salmo 131, um dos meus salmos favoritos. No passado, eu o via como um encorajamento para compreender que o mistério é um dos diferenciais do caráter de Deus. Desafiava-me a deixar minha mente descansar, já que sou incapaz de compreender tudo que Deus está fazendo em Seu universo.

Mas, então, enxerguei outro lado do calmo espírito de Davi: sou incapaz de compreender tudo que Deus está fazendo em mim e é impossível tentar.

Davi estabelece uma comparação entre uma criança desmamada, que não mais se preocupa com aquilo que antes exigia, e uma alma que aprendeu a mesma lição. Esse é um chamado para aprender sobre a humildade, perseverança e contentamento em todas as minhas circunstâncias — sejam quais forem —, embora eu não compreenda as razões de Deus. A lógica divina está além da compreensão da minha mente.

Eu pergunto: "Por que esta aflição? Por que esta angústia?" e o Pai responde "Silencie, filho. Você não entenderia se Eu lhe explicasse. Apenas confie em mim!".

Assim, após contemplar o exemplo de Davi, pergunto-me: Posso, em minhas circunstâncias, esperar no Senhor? (v.3). Consigo esperar com fé e paciência sem preocupar-me e sem questionar a sabedoria de Deus? Consigo confiar nele enquanto Ele opera em mim a Sua boa, agradável e perfeita vontade? —DHR

EM UM MUNDO DE MISTÉRIO, É RECONFORTANTE CONHECER O DEUS QUE SABE DE TODAS AS COISAS.

29 de outubro

OS INGREDIENTES CERTOS

Leitura: **Mateus 22:34-39; 28:16-20**

... estando sempre preparados para responder [...] com mansidão... —1 PEDRO 3:15-16

Embora minhas habilidades culinárias permaneçam rudimentares, ocasionalmente uso uma caixa de mistura pronta para fazer um bolo. Após acrescentar ovos, óleo vegetal e água, misturo todos os ingredientes. Para fazer um bolo agradável ao paladar é vital o equilíbrio correto dos ingredientes certos. Isso me ajuda a visualizar a relação entre o maior mandamento (Mateus 22:36-38) e a Grande Comissão (28:19-20) ao difundirmos o evangelho.

Quando Jesus disse aos Seus seguidores para ir e fazer discípulos em todas as nações, Ele não lhes deu permissão para serem rudes e descuidados ao fazê-lo. Sua própria citação do "primeiro e grande mandamento" — amar a Deus com todo o coração, alma e entendimento — foi rapidamente seguida pelo chamado a "...amar a seu próximo como a si mesmo" (Mateus 22:37-39). Ao longo do Novo Testamento, esse modelo de vida respeitosa e compassiva é reafirmado em muitos lugares, incluindo "o capítulo do amor" (1 Coríntios 13) e a instrução de Pedro acerca da resposta sobre a razão da esperança que há em nós "...com mansidão e temor" (1 Pedro 3:15-16).

Em nossa ânsia de compartilhar Cristo com outras pessoas, devemos sempre incluir um equilíbrio saudável desses dois ingredientes — o evangelho verdadeiro e amor piedoso. Este bolo maravilhosamente doce é mais bem assado no calor do amor de Deus. —DCM

NOSSA VIDA É O NOSSO MELHOR TESTEMUNHO.

30 de outubro

O PAI DA MENTIRA

Leitura: **João 8:37-47**

... Quando [o diabo] profere mentira, fala do que lhe é próprio, porque é mentiroso e pai da mentira. —JOÃO 8:44

A influência de Satanás sobre a humanidade começou quando ele virou a cabeça de Adão e Eva contra Deus. Para influenciá-la, ele teve de mentir-lhes sobre Deus — e eles tiveram de cair no engodo. Naquele momento de definição, ele lhes mentiu sobre a bondade de Deus, a Sua Palavra e as Suas intenções (Gênesis 3:1-6).

Satanás continua fazendo seus velhos truques. Jesus disse que, quando o diabo "...profere mentira, fala do que lhe é próprio, porque é mentiroso..." (João 8:44). Não nos deve, então, surpreender que, quando nossa vida é interrompida por problemas, o pai da mentira sussurre ao nosso ouvido, repentinamente, questionando a bondade de Deus. Quando somos instruídos a seguir Seus mandamentos, ficamos imaginando se, para começar, Sua Palavra é realmente verdadeira. Quando Jesus nos diz algo como: "Não acumuleis para vós outros tesouros sobre a terra..." (Mateus 6:19), Satanás nos diz que vida boa é acumularmos aqui, fazendo-nos duvidar das boas intenções de Deus.

Nosso problema é que, como Adão e Eva, acreditamos nas mentiras de Satanás. E ao agirmos assim, comprometemos a nossa lealdade a Deus. E, nosso inimigo desliza para sua próxima tarefa, deixando-nos sozinhos para encarar os nossos arrependimentos e a percepção de que suas mentiras nos seduziram para nos afastar do nosso mais fiel e caro Amigo. A quem você tem ouvido ultimamente? —JMS

O PODER DE SATANÁS NEM SE APROXIMA DO PODER DA PALAVRA DE DEUS.

31 de outubro

SURPRESA!

Leitura: **João 1:6-13**

Eis o Cordeiro de Deus, que tira o pecado do mundo!

—JOÃO 1:29

O redator de um reconhecido jornal fez um experimento para testar a percepção das pessoas. Ele pediu a um famoso violinista para tocar, incógnito, numa estação de trem da capital dos EUA numa manhã de janeiro. Milhares de pessoas passaram por ele enquanto tocava, mas poucas pararam para escutar. Após 45 minutos, apenas 32 dólares haviam sido depositados no estojo do talentoso violinista. Dois dias antes, esse mesmo homem — Joshua Bell — havia tocado com o mesmo instrumento musical, *Stradivarius* de 3,5 milhões de dólares, num concerto com lotação esgotada, para o qual cada pessoa pagara 100 dólares para ouvi-lo tocar.

A ideia de uma pessoa não ser reconhecida por sua grandeza não é nova. Aconteceu o mesmo com Jesus. Ele "...estava no mundo...", disse João, "...mas o mundo não o conheceu" (João 1:10). Por que as pessoas que esperavam pelo Messias receberam Jesus tão friamente? Uma razão é que elas estavam surpresas. Da mesma maneira que as pessoas de hoje não esperam que músicos famosos toquem em estações de trem, as pessoas do tempo de Jesus não esperavam que o Messias nascesse num estábulo. E também esperavam que Ele fosse um rei político — não de um reino espiritual.

As pessoas do primeiro século estavam cegas ao propósito de Deus de enviar Jesus a este mundo. Ele veio para salvar as pessoas dos seus pecados (João 1:29). Receba o surpreendente presente de salvação que Deus hoje lhe oferece gratuitamente. —CPH

DEUS ENTROU NA HISTÓRIA HUMANA PARA OFERECER-NOS O PRESENTE DA VIDA ETERNA.

1 de novembro

MANTENHA-SE SÓBRIO

Leitura: **Salmo 119:9-16**

Guardo no coração as tuas palavras, para não pecar contra ti.

—SALMO 119:11

Durante uma viagem de negócios à Filadélfia, todas as manhãs eu caminhava por determinada rua em direção à prefeitura, para embarcar no metrô. Todos os dias eu passava por uma longa fila de pessoas que esperavam por algo. Eram uma amostra da humanidade em termos de idade, origem étnica e aparência. Após meditar nisso por três dias, perguntei a um homem que estava na calçada por que todas aquelas pessoas faziam fila. E fui informado de que elas estavam em liberdade vigiada ou em liberdade condicional após violar a lei e tinham de submeter-se a um teste diário de drogas, para demonstrar que estavam sóbrias.

Isto me atingiu como uma ilustração vívida da minha necessidade de manter-me espiritualmente limpo perante Deus. Quando o salmista ponderou sobre como poderia viver uma vida pura, concluiu que a chave era considerar e obedecer aos ensinamentos de Deus. "Guardo no coração as tuas palavras, para não pecar contra ti. Bendito és tu, SENHOR; ensina-me os teus preceitos. [...] Terei prazer nos teus decretos; não me esquecerei da tua palavra" (Salmo 119:11-12,16).

À luz da Palavra de Deus, enxergamos nosso pecado, mas também enxergamos o amor de Deus em Cristo. "Se confessarmos os nossos pecados, ele é fiel e justo para nos perdoar os pecados e nos purificar de toda injustiça" (1 João 1:9).

Mantenha-se sóbrio... por Sua graça. —DCM

LEIA A BÍBLIA PARA SER SÁBIO, CREIA NELA PARA ESTAR SEGURO, PRATIQUE-A PARA SER SANTO.

2 de novembro

PLACA DE PROTEÇÃO

Leitura: **Provérbios 15:1-7**

A língua dos sábios adorna o conhecimento, mas a boca dos insensatos derrama a estultícia. —PROVÉRBIOS 15:2

Estava andando em um metrô em Minsk, Belarus, com minha amiga e sua filha, e repentinamente, caí de rosto no chão sujo de concreto. Não me recordo da queda, mas de repentinamente estar com a boca cheia de areia, pedriscos e pedregulhos. Eca! Não conseguia tirar aquilo da boca rápido o suficiente!

Não gostei do que entrou em minha boca naquela ocasião embaraçosa. Mas, as Escrituras nos ensinam que é mais importante guardar o que sai de nossas bocas. Quando o escritor de Provérbios 15 disse que "...a boca dos insensatos derrama a estultícia" (v.2), a palavra traduzida como "derrama" significa, literalmente, "explode". Acusações imprudentes, palavras iradas e abuso verbal podem causar danos imensuráveis e vitalícios. O apóstolo Paulo falou asperamente sobre isso: "Não saia da vossa boca nenhuma palavra torpe..." (Efésios 4:29) — nada de conversa suja. Disse também: "...deixando a mentira, fale cada um a verdade..." (v.25) — nada de mentiras. E, em seguida, "Longe de vós, toda amargura, e cólera, e ira, e gritaria, e blasfêmias, e bem assim toda malícia" (v.31) — nada de assassinato do caráter. O que sai de nossas bocas deve ser proveitoso e edificante.

Vigiamos cuidadosamente o que entra em nossas bocas — e estamos certos em fazê-lo. Para honrar a Deus, devemos manter também um controle rígido sobre as palavras que saem das nossas bocas. —DCE

CUIDADO COM SEUS PENSAMENTOS — ELES PODEM TORNAR-SE PALAVRAS A QUALQUER MOMENTO.

3 de novembro

EM BUSCA DE ÁGUA

Leitura: **João 4:1-15**

... aquele, porém, que beber da água que eu lhe der nunca mais terá sede... —JOÃO 4:14

Os Estados Unidos têm gastado milhões de dólares procurando água em Marte. Alguns anos atrás, a NASA enviou robôs gêmeos chamados — Oportunidade e Espírito ao planeta vermelho para ver se havia ou tinha havido água em algum momento. Por que os EUA fizeram isso? Os cientistas estudam atentamente os dados enviados por aqueles dois pequenos robôs marcianos manipulados e procuram descobrir se em algum momento já existiu vida em Marte. E, para que isso tivesse ocorrido, seria necessário ter havido água. Sem água não há vida.

Dois mil anos atrás, uma dupla de "viajantes" partiu do interior de um posto avançado, chamado Samaria, em busca de água. Um era uma mulher que morava perto dali. O outro era um homem da Galileia. Eles acabaram se encontrando em um poço próximo à vila de Sicar. Quando isso aconteceu, Jesus encontrou a água que estava procurando e a mulher encontrou a água da qual não sabia necessitar (João 4:5-15).

A água é essencial para a vida física e espiritual. Jesus tinha uma surpresa para a mulher que estava no poço. Ofereceu-lhe a Água da Vida — Ele mesmo. Ele é a refrescante e renovadora "...fonte a jorrar para a vida eterna" (João 4:14).

Você conhece alguém que está à procura de água? Alguém espiritualmente sedento? Apresente essa pessoa a Jesus, a Água Viva. Essa é a maior descoberta de todos os tempos. —JDB

SOMENTE JESUS, A ÁGUA VIVA,
PODE SATISFAZER A ALMA SEDENTA.

4 de novembro

SEGUIR COM DIFICULDADE

Leitura: **2 Timóteo 3:13-17**

Toda a Escritura é [...] útil.

—2 TIMÓTEO 3:16

O autor C. S. Lewis diz que os conceitos religiosos são como sopas — alguns são espessos e alguns são ralos. Existem, de fato, conceitos "espessos" na Bíblia: mistérios, sutilezas e complexidades que desafiam as mentes mais privilegiadas. Por exemplo, "Ele tem misericórdia de quem ele quer e também endurece a quem lhe apraz" (Romanos 9:18). Ainda assim, no mesmo volume existem pensamentos cristalinos: simples, atingíveis e facilmente compreensíveis. O que mais poderia ultrapassar a simplicidade da clara afirmação em 1 João 4:16, "Deus é amor?"

John Cameron, um escritor do século 15, sugere: "No mesmo prado, o touro pode comer grama... o pássaro pode coletar sementes... e um homem encontrar uma pérola; assim, na mesma Escritura encontram-se variedades para todos os tipos de condições. Nelas, o cordeiro pode vadear e o elefante, nadar; as crianças podem ser alimentadas com leite, enquanto homens mais fortes podem comer carne."

Todos os tesouros da sabedoria e do conhecimento são encontrados no Livro de Deus, a Bíblia — profundezas oceânicas que podem atiçar a mente mais sofisticada, e áreas superficiais que podem ser compreendidas por qualquer alma simples e honesta.

Por que hesitar? "Toda a Escritura é [...] útil..." (2 Timóteo 3:16). Mergulhe nela! —DHR

DEUS FALA ATRAVÉS DA SUA PALAVRA — DEDIQUE-SE A ESCUTAR.

5 de novembro

PAZ EM TEMPOS DE CRISE

Leitura: **João 14:19-27**

A minha paz vos dou…

—JOÃO 14:27

Eduardo, um dos anciãos da nossa igreja, foi policial. Ele conta que um dia, após responder a um chamado sobre um caso de violência, a situação passou a oferecer risco de morte. Um homem esfaqueara alguém e, depois, apontou ameaçadoramente a lâmina para Eduardo. Outro policial estava posicionado e disparou no agressor quando este atacou Eduardo. O criminoso foi subjugado, mas Eduardo foi atingido por fogo cruzado. Ao ser levado de ambulância para o hospital, sentiu profundas ondas de paz vindas do Espírito Santo fluindo sobre sua alma. Ele sentia-se tão tranquilo que foi capaz de dizer palavras de conforto ao policial que estava emocionalmente perturbado sobre a crise.

O Senhor Jesus nos prometeu paz em tempos de crise. Poucas horas antes da Sua própria crucificação, Cristo confortou Seus discípulos com estas palavras: "Deixo-vos a paz, a minha paz vos dou; não vo-la dou como a dá o mundo. Não se turbe o vosso coração, nem se atemorize" (João 14:27).

Qual é o seu maior receio? Se você tiver de enfrentá-lo, Cristo estará lá com você. Confiar nele através de oração torna disponível "...a paz de Deus, que excede todo o entendimento..." e ela "...guardará o vosso coração e a vossa mente em Cristo Jesus" (Filipenses 4:7). —HDF

O SEGREDO DA PAZ É ENTREGAR TODA A ANSIEDADE A DEUS.

6 de novembro

ÁGUAS PODEROSAS

Leitura: **Apocalipse 1:9-17**

... Os pés, semelhantes ao bronze polido, como que refinado numa fornalha; a voz, como voz de muitas águas.

—APOCALIPSE 1:15

Quando estive no Brasil, fui conhecer as Cataratas do Iguaçu, uma das maiores quedas d'água do mundo. As imensas cachoeiras são de tirar o fôlego, mas, o que mais me impressionou em Foz do Iguaçu não foi a visão das cataratas ou os respingos da água: foi o som. O som era mais do que ensurdecedor — eu me sentia como se, na realidade, estivesse dentro dele. Aquela foi uma experiência esmagadora, que me fez lembrar quão comparativamente pequeno eu sou.

Mais tarde, com essa cena em mente, não conseguia deixar de pensar em João no livro de Apocalipse 1:15. Quando estava na ilha de Patmos, ele teve uma visão do Cristo ressurreto. O apóstolo descreveu Jesus na glória da Sua ressurreição, notando Suas vestes e Suas qualidades físicas. Depois, João descreveu a voz de Cristo "...como voz de muitas águas" (v.15).

Não tenho certeza se já tinha entendido totalmente o que aquilo significava até visitar as Cataratas do Iguaçu e ser totalmente dominado pelo som de trovão das quedas d'água. Enquanto aquelas poderosas águas me lembravam da minha própria pequenez, compreendi melhor o que João sentiu aos pés de Cristo, "...como morto" (v.17).

Talvez essa descrição o ajudará a ter uma ideia da magnificência da presença de Jesus e lhe instigará a seguir o exemplo de João, de adorar o Salvador. —WEC

A VERDADEIRA ADORAÇÃO DE CRISTO TRANSFORMA A ADMIRAÇÃO EM ADORAÇÃO.

7 de novembro

ARANDO EM LINHAS RETAS

Leitura: **Filipenses 3:8-17**

... prossigo para o alvo, para o prêmio da soberana vocação de Deus em Cristo Jesus. —FILIPENSES 3:14

Este é meu primeiro dia no trator! Uma fresca brisa matinal varre o campo. Os grilos e o silêncio rural se unem ao ronco do motor. Descendo o arado ao solo, dirijo-me para cruzar o campo. Olho, abaixo, para os mostradores e a alavanca de câmbio, aperto o aço gelado do volante e admiro a potência à minha disposição. Finalmente, olho para trás, para ver o resultado. Ao invés da esperada linha reta, vejo algo parecido com uma cobra escorregadia, com mais dobras e curvas que o autódromo de Indianápolis.

Nós somos sabichões. "Are olhando para o mourão da cerca", nos disseram. Mantendo o foco em um ponto do outro lado do campo, quem está arando tem a certeza de estar fazendo uma linha reta. Na volta, sigo a instrução e o resultado aparece: a linha está reta. A trilha estava errada somente onde eu não tinha um ponto de foco.

Paulo teve sabedoria similar ao escrever sobre manter o foco em Jesus Cristo e o impacto que isso teve sobre ele. Ele não apenas ignorou as distrações (Filipenses 3:8,13), mas também estabeleceu o foco (vv.8,14), viu o resultado (vv.9-11) e observou o padrão que isso estabelece para outros (vv.16-17).

Como Paulo, se focarmos em Cristo, nosso arado fará uma trilha reta e realizaremos o propósito de Deus em nossas vidas. —RKK

AO MANTER SEUS OLHOS EM CRISTO, TUDO ENTRARÁ EM PERSPECTIVA.

8 de novembro

QUE VIZINHANÇA LEGAL

Leitura: **Romanos 14:13-19**

... o reino de Deus não é comida nem bebida, mas justiça, e paz, e alegria no Espírito Santo. —ROMANOS 14:17

O lugar em que você vive tem uma maneira de fazer certas exigências sobre o seu modo de viver. No bairro onde moro, o caminhão do lixo passa na manhã de terça-feira, e sou responsável por colocar a lata de lixo próximo ao meio-fio na noite anterior. Deixar o lixo acumular-se na calçada durante dias não deixa os vizinhos felizes. E temos muitas crianças que brincam fora de casa, e as placas de sinalização estão em toda parte para lembrar os motoristas de diminuir a velocidade. Isso significa que dirijo devagar e presto atenção nos pequenos que, sem olhar, correm atrás de bolas que foram parar no meio da rua.

É importante nos lembrarmos que Deus nos colocou no "...reino do Filho..." (Colossenses 1:13). Viver em Sua vizinhança significa que existem padrões de comportamento transformadores da vida, que devem refletir claramente nossa localização espiritual. Por essa razão, Paulo nos recorda de que o reino de Deus não diz respeito a discutir e contender sobre coisas terrenas, mas sobre "...justiça, e paz, e alegria..." (Romanos 14:17). A vida no reino significa viver pelos padrões corretos de Deus; para ser um pacificador e fonte de alegria em nossos relacionamentos. E, quando vivemos assim, nossas vidas agradam a Deus e abençoam outras pessoas (v.18).

Parece o tipo de vizinhança em que qualquer um gostaria muito de viver! —JMS

SE VOCÊ FAZ PARTE DO REINO DE DEUS,
O SEU MODO DE VIDA FARÁ DIFERENÇA.

9 de novembro

ESPERANDO...

Leitura: **Lucas 2:22-38**

... Bem-aventurados todos os que nele esperam.

—ISAÍAS 30:18

Com o outono vem a temporada de caça no estado de Michigan, nos EUA. Todos os anos, durante algumas semanas, os caçadores licenciados têm permissão para ir às florestas e caçar diversas espécies de vida selvagem. Alguns caçadores constroem elaboradas plataformas em árvores, bem acima do chão, onde se sentam silenciosamente durante horas, esperando que um veado esteja à distância de um tiro.

Quando penso nos caçadores, tão pacientes para esperar por veados, penso em quão impacientes podemos ser quando temos de esperar por Deus. Frequentemente, igualamos "esperar" a "desperdiçar". Se estivermos esperando por alguma coisa (ou alguém), pensamos que nada está sendo feito, o que, numa cultura ansiosa por realizações, parece um desperdício de tempo.

Contudo, esperar atende a muitos propósitos. Em particular, a espera prova a nossa fé. As pessoas de pouca fé são, frequentemente, as primeiras a desistirem de esperar, enquanto as de maior fé se dispõem a esperar indefinidamente.

Ao lermos a história do Natal em Lucas 2, aprendemos sobre duas pessoas que provaram sua fé por sua disposição em esperar. Simeão e Ana esperaram muito, mas seu tempo não foi desperdiçado; ele os colocou num lugar no qual poderiam testemunhar a chegada do Messias (vv.22-38).

Não receber uma resposta imediata à oração não é razão para desistir da fé. —JAL

ESPERAR POR DEUS NUNCA É PERDA DE TEMPO.

10 de novembro

TRATA-SE DELE

Leitura: **João 3:22-36**

Convém que ele cresça e que eu diminua.

—JOÃO 3:30

Quando Sheila ficou noiva, sua amiga solteira Amanda celebrou com ela. Ela planejou um chá-de-cozinha, ajudou-a na escolha do vestido de noiva, foi madrinha e permaneceu ao seu lado durante a cerimônia. Quando Sheila e seu marido tiveram filhos, Amanda promoveu os chás dos bebês e regozijou-se pelas bênçãos recebidas por sua amiga.

Mais tarde, Sheila disse a Amanda: "Você me confortou em tempos difíceis, mas, a maneira pela qual sei especialmente que você me ama é por me encher de alegria em meus tempos bons. Você não permitiu que qualquer ciúme a impedisse de celebrar comigo."

Quando os discípulos de João ouviram dizer que um novo rabi, chamado Jesus, estava ganhando seguidores, pensaram que João poderia ficar enciumado (João 3:26). Foram até ele e disseram: "[Ele] está batizando, e todos lhe saem ao encontro". Mas, João celebrou o ministério de Jesus. Disse ele: "...fui enviado como seu precursor [...] o amigo do noivo que está presente e o ouve muito se regozija por causa da voz do noivo. Pois esta alegria já se cumpriu em mim" (vv.28-29).

Uma atitude de humildade também deve caracterizar-nos. Ao invés de desejar atenção para nós mesmos, tudo que fazemos deve glorificar o nosso Salvador. "Convém que ele cresça e que eu diminua" (v.30). —AMC

SE QUISERMOS QUE CRISTO CRESÇA,
NÓS PRECISAMOS DIMINUIR.

SEGURANÇA VERDADEIRA

Leitura: **Romanos 8:31-39**

Em todas estas coisas, porém, somos mais que vencedores, por meio daquele que nos amou. —ROMANOS 8:37

Durante a Guerra Fria — um período de inquietação entre as principais potências do mundo na segunda metade do século 20 —, os cidadãos dos EUA viveram sob a ameaça de guerra nuclear. Lembro-me de que, durante a crise dos mísseis de Cuba, em 1962, parecíamos estar a um passo da aniquilação. Era algo temerário para um garoto de sexta série.

Uma das minhas mais estranhas memórias daqueles tempos turbulentos era o treinamento de segurança na escola. Um alarme soava e nós nos escondíamos sob as carteiras — para proteção contra bombas atômicas. Olhando para trás, estou certo de que isso não nos teria ajudado se ocorresse um holocausto nuclear. Podem até ter nos dado uma falsa sensação de segurança.

Embora possamos não enfrentar o mesmo nível de ameaça nuclear nos dias de hoje, muitos perigos ainda nos amedrontam — e alguns deles são espirituais. O livro de Efésios 6:12 nos lembra que nossas batalhas são "...contra principados e potestades, contra os dominadores deste mundo tenebroso, contra as forças espirituais do mal, nas regiões celestes". Eles são inimigos deveras poderosos, mas Deus nos deu Seu amor protetor (Romanos 8:35,38-39) e os recursos espirituais da Sua armadura (Efésios 6:13-17).

O resultado? Enquanto enfrentamos inimigos poderosos, "...somos mais que vencedores, por meio daquele que nos amou" (Romanos 8:37). Em nosso Pai celestial, temos verdadeira segurança. —WEC

A SEGURANÇA NÃO SE ENCONTRA NA AUSÊNCIA DE PERIGO, MAS NA PRESENÇA DE DEUS.

12 de novembro

ESTRADA PARA A BÊNÇÃO

Leitura: **Êxodo 15:22-27**

Então, Moisés clamou ao SENHOR,
e o SENHOR lhe mostrou uma árvore... —ÊXODO 15:25

Roberta e Estêvão têm um ministério de aconselhamento que proporciona pouca provisão financeira. Recentemente, uma crise familiar os forçou a embarcar numa viagem de oito mil quilômetros em sua minivan bastante usada.

Após atender à crise, por volta da metade da viagem de retorno, a van começou a falhar e parar. Um mecânico a inspecionou e disse-lhes: "Não tem jeito. Vocês precisam de um motor novo."

Sem poder comprar um, não tiveram escolha a não ser levar, como puderam, a van para casa. Três dias, muitas latas de óleo e muitas orações depois, eles entraram miraculosamente em sua garagem. Na sequência, ouviram falar de um "missionário de automóvel" que ajudava pessoas do ministério. Surpreso pela van ter conseguido chegar, ele se ofereceu para trocar o motor sem custo. Se Estêvão a tivesse consertado no caminho, isso lhe teria custado milhares de dólares que ele não tinha.

No livro de Êxodo 15, os israelitas foram conduzidos por Deus ao deserto. Após três dias de viagem, eles ficaram sem água e não tinham como obtê-la. Mas, Deus sabia do problema. Na verdade, uma solução os aguardava em Mara (v.25) e Elim (v.27). Deus não só resolveu o problema de água, mas lhes proporcionou um lugar de repouso.

Mesmo quando nossa situação parece difícil, podemos confiar que Deus está à frente. Ele já sabe do que precisaremos ao chegar lá. —JDB

ENFRENTAR UMA IMPOSSIBILIDADE
NOS DÁ A OPORTUNIDADE DE CONFIAR EM DEUS.

13 de novembro

SEJA AUTÊNTICO

Leitura: **1 Pedro 3:8-17**

Mas, ainda que venhais a sofrer por causa da justiça, bem-aventurados sois. —1 PEDRO 3:14

Enquanto aguardava um procedimento médico de rotina no hospital local, percebi uma placa na parede com Cristo na cruz. Mais tarde, uma enfermeira me fez várias perguntas, incluindo esta: "Você tem alguma necessidade espiritual que gostaria de discutir com um capelão?" Disse-lhe estar satisfeito por ela ter feito aquela pergunta, que achei incomum no mundo atual. Com um sorriso, ela respondeu que o hospital era confessional e que "isso fazia parte da nossa missão". Impressionei-me pelo fato de pessoas não terem medo de serem autênticas nesta sociedade cada vez mais secular e pluralista.

Pedro instou os cristãos do primeiro século, dispersos por perseguição e vivendo num mundo hostil, a considerarem como bênção o sofrer pelo que é correto. "Mas, ainda que venhais a sofrer por causa da justiça, bem-aventurados sois. Não vos amedronteis, portanto, com as suas ameaças, nem fiqueis alarmados; antes, santificai a Cristo, como Senhor, em vosso coração, estando sempre preparados para responder a todo aquele que vos pedir razão da esperança que há em vós" (1 Pedro 3:14-15).

Assim como a funcionária do hospital declarou livremente a fé, nós também podemos expressar a nossa. E, se formos criticados ou tratados com injustiça devido à nossa crença em Cristo, devemos responder com mansidão e respeito. Nunca devemos temer quem somos nele. —DCM

É MELHOR SOFRER PELA CAUSA DE CRISTO
DO QUE SER O MOTIVO DE CRISTO SOFRER.

14 de novembro

PESAR DE "A" A "Z"

Leitura: **Lamentações 3:25-33**

... pois, ainda que entristeça a alguém, usará de compaixão segundo a grandeza das suas misericórdias.

—LAMENTAÇÕES 3:32

Jerusalém estava envolta em chamas e o profeta Jeremias chorou. Sua predição de julgamento divino havia sido grandemente ignorada. Agora, sua terrível profecia se cumpria com horrível vividez. O curto livro das Lamentações registra o processo de pesar do profeta sobre a destruição de Jerusalém.

Jeremias organizou o livro em torno das 22 letras do alfabeto hebraico, usando uma técnica de acrósticos alfabéticos para ajudar o leitor a memorizar as passagens com mais facilidade. Mas, usar essa técnica também mostra que ele não abreviou seu processo de pesar. Ele dedicou tempo deliberado e intencional para refletir, e até escrever, sobre a dor em seu coração. Você poderia dizer que ele estava aprendendo a sentir pesar de "A" a "Z".

Em meio ao seu pesar, o conforto de Deus veio à tona. Recordações da soberania e bondade de Deus deram esperança para o profeta encarar o futuro: "O SENHOR não rejeitará para sempre; pois, ainda que entristeça a alguém, usará de compaixão segundo a grandeza das suas misericórdias" (Lamentações 3:31-32).

Se, recentemente, você vivenciou uma perda dolorosa, lembre-se de dedicar tempo adequado para sentir pesar e refletir sobre a bondade de Deus. Então, você será capaz de vivenciar Seu conforto e esperar pelo futuro. —HDF

DEUS PERMITE TRISTEZA E LÁGRIMAS HOJE PARA ABRIR NOSSOS CORAÇÕES ÀS ALEGRIAS DO AMANHÃ.

15 de novembro

COMIDA PARA BEBÊS

Leitura: **Hebreus 5:12; 6:2**

Mas o alimento sólido é para os adultos, para [...] suas faculdades exercitadas para discernir não somente o bem, mas também o mal.

—HEBREUS 5:14

Você já experimentou a comida para bebês? Eu, já, e é terrivelmente fácil de digerir. Mas, sem dentes, os bebês não têm outra escolha. Com certeza, não conseguem comer um belo e suculento bife!

Lamentavelmente, alguns cristãos se contentam com alimento espiritual para bebês, se alegram em rever seguidamente as verdades bíblicas mais conhecidas, sem aprofundar-se nos fundamentos do evangelho (Hebreus 6:1-2). Por não enterrar seus dentes em verdades mais profundas e passagens mais difíceis da Bíblia, falta-lhes a compreensão bíblica e as convicções para fazer escolhas corretas (5:13). Podem ter sido cristãos há muitos anos, mas suas capacidades espirituais permanecem subdesenvolvidas, e permanecem bebês.

Conforme as crianças crescem fisicamente, elas aprendem a comer alimentos sólidos que lhes dão força e vitalidade. Da mesma maneira, cada cristão necessita assumir a responsabilidade de alimentar-se com alimento espiritual sólido. Falhar nisso significa permanecer espiritualmente fraco e subnutrido.

Você mal pode dizer a idade física das pessoas com base em suas aparências. No entanto, a idade espiritual é revelada pela capacidade em distinguir o bem dentre o mal, e pelo caráter pessoal demonstrado dia a dia. Esse discernimento espiritual é evidente em sua vida? Ou você ainda se nutre de alimento espiritual para bebês? —CPH

APLIQUE-SE AO ESTUDO DAS ESCRITURAS
E AS ESCRITURAS A VOCÊ.

16 de novembro

CUIDADO!

Leitura: **1 João 2:18-27**

Como ouvistes que vem o anticristo, também, agora, muitos anticristos têm surgido; pelo que conhecemos que é a última hora.

—1 JOÃO 2:18

Quando os agentes do serviço secreto treinam os caixas de bancos a identificar notas falsas, eles lhes mostram dinheiro falso e dinheiro real, e os dois são examinados e estudados. Para detectar um problema de falsificação, eles precisam buscar as diferenças entre a nota genuína e a falsa — e não as semelhanças.

Em 1 João 2, o apóstolo João ajuda a proteger os cristãos contra a heresia mostrando-lhes exemplos de falsos cristãos e mestres. Um dos sinais dos últimos dias é a vinda de anticristos (1 João 2:18). Anticristos são aqueles que afirmam possuir Seu poder e autoridade, mas não os possuem, ou aqueles que rejeitam e se opõem a Ele e aos Seus ensinamentos.

João identificou três marcas de falsos mestres controlados pelo espírito dos anticristos: Eles desistem da comunhão (v.19), negam que Jesus é o Messias (v.22) e afastam os fiéis de Jesus (v.26). João encorajou os cristãos a se protegerem contra o espírito dos anticristos através da dependência da presença íntima do Espírito, do conhecimento da verdade e da permanência em comunhão com Jesus.

Podemos nos proteger do erro e engano conhecendo o falso, mas confiando na Verdade — Jesus Cristo. —MLW

CUIDADO: O DIABO PODE COLOCAR UMA PITADA DE VERDADE NAQUILO QUE É FALSO.

17 de novembro

COMPANHEIRO NO CAMINHO

Leitura: **Mateus 4:18-22**

Caminhando junto ao mar da Galileia, [Jesus] viu dois irmãos [...] E disse-lhes: Vinde após mim ... —MATEUS 4:18-19

Gosto muito de andar pelos caminhos e trilhas do estado onde vivo e desfrutar de seu esplendor e pitoresca beleza. Com frequência, sou relembrado de que essas caminhadas são simbólicas da nossa jornada espiritual, pois a vida cristã é simplesmente caminhar — com Jesus ao lado como nosso companheiro e guia. Ele andou por todo Israel, de uma extremidade à outra, reunindo discípulos e dizendo-lhes "...Vinde após mim..." (Mateus 4:19).

A jornada nem sempre é fácil. Às vezes, desistir parece mais fácil que prosseguir, mas, quando as coisas se tornam difíceis, podemos descansar um pouco e renovar nossas forças. No livro *O Progresso do Peregrino,* John Bunyan descreve o caramanchão na Colina Dificuldade onde o cristão retomou o fôlego antes de continuar a escalada. Seu rolo de pergaminho proporcionou conforto, lembrando-o da presença contínua e do poder sustentador do Senhor. Ele recebeu um segundo vento para poder caminhar mais alguns quilômetros.

Somente Deus sabe aonde o caminho nos levará, mas temos a garantia do nosso Senhor: "...estou convosco todos os dias..." (Mateus 28:20). Esta não é uma metáfora ou outra figura de linguagem. Ele é uma companhia real. Não há uma hora sem a Sua presença, um quilômetro sem Seu companheirismo. Saber que Ele está conosco alivia a jornada. —DHR

AO VIAJAR PELA CANSATIVA ESTRADA DA VIDA, PERMITA QUE JESUS SUSTENTE A SUA CARGA PESADA.

18 de novembro

TORNANDO-SE BILÍNGUE

Leitura: **Atos 17:19-31**

Nele vivemos, e nos movemos, e existimos, como alguns dos vossos poetas têm dito: Porque dele também somos geração.

—ATOS 17:28

É possível — numa sociedade que parece cada vez mais indiferente ao evangelho — comunicar as boas-novas às pessoas que não compartilham a nossa fé?

Uma maneira de conectar-se às pessoas não familiarizadas com as coisas de Cristo é tornar-se culturalmente "bilíngue". Fazemos isso comunicando-nos de maneiras com as quais as pessoas possam identificar-se facilmente. Conhecer e discutir sobre música, filmes, esportes e televisão, por exemplo, podem proporcionar tal oportunidade. Se as pessoas nos ouvirem "falar seu idioma", sem endossar ou perdoar a mídia ou os eventos aos quais nos referimos, isso pode abrir a porta para compartilharmos a sempre atual mensagem de Cristo.

Paulo nos deu um exemplo disto em Atos 17. Em visita ao Areópago em Atenas, ele falou a uma cultura fortemente secular citando poetas pagãos gregos como um ponto de referência para os valores espirituais que ele desejava comunicar. E disse: "Nele vivemos, e nos movemos, e existimos, como alguns dos vossos poetas têm dito: Porque dele também somos geração" (Atos 17:28). Assim como Paulo se dirigiu àquela cultura conhecendo o que eles liam, também podemos ter maior impacto para o evangelho repassando-o às pessoas de maneira que possam abraçar facilmente.

Você está tentando alcançar um vizinho ou colega de trabalho com o evangelho? Tente tornar-se bilíngue. —WEC

O CONTEÚDO DA BÍBLIA PRECISA SER APRESENTADO EM CONTATO COM O MUNDO.

19 de novembro

QUANDO DEUS LIMPA A CASA

Leitura: **Jonas 1**

Longe de vós, toda amargura, e cólera, e ira, e gritaria, e blasfêmias, e bem assim toda malícia. —EFÉSIOS 4:31

Esta semana, Deus fez uma limpeza nas redondezas. Ele enviou ao nosso bairro um forte vento que fez as árvores tremerem e soltarem seus galhos mortos. Quando tudo terminou, eu tinha muita sujeira para jogar fora.

Às vezes, Deus trabalha de maneira similar em minha própria vida. Ele envia ou permite circunstâncias tempestuosas que fazem cair os "galhos mortos" que eu me recusava a soltar. Às vezes, é algo que já foi bom, como uma área de ministério, mas não está mais dando frutos. Com maior frequência, é algo que não é bom, como um mau hábito que adquiri ou uma atitude obstinada que impede novo crescimento.

O profeta Jonas, do Antigo Testamento, descobriu o que pode acontecer quando alguém se recusa a livrar-se de uma atitude obstinada. Seu ódio pelos ninivitas era mais forte do que o seu amor por Deus; por isso, Deus enviou uma grande tormenta que colocou Jonas em um peixe gigante (Jonas 1:4,17). Deus preservou o relutante profeta naquele lugar improvável e lhe deu uma segunda chance de obedecer (2:10; 3:1-3).

Os galhos mortos no meu jardim me fizeram pensar em atitudes que Deus espera que eu me desfaça. A carta de Paulo aos Efésios relaciona algumas delas: amargura, cólera, blasfêmias (4:31). Quando Deus agita as coisas, precisamos livrar-nos daquilo que Ele faz cair. —JAL

O PODER DE LIMPEZA DE CRISTO É CAPAZ DE REMOVER A MANCHA MAIS RESISTENTE DE PECADO.

20 de novembro

UM TRAÇO FAMILIAR

Leitura: **Mateus 5:9,38-48**

Bem-aventurados os pacificadores,
porque serão chamados filhos de Deus. —MATEUS 5:9

Uma antiga canção da Escola Dominical volta à minha mente de tempos em tempos. Sua letra testifica a bênção da paz que Jesus dá tão generosamente: "Tenho a paz que excede o entendimento em meu coração — para sempre!".

Todavia, algo está faltando naquela canção bem intencionada. A paz de Deus é, verdadeiramente, um presente que desfrutamos em nossos corações ao termos comunhão em Sua presença (João 14:27; 16:33). Mas, Ele nunca quis que essa paz pertencesse somente a nós. A paz é um presente a ser compartilhado com aqueles que nos cercam. Como cristãos, ela deveria marcar nossos relacionamentos e caracterizar o ambiente das nossas igrejas.

Em Seu Sermão do Monte, Jesus disse: "Bem-aventurados os pacificadores..." (Mateus 5:9), o que indica que devemos ter a intenção de levar a paz aos nossos relacionamentos. Uma vez que somos propensos a ser encrenqueiros, em vez de pacificadores, esse conselho é importante. Portanto, com que se parece a pacificação? Os pacificadores são aqueles que oferecem a outra face (v.39), andam a segunda milha (v.41) e amam seus inimigos enquanto oram por aqueles que os perseguem (v.44).

Por que devemos fazer isso? Porque Deus é um pacificador e, quando praticamos a paz, somos "...chamados filhos de Deus" (v.9). Pacificação é um traço familiar. —JMS

DEVIDO À PAZ DE DEUS E À PAZ COM DEUS
PODEMOS SER PACIFICADORES PARA DEUS.

21 de novembro

O TOQUE DO ARTÍFICE

Leitura: **Êxodo 31:1-5**

Pois somos feitura dele, criados em Cristo Jesus para boas obras...

—EFÉSIOS 2:10

Recentemente, assisti um documentário sobre a fabricação do piano Steinway, o qual descrevia o cuidado necessário para fabricar esse excelente instrumento. Do corte das árvores até o piano aparecer numa loja, ele passa por incontáveis e delicados ajustes feitos por habilidosos artífices. Quando o processo, que dura um ano, está completo, músicos talentosos tocam o piano e, frequentemente, comentam que aqueles sons ricos nunca seriam produzidos por uma linha de montagem computadorizada. O segredo para o produto final é o toque do artífice.

Na construção do tabernáculo, vemos que Deus também valorizou o toque do artífice. Ele escolheu o artífice Bezalel e, a seu respeito, disse: "[Eu] o enchi do Espírito de Deus, de habilidade, de inteligência e de conhecimento, em todo artifício, para elaborar desenhos e trabalhar em ouro, em prata, em bronze, para lapidação de pedras de engaste, para entalho de madeira" (Êxodo 31:3-5).

Hoje, Deus habita nos corações dos cristãos. Mas, o chamado para a função de artífice não terminou. Agora, cada um dos cristãos é "feitura" de Deus (Efésios 2:10). O Artífice Mestre é o Espírito Santo, que desbasta as imperfeições do nosso caráter para tornar-nos semelhantes a Jesus (Romanos 8:28-29). E, ao submetermo-nos à Sua feitura, descobriremos que o segredo para o produto final é o toque do Artífice. —HDF

O PAI NOS DEU O ESPÍRITO
PARA NOS FAZER SEMELHANTES AO SEU FILHO.

22 de novembro

GRATIDÃO SILENCIOSA

Leitura: **Salmo 107:31-43**

Rendei graças ao SENHOR, porque ele é bom [...]
Digam-no os remidos do SENHOR... —SALMO 107:1-2

O motivo do agradecimento é permitir que o presenteador saiba o quanto você aprecia algo. O autor G. B. Stern disse: "Gratidão silenciosa não tem muita utilidade para alguém."

Quando nosso filho era mais jovem, às vezes ele precisava ser lembrado de que evitar o contato visual, olhar para os pés e balbuciar algumas palavras ininteligíveis não era um "obrigado" aceitável. E, após muitos anos de casamento, meu marido e eu ainda estamos aprendendo que é importante expressarmos continuamente nossa gratidão um ao outro. Quando um de nós se sente agradecido, tentamos verbalizar isso — mesmo já tendo dito o mesmo em muitas outras ocasiões similares. William Arthur Ward disse: "Sentir gratidão e não expressá-la é como embrulhar um presente e não dá-lo."

Demonstrar nossa gratidão é, obviamente, importante nas relações humanas, mas ainda mais essencial em nosso relacionamento com Deus. Ao pensarmos sobre as muitas bênçãos que recebemos, expressamos nossa gratidão a Ele ao longo do dia? E quando pensamos no maravilhoso presente da Sua morte e ressurreição pelo perdão dos nossos pecados, nossos corações transbordam de alegria e ação de graças? (Romanos 6:23; 2 Coríntios 9:15).

Coloque diariamente em seu coração o lembrete do Salmo 107:1: "Rendei graças ao SENHOR, porque ele é bom..."! —CHK

O MAIOR PRESENTE DE DEUS
DEVE FAZER AFLORAR NOSSA MAIS PROFUNDA GRATIDÃO.

23 de novembro

O MUNDO DO MAIS

Leitura: **Romanos 5:1-11**

Nem olhos viram [...] o que Deus tem preparado para aqueles que o amam. —1 CORÍNTIOS 2:9

Minha operadora de TV a cabo enviou um cartão postal convidando-me a conhecer suas mais recentes melhorias nos canais oferecidos. O cartão indicava que eu precisava entrar em contato com a empresa para obter o novo equipamento digital necessário, e explicava como instalar e ativá-lo. Em seguida, o anúncio dizia que eu só precisaria "sentar-me e desfrutar o Mundo do Mais".

O cartão me fez pensar sobre o "Mundo do Mais" no qual os cristãos têm o privilégio de viver. Quando Deus retira as pessoas das trevas do pecado "...para a sua maravilhosa luz" (1 Pedro 2:9), uma vida totalmente nova se abre.

Romanos 5 nos traz alguns dos "mais" que temos em Cristo: Fomos "...reconciliados com Deus mediante a morte do seu Filho..." (v.10) e, portanto, temos "...paz com Deus por meio de nosso Senhor Jesus Cristo" (v.1). Temos acesso a Deus e à Sua graça (v.2). Regozijar-se na tribulação é, agora, possível porque compreendemos que essa é uma oportunidade de crescimento do nosso caráter pela confiança nele (vv.3-4). Adicionalmente, o Espírito Santo, que nos foi dado para viver em nós, derrama o amor de Deus em nossos corações (v.5). E o pecado não mais nos prende (6:18).

Como cristãos, temos acesso ilimitado a um verdadeiro "Mundo do Mais". Não seria egoísta não convidarmos outras pessoas a se juntarem a nós nesse mundo especial? —AMC

PERTENCER A DEUS TRAZ BÊNÇÃOS ILIMITADAS.

24 de novembro

PERDÃO DE AÇÃO DE GRAÇAS

Leitura: **1 João 1:1-10**

... o sangue de Jesus, seu Filho, nos purifica de todo pecado.

—1 JOÃO 1:7

Todo ano, no final de novembro, o Presidente dos Estados Unidos da América concede um perdão oficial para o Peru Nacional de Ação de Graças. Durante essa alegre cerimônia, um presidente mencionou: "Nosso convidado de honra parece um pouco nervoso. Ninguém ainda lhe disse que eu vou lhe conceder um perdão." O pobre peru tinha uma boa razão para estar inquieto — sem uma absolvição, ele estava fadado a ser o jantar de Ação de Graças.

Estamos em situação similar no que se refere ao nosso pecado. Sem o perdão de Deus, estamos no caminho para a morte certa. Essa condição é o resultado direto da nossa própria transgressão. A Bíblia diz: "...o salário do pecado é a morte..." (Romanos 6:23). Contudo, podemos ser libertos dessa sentença de morte porque o Filho de Deus levou nossos pecados sobre Seu corpo na cruz, "...para que nós, mortos para os pecados, vivamos para a justiça; por suas chagas, fostes sarados" (1 Pedro 2:24). O versículo 1 João 1:7 nos diz que o sangue de Jesus "...nos purifica de todo pecado".

Podemos aceitar o perdão de Deus por nossos pecados e receber a vida eterna quando confessarmos que Jesus Cristo é Senhor e crermos que Deus o ressuscitou dos mortos (Romanos 10:9). Hoje, considere como você reagirá à oferta perdão do Deus. —JBS

ATRAVÉS DA FÉ EM CRISTO, RECEBEMOS O PERDÃO DE DEUS E NOS LIVRAMOS DA PENA PELO PECADO.

25 de novembro

ENCONTRANDO ESPERANÇA

Leitura: **Salmo 42:1-11**

Por que estás abatida, ó minha alma? [...]
Espera em Deus, pois ainda o louvarei... —SALMO 42:5

Um estudo realizado por pesquisadores da Universidade de Minnesota revelou que quase 15% dos adolescentes dos EUA sentiam ser "altamente provável" que morreriam antes de completarem 35 anos. Aqueles que expressavam essa visão pessimista tinham maior probabilidade de engajar-se em comportamento imprudente. A dra. Iris Borowsky, autora deste estudo publicado em renomada revista disse: "Estes jovens podem correr riscos porque se sentem desanimados e acham que não há muito a perder."

Ninguém é imune a sentimentos de desespero. O salmo expressa repetidos pedidos de ajuda quando a vida parece tenebrosa. "Por que estás abatida, ó minha alma? Por que te perturbas dentro de mim? Espera em Deus, pois ainda o louvarei, a ele, meu auxílio..." (Salmo 42:5). Com um passo de fé, desafiador, o salmista diz a si mesmo para não esquecer-se de Deus, que nunca o abandonará.

Curtis Almquist escreveu: "A esperança é alimentada pela presença de Deus. [Ela] também é alimentada pelo futuro de Deus nas nossas vidas." Podemos dizer com o salmista: "...ainda o louvarei..." (v.5).

Nenhum seguidor de Cristo deve relutar em buscar conselho contra a depressão. Também não devemos sentir que a fé e a oração são simples demais para ajudar. Sempre existe esperança em Deus! —DCM

PARA O CRISTÃO, A ESPERANÇA É UMA CERTEZA —
PORQUE O SEU FUNDAMENTO É CRISTO.

26 de novembro

TAÇA CANTANTE

Leitura: **Deuteronômio 4:32-40**

... para nos tornar cooperadores da verdade.

—3 JOÃO 1:8

O artista e cientista Michael Flynn projetou uma taça cantante para exibição na ArtPrize; uma competição internacional de artes realizada em Grand Rapids, Michigan, EUA. A taça não precisa de eletricidade, mas requer algo difícil de encontrar: cooperação.

Enquanto observava as pessoas tentarem fazer a taça cantar, fiquei surpresa por nenhuma delas ter se preocupado em ler as instruções sobre agitá-la delicadamente. Em vez disso, impacientes para produzir música, elas testavam suas próprias ideias. Após alguns minutos, iam embora frustradas e desapontadas, como se a taça estivesse defeituosa.

Imagino, quantas vezes, ficamos frustrados por a vida não estar funcionando da maneira como pensamos que ela deveria? Continuamos a experimentar as alternativas que parecem corretas, mas essas continuam dando errado. Em vez de seguir a Palavra de Deus, continuamos tentando encontrar o nosso próprio caminho.

A taça cantante nos recorda de que não podemos esperar que a vida vá bem se ignorarmos as instruções do Criador (Deuteronômio 4:40). Não obedecer nos separa uns dos outros e também de Deus. Para consumar o Seu plano para o mundo e tornar conhecido o caminho da salvação (Salmo 67:2), precisamos seguir as Suas instruções sobre o vivermos e trabalharmos juntos em paz. Quando a vida não vai bem, pode ser que tenhamos parado de seguir o plano de Deus. —JAL

A VIDA É UMA LINDA CANÇÃO
QUE DEUS ESTÁ NOS ENSINANDO A TOCAR.

27 de novembro

SENTINDO-SE POBRE?

Leitura: **Salmo 86**

... estou aflito e necessitado.

—SALMO 86:1

De uma maneira ou outra, todos nós podemos nos identificar com o Salmo 86:1, no qual Davi diz: "...estou aflito e necessitado". Até mesmo os mais ricos dentre nós deveriam compreender que pobreza e necessidade estão mais relacionadas ao espírito do que à carteira. Quando o bilionário Rich DeVos fala a grupos, ele comumente diz: "Sou apenas um pecador salvo pela graça."

O Salmo 86 nos diz que a ajuda de Deus não é mensurada por uma folha de livro contábil. Quando reconhecemos que somos pobres e necessitados, não é para que Deus esbanje riquezas materiais conosco. Não, nós fazemos isso para abrir a porta para outros tesouros mais valiosos.

Eis o que Deus faz pelos pobres e necessitados. Ele "preservará" nossas vidas e "salvará" todos aqueles que confiam nele (v.2). Ele será "misericordioso" e "pronto em perdoar" (vv.3,5). Ele escutará e responderá as orações (vv.6-7).

Mas, não devemos receber as bênçãos de Deus sem retribuir. Temos a responsabilidade de aprender os caminhos de Deus, andar em Sua verdade, temer o nome de Deus, louvar o Senhor e glorificar Seu nome (vv.11-12).

Você se considera "aflito e necessitado"? Se a resposta for afirmativa, bem-vindo ao clube. Não esqueçamos de todas as bênçãos espirituais que Deus tem para nós e a resposta piedosa que devemos ter em relação à Sua generosidade. —JDB

O HOMEM MAIS POBRE
É AQUELE CUJA ÚNICA RIQUEZA É O DINHEIRO.

28 de novembro

FAÇA O QUE É CERTO

Leitura: **Filipenses 2:12-18**

... para que vos torneis [...] filhos de Deus inculpáveis no meio de uma geração pervertida e corrupta... —FILIPENSES 2:15

Em uma viagem ao exterior, encontrei um advogado da minha cidade em Nova Jersey, EUA. Ficamos surpresos com o quanto tínhamos em comum. Durante a conversa, ele perguntou: "Você disse que seu nome é Stillwell?" Eu disse: "Não, é Stowell". Então, ele mencionou que tinha tido um cliente chamado Stillwell. "É Art Stillwell?", perguntei-lhe — e, para minha surpresa, ele disse que sim. Art Stillwell frequentava minha igreja e era um homem de negócios influente na comunidade.

O advogado admitiu não ter tido outro cliente como Art. Ele explicou que a maioria dos seus clientes quer que ele faça todo o possível para livrá-los dos seus problemas, mas Art era diferente. Sempre que ele perguntava a Art o que deveria fazer em qualquer situação específica, Art respondia: "Faça apenas o que é certo". Obviamente, isso havia impressionado o advogado.

Submeter-se a Cristo em todos os nossos desejos e decisões, independente do resultado, é o que nos diferencia em um mundo repleto de pessoas consumidas por seus próprios interesses. Quando levamos uma vida inocente "inculpável" — refletindo corajosamente a integridade, o amor e a graça de Jesus —, claramente "...resplandecemos como luzeiros no mundo" (Filipenses 2:15).

Assim, se você deseja iluminar seu mundo de maneira convincente, faça apenas o que é certo! —JMS

ILUMINE SEU MUNDO REFLETINDO A LUZ DE JESUS.

29 de novembro

HONRANDO SEUS PAIS

Leitura: **Êxodo 20:1-17**

Honra a teu pai e a tua mãe...

—EFÉSIOS 6:2

Recentemente, meu pai completou 90 anos e suas capacidades físicas estão diminuindo. Ele ainda consegue locomover-se usando um andador, mas necessita de alguém para preparar suas refeições e ajudá-lo com outras tarefas.

Meu irmão mais velho, Estêvão, e sua esposa Judite, que moravam próximo a ele, decidiram mudar-se para a casa de papai para cuidar dele. Desejando ajudar de alguma maneira, minha esposa e eu atravessamos o país para ajudar um pouco cuidando dele, enquanto meu irmão e sua esposa viajavam por algum tempo. Apreciamos passar aquele tempo com meu pai e ficamos felizes em aliviar a carga de meu irmão e cunhada — ainda que por poucos dias.

A Bíblia diz para honrar "...teu pai e tua mãe..." (Efésios 6:2). Um comentário do Novo Testamento diz que honrar alguém é "tratá-lo com a deferência, respeito, reverência, gentileza, cortesia e obediência que a situação... exige".

Para crianças pequenas, isso significa obedecer aos pais. Para adolescentes, indica demonstrar respeito pelos pais, mesmo que pensem saber mais do que eles. Para jovens adultos, significa incluir os pais em suas vidas. E, para os de meia-idade ou mais, significa certificar-se de que os pais recebem os cuidados necessários ao envelhecer ou quando a saúde diminui.

De que maneira você pode honrar seus pais esta semana? —HDF

HONRAR SEUS PAIS NÃO TEM LIMITE DE IDADE.

30 de novembro

AÇÕES E RESULTADOS

Leitura: **Romanos 5:12-19**

... pela ofensa de um só, morreram muitos, [...] o dom pela graça de um só [...], foram abundantes sobre muitos.

—ROMANOS 5:15

No dia 24 de novembro de 1971, um homem hoje conhecido como D. B. Cooper sequestrou um avião comercial nos EUA ameaçando explodir o avião a menos que recebesse 200 mil dólares. Após pousar para receber o valor do resgate, ordenou que o avião decolasse novamente. Em seguida, a escada traseira do Boeing 727 foi abaixada e ele saltou de paraquedas na escuridão da noite. Ele nunca foi capturado e o caso ainda não foi resolvido. Este ato apressou a era da segurança aeroportuária, na qual a confiança foi substituída por suspeita e medo. O que ele fez afetou-nos indiscriminadamente.

A Bíblia descreve duas ações que transformaram o mundo de maneira muito mais significativa. Através da escolha de Adão, o pecado e a morte adentraram o mundo: "...assim também a morte passou a todos os homens, porque todos pecaram" (Romanos 5:12). Mas, através do sacrifício de Cristo na cruz, Deus proporcionou um remédio para o resultado do pecado. "Pois assim como, por uma só ofensa [de Adão], veio o juízo sobre todos os homens para condenação, assim também, por um só ato de justiça [de Cristo], veio a graça sobre todos os homens para a justificação que dá vida" (v.18).

Cristo fez o que ninguém mais podia fazer quando quebrou o poder do pecado e da morte por Sua ressurreição. Ele oferece perdão e vida eterna a todos os que aceitarem o Seu presente. E, por isso, nós lhe agradecemos de todo coração. –DCM

A CRUZ DE CRISTO PODE LIVRAR AS ALMAS DA CONDENAÇÃO QUE RESULTOU DA ESCOLHA DE ADÃO.

1 de dezembro

TEMAS DO ADVENTO

Leitura: **1 Pedro 1:3-5,13-21**

... esperai inteiramente na graça que vos está sendo trazida na revelação de Jesus Cristo. —1 PEDRO 1:13

Creio que toda a Escritura está relacionada e que toda a Escritura é relevante. Mesmo assim, fiquei surpreso quando minha leitura de novembro no livro de 1 Pedro tocou em todos os quatro temas do Advento; o período no calendário da igreja em que muitos cristãos se preparam para celebrar a primeira vinda de Cristo, enquanto esperam por Sua segunda vinda. Durante o Advento, enfatizamos a esperança, a paz, a alegria e o amor, que Deus enviou com Cristo.

Esperança: Temos uma herança reservada no céu, uma viva esperança por meio da ressurreição de Cristo dentre os mortos (1 Pedro 1:3-5).

Paz: Amaremos a vida e veremos dias felizes se nos apartarmos do mal, fizermos o bem e buscarmos a paz, pois os olhos do Senhor repousam sobre os justos e os seus ouvidos estão abertos às suas súplicas (3:10-12).

Alegria: Temos alegria inexprimível, até mesmo nas provações, porque nossa fé está sendo testada e comprovada como genuína. O fim dessa fé é a salvação das nossas almas (1:6-9).

Amor: Podemos amar uns aos outros com um coração puro, porque fomos regenerados através da Palavra de Deus que vive e permanece para sempre (1:22-23).

Porque Cristo veio da primeira vez, podemos viver com esperança, paz, alegria e amor até a Sua volta. —JAL

SE VOCÊ BUSCA A ESPERANÇA, A PAZ, A ALEGRIA E O AMOR NESTA TEMPORADA DE NATAL, OLHE PARA DEUS.

2 de dezembro

NUNCA OCUPADO DEMAIS

Leitura: **Salmo 145:8-21**

Perto está o S*ENHOR de todos os que o invocam, de todos os que o invocam em verdade.* —SALMO 145:18

Alguns universitários alugam uma casa de minha irmã e seu marido. Certa noite, um ladrão tentou entrar na casa. Quando uma das jovens moradoras ligou para a polícia, para denunciar a invasão, o operador respondeu de maneira incomum: "Retorne a ligação amanhã de manhã. Estamos ocupados neste momento." Essa resposta foi muito perturbadora! A jovem havia feito a coisa certa chamando a polícia, mas, por alguma razão, seu pedido de ajuda foi desconsiderado. Esse tipo de indiferença é perturbador.

Mas, quando buscamos a Deus em oração, Ele nunca nos atende com indiferença. Talvez nem sempre sintamos que Deus está ouvindo, mas Ele está. Ele se importa e responderá. A Bíblia nos lembra que podemos nos confortar porque o nosso Deus se preocupa profundamente com aquilo que inquieta os nossos corações: "Perto está o SENHOR de todos os que o invocam, de todos os que o invocam em verdade" (Salmo 145:18). Quando o invocarmos, jamais receberemos uma resposta desinteressada.

Ao invés de distanciar-se quando clamamos a Ele, nosso Pai celestial se aproxima de nós em nosso momento de necessidade. Ele nunca está ocupado demais para as orações dos Seus filhos — Ele nos ouve quando chamamos. —WEC

A LINHA DE ORAÇÃO PARA O CÉU
NUNCA DARÁ O SINAL DE OCUPADO.

3 de dezembro

CASTELOS DE AREIA

Leitura: **Lucas 12:22-34**

... onde está o vosso tesouro, aí estará também o vosso coração.

—LUCAS 12:34

Quando nossos filhos eram crianças, minha esposa Martie e eu tirávamos férias com a família na Flórida, visitando nossos pais. Era maravilhoso estar lá no calor, para uma pausa do congelante vento de Michigan. Mal podia esperar a hora de apenas relaxar na praia com um bom livro. Mas, meus filhos tinham outras ideias. Eles queriam que eu os ajudasse a construir castelos de areia. Relutantemente, levantava-me para ajudar e, rapidamente, era totalmente envolvido pelo projeto. Antes que percebesse, já havia passado horas criando um impressionante castelo — sem pensar que era apenas uma questão de tempo até que a maré levasse embora todo o meu árduo trabalho.

Com frequência, cometemos o mesmo erro na vida, investindo muito tempo e energia construindo nossos *castelos* individuais e nos deleitando em nossas realizações. Pode parecer que tudo vale a pena, mas no final é inútil.

Em Lucas 12, Jesus desafiou Seus seguidores a vender suas posses e dá-las aos pobres, "...porque onde está o vosso tesouro, aí estará também o vosso coração" (v.34). Em outras palavras, a maneira como investimos nosso tempo e recursos diz muito sobre a nossa perspectiva de eternidade. Como uma antiga canção de louvor diz, "Somente uma vida, que logo passará; somente o que é feito para Cristo durará." Portanto, o que você fez hoje que durará por toda a eternidade? –JMS

DEUS QUER QUE VOCÊ INVISTA SEU TEMPO E SEUS RECURSOS EDIFICANDO O REINO DELE, NÃO O SEU.

4 de dezembro

PAZ

Leitura: **Colossenses 1:19-29**

E a vós outros também que, outrora, éreis estranhos […] agora, porém, vos reconciliou … —COLOSSENSES 1:21-22

Nos dias de Adão e Eva, a paz fora perdida. Assim que eles comeram o fruto proibido e tomaram consciência de sua nudez, começaram a acusar-se mutuamente (Gênesis 3:12-13) e introduziram o conflito no pacífico planeta de Deus. Tristemente, todos os seus descendentes, seguiram o seu mau exemplo, incluindo nós. Culpamos os outros por nossas más escolhas e ficamos irados quando ninguém aceita a culpa. Culpar os outros por nossa infelicidade separa famílias, igrejas, comunidades e nações. Não podemos fazer a paz porque estamos preocupados em transferir a culpa.

O Natal é a estação da paz. O Antigo Testamento conta a história de como Deus montou o cenário para apresentar o Príncipe da Paz (Isaías 9:6). Jesus veio interromper o ciclo de pecado e culpa fazendo por nós a paz com Deus "...pelo sangue da sua cruz..." (Colossenses 1:20). Em vez de nos culpar por todo o problema que causamos, Ele levou a culpa por todos nós. Agora, Ele está recrutando seguidores que, tendo recebido Seu perdão, desejam que outros também o recebam.

Quando aceitamos o perdão de Deus, perdemos o nosso desejo de retê-lo dos outros. E, quando vivemos em paz com Deus, ansiamos fazer a paz com os outros. Podemos dar e receber o presente da paz neste Natal. —JAL

JESUS TOMOU NOSSO LUGAR PARA DAR-NOS A SUA PAZ.

5 de dezembro

BEM-AMADO

Leitura: **1 João 4:7-21**

Nós amamos porque ele nos amou primeiro.

—1 JOÃO 4:19

Um amigo descreveu sua avó como uma das maiores influências em sua vida. Ao longo de sua vida adulta, ele manteve o retrato dela próximo à sua escrivaninha, para lembrar-se de seu amor incondicional. "Realmente creio", disse ele, "que ela me ajudou a aprender a amar".

Nem todos tiveram uma experiência similar com o amor humano, mas, através de Cristo, cada um de nós pode se sentir amado por Deus. Em 1 João 4, as palavras que se referem ao amor ocorrem 33 vezes e o amor de Deus por intermédio de Cristo é citado como a fonte do nosso amor por Deus e pelos outros. "Nisto consiste o amor: não em que nós tenhamos amado a Deus, mas em que ele nos amou e enviou o seu Filho como propiciação pelos nossos pecados" (v.10). "E nós conhecemos e cremos no amor que Deus tem por nós..." (v.16). "Nós amamos porque ele nos amou primeiro" (v.19).

O amor de Deus não é uma torneira que goteja lentamente ou um poço que precisamos cavar para nós mesmos. Ele é uma torrente de água que flui do Seu coração para dentro do nosso. Seja qual for nosso meio familiar ou as nossas experiências de vida — se nos sentimos amados pelos outros ou não — podemos conhecer o amor. Podemos beber da inexaurível fonte do Senhor para conhecer Seu amoroso cuidado por nós, e podemos dá-lo aos outros.

Em Cristo, nosso Salvador, somos bem-amados. —DCM

NADA É MAIS PODEROSO DO QUE O AMOR DE DEUS.

6 de dezembro

VIDA SEM INDIGNAÇÃO

Leitura: **Salmo 37:1-11**

... não te impacientes; certamente, isso acabará mal.

—SALMO 37:8

Você se incomoda ao ver quanta atenção se dá, na cultura atual, às pessoas que defendem tudo o que é errado? Talvez sejam artistas que ganham manchetes ao abraçar filosofias imorais em sua música, filmes ou programas de televisão. Ou podem ser líderes que, abertamente, desdenham os padrões elevados de vida.

Seria fácil indignar-se com isso e torcer nossas mãos em desespero, mas o Salmo 37 sugere um caminho melhor. Ouça o sábio conselho de Davi: "Não te indignes por causa dos malfeitores, nem tenhas inveja dos que praticam a iniquidade" (v.1).

Embora seja certo ser "sal e luz" (Mateus 5:13-14) neste mundo insípido e escuro — tentar opor-se ao pecado refletindo a luz de Jesus onde for possível —, não podemos permitir que forças negativas nos façam viver com sentimentos de ira e furor (Salmo 37:8). Em vez disso, precisamos confiar em Deus para a palavra definitiva sobre os perversos: "...eles dentro em breve definharão como a relva..." (v.2). Além disso, devemos usar a abordagem de Davi: 1) "Confia no SENHOR e faze o bem..."; 2) "...alimenta-te da verdade"; 3) "Agrada-te do SENHOR..."; 4) "Entrega o teu caminho ao SENHOR..."; 5) "Descansa no SENHOR..." (vv.3-7).

Podemos não gostar do que vemos e ouvimos de alguns aspectos da sociedade, mas, lembre-se disto: Deus está no controle. Confie nele para fazer o que é certo. E não se indigne. —JDB

NÃO SE DESESPERE POR CAUSA DO MAL;
DEUS TERÁ A ÚLTIMA PALAVRA.

7 de dezembro

FAZEI ISTO EM MEMÓRIA

Leitura: **1 Coríntios 11:23-34**

... e, tendo dado graças, [Jesus] o partiu e disse:
Isto é o meu corpo, que é dado por vós... —1 CORÍNTIOS 11:24

Quando um navio da Marinha dos EUA chega ou parte das bases militares de Pearl Harbor, a tripulação desse navio se perfila em uniforme de gala. Eles ficam em posição de sentido, afastados pela distância de um braço, nas bordas do convés, em saudação aos soldados, marinheiros e civis que morreram no dia 7 de dezembro de 1941. Essa é uma visão tocante; frequentemente, os participantes a mencionam dentre os momentos mais memoráveis da sua carreira militar.

Até mesmo para os espectadores em terra firme, a saudação desencadeia uma incrível conexão emocional, mas especialmente entre os que servem hoje e os que serviram no passado. Ele atribui nobreza ao trabalho do marinheiro de hoje e dignidade ao sacrifício daqueles do passado.

Quando Jesus instituiu a Ceia do Senhor (Mateus 26:26-29), certamente visava criar esse mesmo tipo de ligação emocional. Nossa participação na Mesa do Senhor honra o Seu sacrifício enquanto nos concede uma conexão com Ele, diferente de qualquer outra recordação que tenhamos.

Do mesmo modo que a Marinha determina cuidadosamente a maneira como saúda os caídos em combate, a Escritura nos ensina como nos recordarmos do sacrifício de Jesus (1 Coríntios 11:26-28). Estes atos de reverência e ação de graças servem para honrar ações do passado e ao mesmo tempo conferir um propósito ao serviço atual. —RKK

PARA NÓS, A CEIA DO SENHOR
É UM MEMORIAL DEIXADO POR CRISTO.

8 de dezembro

APENAS UM ESBOÇO

Leitura: **1 Coríntios 13:8-12**

... então, veremos face a face. Agora, conheço em parte; então, conhecerei como também sou conhecido. —1 CORÍNTIOS 13:12

Em seu livro *O Peso de Glória,* C. S. Lewis conta a história de uma mulher que teve um filho enquanto estava prisioneira numa masmorra. Como o menino nunca tinha visto o mundo externo, sua mãe tentou descrevê-lo fazendo desenhos a lápis. Mais tarde, quando ele e sua mãe foram soltos da prisão, os simples rascunhos a lápis foram substituídos pelas imagens reais do nosso lindo mundo.

De maneira similar, a imagem inspirada que a Bíblia nos dá do céu será, um dia, substituída por um direto e alegre desfrutar. Paulo compreendeu que nossa percepção do céu é limitada até um dia, no futuro, quando estivermos na presença de Cristo. "Porque, agora, vemos como em espelho, obscuramente; então, veremos face a face. Agora, conheço em parte; então, conhecerei como também sou conhecido" (1 Coríntios 13:12). Ainda assim, a confiança de Paulo na glória futura o fortaleceu em meio à tribulação: "Porque para mim tenho por certo que os sofrimentos do tempo presente não podem ser comparados com a glória a ser revelada em nós" (Romanos 8:18).

Nossa ideia atual das glórias do céu é apenas um simples esboço. Mas, podemos confiar totalmente na afirmação de Jesus, de que Ele foi preparar-nos um lugar (João 14:1-3).

O melhor ainda está por vir! —HDF

AGORA, VEMOS JESUS NA BÍBLIA,
MAS, UM DIA, O VEREMOS FACE A FACE.

9 de dezembro

O QUE QUERES?

Leitura: **1 Reis 3:1-9**

... Disse-lhe Deus: Pede-me o que queres que eu te dê.

—1 REIS 3:5

Disseram-me que as histórias "de três desejos" ocorrem em quase todas as culturas e seguem um tema similar: Um benfeitor aparece e se oferece para conceder três desejos a um crédulo beneficiário. O fato de as histórias ocorrerem com tanta frequência sugere que todos nós desejamos algo que não conseguimos por nós mesmos.

Existe até uma "história de desejo" na Bíblia. Aconteceu numa noite em que o Senhor apareceu a Salomão em sonho e lhe disse: "...Pede-me o que queres que eu te dê" (1 Reis 3:5). Salomão poderia ter pedido qualquer coisa — riqueza, honra, fama ou poder. Mas, ele não pediu nada disso. Pediu somente "um coração compreensivo" (v.9), ou um "coração que escuta", um coração humilde para ouvir a Palavra de Deus e aprendê-la. O jovem e inexperiente rei, sob o peso da responsabilidade de governar uma vasta nação, necessitava da sabedoria do Senhor para governar bem.

Sou assim sábio? Se Deus falasse comigo diretamente e perguntasse o que Ele poderia fazer por mim, o que eu pediria? Pediria saúde, riqueza, juventude, poder ou prestígio? Ou pediria sabedoria, santidade e amor? Eu seria sábio ou tolo?

Suponha que Deus lhe perguntasse o que Ele poderia lhe dar. O que você pediria? —DHR

A SABEDORIA DE DEUS É DADA ÀQUELES QUE, HUMILDEMENTE, LHE PEDEM.

10 de dezembro

NEGÓCIO ARRISCADO

Leitura: **Mateus 1:18-25**

Despertado José do sono, fez como lhe ordenara o anjo do Senhor... —MATEUS 1:24

Em alguns dos cartões de Natal que você receberá este ano, sem dúvida haverá um homem em pé, no fundo da cena, olhando por sobre o ombro de Maria, mostrada em destaque cuidando do bebê Jesus. Seu nome é José e, após as narrativas do Natal, pouco se ouvirá falar dele. Se não soubéssemos algo mais, pensaríamos que José era um espectador insignificante ou, na melhor das hipóteses, uma mera necessidade de respaldar a reivindicação de Jesus ao trono de Davi.

Mas, na verdade, o papel desempenhado por José era estrategicamente importante. Se ele tivesse desobedecido ao mandamento do anjo, de receber Maria como sua mulher (Mateus 1:20), ele teria, numa perspectiva humana, colocado em risco toda a missão de Jesus. Receber Maria como sua mulher era uma tarefa arriscada. A percepção pública de que ele era o pai do bebê o colocava em séria violação da lei judaica e o tornava uma desgraça pública. Contudo, hoje somos todos gratos por ele ter se disposto a arriscar sua reputação para participar e ser um facilitador do desdobramento do plano de Deus.

A maioria de nós é insignificante em comparação às principais figuras de poder deste mundo. Mas, todos nós somos chamados a obedecer. Quem sabe o que Deus tem nos reservado ao nos dispormos a render-nos à Sua vontade — mesmo quando isto nos coloca em risco! —JMS

CONFIAR E OBEDECER NÃO É POUCA COISA.

11 de dezembro

DE TIRAR O FÔLEGO

Leitura: **Eclesiastes 2:1-11**

... nenhuma coisa há melhor [...] do que comer, beber e alegrar-se; pois isso o acompanhará [...] nos dias da vida...

—ECLESIASTES 8:15

Uma frase popular diz: "A vida não é medida pelo número de vezes que respiramos, mas pelos momentos que nos tiram o fôlego." Vejo-a escrita em todo lugar, desde camisetas até em obras de arte. Ela é cativante, mas a acho enganosa.

Se medirmos a vida pelos momentos de tirar o fôlego, perderemos a beleza dos momentos comuns. Comer, dormir e respirar parece "algo comum" porque fazemos essas coisas todos os dias, habitualmente, sem pensar muito nelas. Mas, elas não são comuns. Toda mordida num alimento e toda respiração são milagres. De fato, respirar é mais milagroso do que qualquer coisa que nos tire o fôlego.

O rei Salomão pode ter tido mais momentos de tirar o fôlego do que qualquer outra pessoa. Ele disse: "...nem privei o coração de alegria alguma..." (Eclesiastes 2:10). Mas, expressou cinismo sobre isso, dizendo: "...tudo é vaidade..." (v.17).

A vida de Salomão nos recorda de que é importante encontrar alegria nas coisas "comuns", porque elas são, realmente, maravilhosas. Nem sempre *maior* é sinônimo de *melhor*. Nem sempre *mais* é um aprimoramento. Estarmos mais ocupados não nos torna mais importantes.

Em vez de buscar significado em momentos de tirar o fôlego, devemos encontrar significado em cada respiração e torná-la significativa.

—JAL

RESPIRAR É UM MILAGRE MAIOR
DO QUE QUALQUER COISA QUE NOS TIRE O FÔLEGO.

12 de dezembro

CRESCENTE BELIGERÂNCIA

Leitura: **Filipenses 4:4-9**

... se possível, quanto depender de vós, tende paz com todos os homens. —ROMANOS 12:18

Em uma viagem recente, o comissário de bordo perguntou se eu viajava de avião com frequência. Quando respondi que sim, ele perguntou: "Você percebeu, recentemente, que as pessoas nos aviões estão se tornando cada vez mais beligerantes e agressivas?" Tive de confessar que concordava com ele. Começamos a conversar sobre o que poderia estar contribuindo para isso — coisas como o aumento da segurança nos aeroportos, custos mais elevados, menos serviços e uma insatisfação geral com as viagens. Como que para provar que estávamos certos, nossa conversação foi interrompida por um passageiro que se recusava a sentar-se em sua poltrona porque preferia a poltrona de outro passageiro!

Quando encontra raiva e beligerância, o seguidor de Cristo pode ser um pacificador. Paulo escreveu à igreja de Roma com o seguinte desafio: "Se possível, quanto depender de vós, tende paz com todos os homens" (Romanos 12:18). O que isso significa? Apenas que precisamos controlar o que podemos controlar. Não podemos controlar as atitudes dos outros, mas podemos controlar a nossa reação.

Quando vemos atitudes raivosas ou hostis à nossa volta, podemos demonstrar o coração do Príncipe da paz, reagindo com graça de maneira pacífica. Assim, demonstraremos a atitude do nosso Salvador em um mundo cheio de crescente beligerância. —WEC

O MUNDO NECESSITA DA PAZ QUE ULTRAPASSA TODO O DESENTENDIMENTO.

13 de dezembro

PIZZA GRÁTIS!

Leitura: **João 6:25-41**

... Eu sou o pão que desceu do céu.

—JOÃO 6:41

O dinheiro é curto para os universitários. Assim, quando há comida grátis, os alunos aparecem a qualquer hora em qualquer lugar. Se uma empresa desejar recrutar novos funcionários, ela seduzirá os jovens dos campi universitários a assistirem a uma apresentação, oferecendo pizza grátis. Alguns alunos assistem a uma apresentação após a outra — só pela pizza. O alimento no momento presente, parece ser mais importante que o emprego para o futuro.

Jesus alimentou uma multidão de cinco mil homens e, no dia seguinte, muitos o procuraram (João 6:10-11, 24-25). Ele os desafiou: "...vós me procurais, não porque vistes sinais, mas porque comestes dos pães e vos fartastes" (v.26). Parece que, para algumas daquelas pessoas, o alimento era mais importante do que a vida eterna que Jesus oferecia em si mesmo. Ele lhes disse ser "...o pão de Deus [...] que desce do céu e dá vida ao mundo" (v.33). Algumas não criam, não aceitavam Seu ensinamento e "já não andavam com ele" (v.66). Algumas quiseram o alimento, mas não quiseram Ele, nem o que lhes seria exigido para segui-lo.

Hoje, Jesus nos chama para virmos a Ele — não pelas bênçãos provindas da Sua mão, mas para recebermos a vida eterna que Ele oferece e segui-lo, "o pão de Deus". —AMC

SOMENTE CRISTO, O PÃO VIVO,
PODE SATISFAZER NOSSA FOME ESPIRITUAL.

14 de dezembro

A ÉGUA E SEU MENINO

Leitura: **Colossenses 3:12-17**

... sendo fortalecidos com todo o poder, segundo a força da sua glória, em toda a perseverança e longanimidade...

—COLOSSENSES 1:11

Quando eu tinha uns cinco anos, meu pai decidiu que eu precisava ter um cavalo sob os meus cuidados. Em seguida, ele comprou uma velha égua baia e a trouxe para casa, para ser minha. Eu lhe dei o nome Dixie.

Dixie era um animal formidável para mim, com minha idade e pequena estatura. Não havia sela pequena o bastante e nenhum arreio de estribo era suficientemente curto para as minhas pernas, então eu cavalgava sem sela a maior parte do tempo.

Dixie era roliça, o que significava que meus pés apontavam diretamente para fora, dificultando-me a permanecer montado. Mas, sempre que eu caía, Dixie simplesmente parava, olhava para mim e esperava enquanto eu tentava montar novamente em seu dorso. Isso me faz ressaltar a característica mais admirável de Dixie: ela era maravilhosamente paciente.

Por outro lado, eu era muito impaciente com Dixie. Mesmo assim, ela suportou meus chiliques infantis com estóica paciência, jamais retaliou. Gostaria de ser mais semelhante a Dixie, com paciência para desconsiderar uma multidão de ofensas. Tenho de perguntar-me: "Como reajo quando outras pessoas me irritam?" Reajo com humildade, mansidão e longanimidade? (Colossenses 3:12). Ou com intolerância e indignação?

Desconsiderar uma ofensa. Perdoar 70 vezes sete. Suportar a fragilidade e as falhas humanas. Demonstrar misericórdia e bondade aos que nos exasperam. Obter esse controle sobre nossas almas — esse é o trabalho de Deus. —DHR

O AMOR NASCIDO NO CALVÁRIO SUPORTA E TOLERA, DOA E PERDOA.

15 de dezembro

PAPEL COADJUVANTE

Leitura: **Romanos 12:9-21**

Amai-vos cordialmente uns aos outros com amor fraternal, preferindo-vos em honra uns aos outros. —ROMANOS 12:10

Após a morte, em 2009, de Ed McMahon, uma personalidade da televisão nos EUA, uma manchete de jornal dizia: "Quando chegou a ser o homem n.º 2, ele era o n.º 1". Mais conhecido por seu mandato de 30 anos como coadjuvante no programa de entrevista de Johnny Carson no final da noite, McMahon foi excelente em ajudar Carson a ser bem-sucedido no comando do programa. Enquanto a maioria dos apresentadores se esforça para estar no topo, McMahon contentava-se com um papel coadjuvante.

Quando o apóstolo Paulo deu instruções sobre como exercitarmos nossos dons como membros do corpo de Cristo (Romanos 12:3-8), ele confirmou o valor dos papéis coadjuvantes. Ele começou dizendo que devemos ter uma opinião realista sobre nós mesmos (v.3) e concluiu com um chamado ao amor genuíno e altruísta: "Amai-vos cordialmente uns aos outros com amor fraternal, preferindo-vos em honra uns aos outros" (v.10). Ou, como J. B. Phillips traduz, "disposição para deixar o outro levar os créditos".

Nossos dons e capacidades nos são concedidos pela graça de Deus e devem ser usados por fé (vv.3,6) no amor e serviço para Cristo — não para reconhecimento pessoal.

Que Deus nos conceda a capacidade de nos envolvermos com entusiasmo em papéis coadjuvantes para os quais Ele nos chama. A meta final é a Sua glória, não a nossa. —DCM

A IGREJA FUNCIONA MELHOR QUANDO NOS VEMOS COMO PARTICIPANTES, NÃO COMO ESPECTADORES.

16 de dezembro

EVITE AS CASCAS

Leitura: **Lucas 15:11-24**

Ali, desejava ele fartar-se das alfarrobas que os porcos comiam...

—LUCAS 15:16

Ah, a vida de um porco! Cada novo dia nada acrescenta além do chafurdar-se na lama e bufar feliz na hora da refeição. E que refeições eles têm! Palhas de milho crocantes — ou qualquer sobra jogada no chiqueiro.

Parece bom? Não? Provavelmente, também não pareceu bom ao filho pródigo.

Antes de começar a comer com os porcos, ele tinha uma cama quente, uma rica herança, um pai amoroso, um futuro seguro — e, provavelmente, bom alimento. Mas não era o suficiente. Ele queria "diversão". Ele queria ter sua própria vida e fazer o que desejasse. O resultado foi um jantar de porcos.

Resultados semelhantes ocorrem sempre que uma pessoa jovem ignora a orientação de pais piedosos e a instrução da Palavra de Deus. Sempre fico chocado quando alguém que professe conhecer Jesus escolhe uma vida que rejeita o claro ensinamento de Deus. Quer as escolhas incluam pecado sexual, substâncias formadoras de dependência, falta de ambição ou outra coisa, qualquer ação que exclui Deus corre o risco de terminar mal.

Se ignorarmos os claros preceitos morais bíblicos e negligenciarmos nosso relacionamento com Deus, poderemos esperar por problemas. Lucas nos conta que o jovem deu uma reviravolta após cair em si (Lucas 15:17). Não perca o bom senso. Viva para Deus e pela orientação da Sua Palavra — a menos que você deseje ardentemente o que não tem valor. —JDB

SE O PECADO NÃO FOSSE ENGANOSO,
NÃO PARECERIA DELICIOSO.

17 de dezembro

ESPERANÇA NELE

Leitura: **Isaías 53**

... a virgem conceberá e dará à luz um filho e lhe chamará Emanuel. —ISAÍAS 7:14

Uma noite, ao voltarmos para casa após uma festa de Natal, minha família e eu nos aproximamos de uma pequena igreja rural aninhada entre brilhantes bancos de neve. À distância, pude ver sua ornamentação natalina. Cordões de luzes brancas formavam a palavra E-S-P-E-R-A-N-Ç-A em letras maiúsculas. A visão dessa palavra brilhando na escuridão lembrou-me de que Jesus é, e sempre foi, a esperança da raça humana.

Antes de Jesus nascer, as pessoas esperavam pelo Messias — Aquele que carregaria seus pecados nos ombros e intercederia por elas junto a Deus (Isaías 53:12). Elas esperavam a vinda do Messias por meio de uma virgem que teria um filho em Belém e o chamaria Emanuel, "Deus conosco" (7:14). Na noite em que Jesus nasceu, a esperança deles se concretizou (Lucas 2:1-14).

Embora não estejamos mais esperando por Jesus na forma de um bebê, Ele ainda é a fonte da nossa esperança. Aguardamos Sua segunda vinda (Mateus 24:30); aguardamos com expectativa o lar celestial que Ele está preparando para nós (João 14:2); e sonhamos em viver com Ele em Sua cidade celestial (1 Tessalonicenses 4:16). Como cristãos, podemos olhar para o futuro porque o bebê da manjedoura era, e ainda é, "...Cristo Jesus, nossa esperança" (1 Timóteo 1:1). —JBS

A PALAVRA-CHAVE NO NATAL É "EMANUEL" —DEUS CONOSCO!

18 de dezembro

VIAGEM NATALINA

Leitura: **Gálatas 4:1-7**

...vindo, porém, a plenitude do tempo, Deus enviou seu Filho...

—GÁLATAS 4:4

Qual é a distância entre Nazaré e Belém? Se você estiver no estado da Pensilvânia (EUA), [onde estas duas cidades existem], serão 14,5 quilômetros e uns dez minutos de carro. Mas, se você estiver em Nazaré da Galileia e viajando com sua mulher grávida, como fez José, serão 128 quilômetros até Belém. Provavelmente, essa jornada de José e Maria durou cerca de uma semana; e eles não se hospedaram num hotel agradável ao chegarem. Tudo que José conseguiu encontrar foi uma cocheira num estábulo, e naquele lugar Maria deu à luz a "...seu filho primogênito..." (Lucas 2:7).

Mas, para o bebê Jesus, a viagem foi muito mais longa do que os 128 quilômetros. Ele deixou Seu lugar no céu à direita de Deus, veio à terra e aceitou a nossa humanidade. Finalmente, foi pregado numa cruz para morrer e foi enterrado num túmulo emprestado. Mas, a jornada ainda não tinha acabado. Ele conquistou a morte, deixou o túmulo, andou novamente entre os homens e ascendeu ao céu. Nem esse é o fim da jornada. Um dia, Ele retornará como Rei dos reis e Senhor dos senhores.

Em sua jornada natalina, reflita sobre a jornada que Jesus fez por nós. Ele veio do céu à terra para morrer por nós, tornando a salvação disponível através da Sua morte na cruz e de Sua gloriosa ressurreição.

Louve a Deus por aquela primeira viagem de Natal! —DCE

JESUS VEIO À TERRA POR NÓS
PARA QUE POSSAMOS IR AO CÉU COM ELE.

19 de dezembro

TUDO ESTÁ BEM

Leitura: **Salmo 46:1-3**

... De maneira alguma te deixarei, nunca jamais te abandonarei.

—HEBREUS 13:5

Recentemente, meu marido e eu retomamos contato com um rapaz que conhecêramos ainda criança. Relembramos, com carinho, um programa de Natal quando Mateus cantara — num perfeito soprano de menino — a canção *All Is Well* (Tudo está bem), de Wayne Kirkpatrick e Michael W. Smith. Foi uma maravilhosa memória de uma canção lindamente entoada.

Tudo está bem, tudo está bem; / Erga sua voz e cante.
Já nasceu o Emanuel, / Nasceu nosso Senhor e Salvador.
Cante aleluia, cante aleluia, / tudo está bem (tradução livre).

Ouvir a letra dessa canção no período natalino conforta muitas pessoas. Mas, tantas são incapazes de absorver a mensagem, pois suas vidas estão tumultuadas. Elas sofreram a perda de um ente querido, o desemprego persistente, a doença grave ou depressão que não se cura. Seus corações exclamam: "Não está tudo bem — não para mim!"

Mas, para nós que celebramos o nascimento do Salvador — a despeito da escuridão que possamos sentir na alma —, por causa de Cristo tudo está bem. Não estamos sós em nossa dor. Deus está ao nosso lado e promete não nos deixar (Hebreus 13:5), promete que Sua graça será suficiente (2 Coríntios 12:9) e que suprirá nossas necessidades (Filipenses 4:19). Ele nos promete o extraordinário dom da vida eterna (João 10:27-28).

Ao revermos as promessas de Deus, podemos concordar com o poeta John Greenleaf Whittier, que escreveu: "Diante e detrás, Deus está; e tudo está bem." —CHK

A PAZ DE DEUS TRAZ DESCANSO À CABEÇA QUANDO AS PROMESSAS DE DEUS ACALMAM O CORAÇÃO.

20 de dezembro

SEMPRE EM SERVIÇO

Leitura: **Atos 20:22-32**

Obedecei aos vossos guias e sede submissos para com eles; pois velam por vossa alma, como quem deve prestar contas...

—HEBREUS 13:17

Quando meus filhos estavam jogando fora o lixo descartável na praça de alimentação do shopping center, o mais velho quase foi atropelado por um homem que, claramente, estava em uma missão. O mais novo, fazendo piada, observou: "Talvez ele tenha roubado alguma coisa." Imaginando poder usar esse momento para ensinar, eu disse: "Isso é o que a Bíblia chama julgamento." Então, ele perguntou, com um sorriso: "Por que você está sempre me 'pastoreando'?" Após terminar de rir, disse aos meus filhos que eu nunca poderia tirar férias de pastoreá-los.

O apóstolo Paulo disse aos presbíteros de Éfeso que eles também nunca poderiam tirar férias de pastorear o povo de Deus (Atos 20). Ele estava convencido de que falsos mestres tentariam destruir a igreja (v.29), e que os presbíteros precisavam proteger o grupo contra eles. Cuidar do povo de Deus inclui alimentá-lo espiritualmente, conduzi-lo com mansidão e exortá-lo com firmeza. Os líderes da igreja devem ser motivados pelo incalculável preço que Cristo pagou na cruz (v.28).

Os líderes da igreja têm uma enorme responsabilidade de zelar por nossas almas, pois, um dia, prestarão contas ao Senhor por seu trabalho entre nós. Vamos alegrá-los retribuindo à sua fiel e piedosa liderança com obediência e submissão (Hebreus 13:17). —MLW

APÓS OUVIRMOS A PALAVRA DE DEUS,
DEVEMOS NOS OCUPAR COM A OBRA DE DEUS.

21 de dezembro

LUZ REJEITADA

Leitura: **João 12:35-46**

Eu vim como luz para o mundo, a fim de que todo aquele que crê em mim não permaneça nas trevas. —JOÃO 12:46

Nas primeiras horas do dia 21 de dezembro de 2010, testemunhei na América do Norte um evento cuja última ocorrência tinha sido em 1638 — um eclipse total da lua no solstício de inverno. Lentamente, a sombra da terra deslizou ao longo da brilhante lua cheia, fazendo-a parecer vermelha escura. Foi um evento notável e lindo. Contudo, ele me fez recordar que, embora as trevas físicas façam parte da criação de Deus, as trevas espirituais não o fazem.

Alexander MacLaren, pastor escocês, disse: "A luz rejeitada é a mãe das mais densas trevas, e o homem que, possuindo a luz, não confia nela, acumula em torno de si espessas nuvens de escuridão e trevas." Jesus descreveu esse autoinfligido eclipse espiritual do coração e da mente quando disse: "...Portanto, caso a luz que em ti há sejam trevas, que grandes trevas serão!" (Mateus 6:23).

O grande convite do Natal é para abrirmos nossos corações ao Salvador que veio acabar com as nossas trevas. Jesus disse: "Enquanto tendes a luz, crede na luz, para que vos torneis filhos da luz [...] Eu vim como luz para o mundo, a fim de que todo aquele que crê em mim não permaneça nas trevas" (João 12:36,46).

O caminho para sairmos da nossa noite espiritual é caminhar com Ele na luz. —DCM

QUANDO CAMINHARMOS NA LUZ,
NÃO TROPEÇAREMOS NAS TREVAS.

22 de dezembro

TESOURO ESCONDIDO

Leitura: **Colossenses 1:27; 2:3**

... em quem [Cristo] todos os tesouros da sabedoria e do conhecimento estão ocultos. —COLOSSENSES 2:3

Um caçador de tesouros inglês descobriu uma enorme coleção de moedas romanas enterradas num campo no sudoeste da Inglaterra. Usando um detector de metal, Dave Crisp localizou um grande vaso contendo 52 mil moedas. Essas antigas moedas de prata e de bronze do terceiro século da Era Cristã, pesando mais de 160 quilos, valem aproximadamente cinco milhões de dólares.

Embora o tesouro de Crisp possa fazer-nos sonhar sobre encontrar semelhantes riquezas, nós, como cristãos, devemos empreender um tipo diferente de caça ao tesouro. O que buscamos não consiste em prata e ouro. Ao invés disso, buscamos coletar as pedras preciosas do discernimento, para que possamos atingir a "...forte convicção do entendimento, para compreenderem plenamente o mistério de Deus, Cristo, em quem todos os tesouros da sabedoria e do conhecimento estão ocultos" (Colossenses 2:2-3). Encontramos na Bíblia o tesouro oculto de conhecer o Senhor mais completamente. O salmista disse: "Alegro-me nas tuas promessas, como quem acha grandes despojos" (Salmo 119:162).

Se lermos a Palavra de Deus com pressa ou descuido, perderemos suas profundas revelações. Estas verdades precisam ser buscadas seriamente, com toda a atenção de alguém que procura um tesouro escondido.

Você anseia por encontrar os tesouros escondidos na Escritura? Comece a escavar! —HDF

OS TESOUROS DE VERDADES NA PALAVRA DE DEUS SÃO MAIS BEM MINERADOS COM A PÁ DA MEDITAÇÃO.

O DEUS QUE BUSCA

Leitura: **Gálatas 4:1-7**

... Deus enviou seu Filho, nascido de mulher, [...] para resgatar os que estavam sob a lei... —GÁLATAS 4:4-5

O pastor Tim Keller, da Igreja Presbiteriana Redentor, em Nova Iorque, observa corretamente que o cristianismo é singular, dentre todas as religiões, porque trata de Deus buscando levar-nos a Ele. Em todos os outros sistemas religiosos, as pessoas buscam seu deus, esperando deste a aceitação através de bom comportamento, rituais, boas obras ou outros esforços.

O poeta inglês Francis Thompson captura a profunda natureza dessa realidade quando escreve sobre a incessante busca de Deus em sua vida. Em sua obra *O Cão de Caça do Céu*, ele escreve que, ao fugir de Deus, não conseguia fugir dos "pés fortes que seguiam... sem pressa e imperturbável ritmo". Mas, a incansável busca de Deus pelo desobediente não é apenas uma história de Thompson. No cerne da mensagem de Natal está a maravilhosa verdade de que Deus busca cada um de nós. Como afirma Paulo, "...Deus enviou seu Filho, nascido de mulher, nascido sob a lei, para resgatar os que estavam sob a lei..." (Gálatas 4:4-5).

Não se trata apenas da história do Natal. É a história de Deus buscando Adão e Eva após a queda. Buscando a mim! Buscando você! Onde estaríamos, hoje, se Deus não estivesse ao nosso alcance? —JMS

O DESEJO IMORTAL DE DEUS POR VOCÊ NUNCA CESSARÁ.

24 de dezembro

MORTE DESTRUÍDA!

Leitura: **1 Coríntios 15:50-58**

Onde está, ó morte, a tua vitória? Onde está, ó morte, o teu aguilhão? —1 CORÍNTIOS 15:55

Médicos pesquisadores trabalham incansavelmente para encontrar uma cura para o câncer, uma pista para o mistério da doença de Alzheimer e maneiras de vencer inúmeras outras doenças debilitantes. Mas, e se, ao acordar, você lesse manchetes dizendo Morte Destruída? Você acreditaria? Você conseguiria acreditar?

O Novo Testamento proclama que, para os que creem em Cristo, a morte foi destruída — reduzida à inatividade — incapaz de fazer o que antes fazia. "E, quando este corpo corruptível se revestir de incorruptibilidade, e o que é mortal se revestir de imortalidade, então, se cumprirá a palavra que está escrita: Tragada foi a morte pela vitória" (1 Coríntios 15:54).

Essa boa notícia é para todos os que a receberem — como o anjo disse aos pastores quando Jesus nasceu: "...Não temais; eis aqui vos trago boa-nova de grande alegria, que o será para todo o povo: é que hoje vos nasceu, na cidade de Davi, o Salvador, que é Cristo, o Senhor" (Lucas 2:10-11).

O nascimento de Jesus foi o começo do fim da morte. "O aguilhão da morte é o pecado, e a força do pecado é a lei. Graças a Deus, que nos dá a vitória por intermédio de nosso Senhor Jesus Cristo" (1 Coríntios 15:56-57).

Por esse motivo celebramos o Natal! —DCM

O NASCIMENTO DE CRISTO TROUXE DEUS AO HOMEM;
A CRUZ DE CRISTO LEVA O HOMEM A DEUS.

25 de dezembro

ESTA É A HORA

Leitura: **Lucas 2:8-20**

Glória a Deus nas maiores alturas…

—LUCAS 2:14

Durante a celebração do Natal em nossa igreja, observei os membros do coral reunindo-se à frente da congregação enquanto o maestro vasculhava alguns papéis sobre um fino pedestal preto. Os instrumentos começaram a tocar e os cantores começaram a entoar uma conhecida canção que começa com as palavras "Vem, esta é a hora da adoração."

Embora esperasse ouvir um clássico cântico de Natal, sorri pela escolha de uma música tão adequada. No início daquela semana, eu tinha lido a narração de Lucas sobre o nascimento de Jesus e tinha percebido que o primeiro Natal não tinha nossas festas modernas, presentes e comemorações — mas incluía adoração.

Após o anjo anunciar o nascimento de Jesus a alguns pastores de olhos arregalados, um coral de anjos veio "...louvando a Deus e dizendo: Glória a Deus nas maiores alturas..." (Lucas 2:13-14). Os pastores reagiram correndo até Belém, onde encontraram o Rei recém-nascido deitado numa manjedoura de estábulo. Eles voltaram aos seus campos "...glorificando e louvando a Deus por tudo o que tinham ouvido e visto..." (v.20). Ficar face a face com o Filho inspirou os pastores a adorar o Pai.

Hoje, reflita sobre a sua reação à chegada de Jesus na terra. Existe espaço em seu coração para adoração neste dia que celebra o Seu nascimento? —JBS

O CORAL CELESTIAL DESCEU PARA CANTAR
QUANDO O REI DO CÉU DESCEU PARA SALVAR.

26 de dezembro

ADORAÇÃO ERRADA

Leitura: **Atos 19:23-41**

... há o perigo de a nossa profissão cair em descrédito...

—ATOS 19:27

Se você realmente deseja preocupar as pessoas, ameace a sua economia.

Um mau quadro econômico faz políticos perderem eleições e a ameaça de recessão quase fez o apóstolo Paulo ser expulso de Éfeso.

Eis o que aconteceu. Paulo chegou à cidade e começou a falar ousadamente, "...dissertando e persuadindo com respeito ao reino de Deus" (Atos 19:8). Por mais de dois anos ele pregou o evangelho, e muitos começaram a seguir Jesus.

Devido ao sucesso de Paulo em fazer as pessoas verem que existe apenas um Deus verdadeiro, muitos efésios deixaram de adorar a deusa Diana. Isso foi má notícia para os prateiros, que ganhavam a vida criando e vendendo estatuetas de Diana. Se um número suficiente de pessoas deixasse de crer nela, eles iriam à falência. Quando os artesãos perceberam isso, houve alvoroço e tumulto.

Este incidente de Éfeso pode lembrar-nos de avaliar nossos motivos em adorar a Deus. Os prateiros queriam proteger sua adoração como uma maneira de proteger sua prosperidade. Que isso nunca possa ser dito de nós! Jamais permita que sua adoração a Deus torne-se uma avenida para a boa fortuna.

Nós adoramos a Deus pelo Seu amor por nós e por quem Ele é, não porque o fato de amá-lo possa nos ajudar em nossos momentos de dificuldade. Adoremos a Deus da maneira correta. —JDB

NÃO ADORE A DEUS PARA OBTER SEUS BENEFÍCIOS — VOCÊ JÁ OS TEM.

27 de dezembro

ESPERA CHEIA DE GRAÇA

Leitura: **2 Coríntios 4:7-18**

... não desanimamos...

—2 CORÍNTIOS 4:16

Rogério perdeu seu emprego quando houve cortes na empresa em que trabalhava. Por meses, procurou e candidatou-se às vagas de empregos, orou, pediu orações a outros, e confiou em Deus. Contudo, as emoções de Rogério e de sua esposa flutuavam. Eles viam Deus provê-los de maneiras inesperadas e vivenciavam Sua graça, mas, às vezes, temiam que um emprego nunca viesse. Durante 15 longos meses, esperaram.

Rogério fez três entrevistas numa empresa e, na semana seguinte, a agência de empregos ligou e disse: "Conhece o ditado: 'Após a tempestade vem a bonança'? Bem, o emprego é seu!" Tempos mais tarde, a esposa me disse: "não trocaríamos essa difícil experiência por nada, pois nos aproximou um do outro e do Senhor". Os amigos que oraram, rejubilaram e agradeceram a Deus.

Paulo queria que a igreja de Corinto visse a graça de Deus operando em sua vida, o que poderia tornar "...abundantes as ações de graças [...] para glória de Deus" (2 Coríntios 4:15). Suas provações foram tão grandes que ele disse: "Em tudo somos atribulados [...] perplexos [...] perseguidos [...] abatidos..." (vv.8-9). Mesmo assim, ele encorajou as pessoas a não desanimarem diante das tribulações (v.16), mas a confiarem em Deus. As nossas dificuldades podem nos aproximar de Deus e dos outros, como aconteceu com Rogério e esposa, e o louvor será dado ao Senhor por Sua graça. —AMC

O MELHOR MOMENTO PARA LOUVAR A DEUS
É SEMPRE O AGORA.

28 de dezembro

ESCOLHAS E CONSEQUÊNCIAS

Leitura: **Gálatas 6:1-10**

Não vos enganeis: de Deus não se zomba; pois aquilo que o homem semear, isso também ceifará. —GÁLATAS 6:7

A devastação de gerações de homens, mulheres e crianças escravizadas é lembrada no Museu Internacional da Escravatura, na Inglaterra. O preço que pessoas inocentes pagaram pela ganância de outras é horrível — mas esse não foi o único custo. Em uma parede do museu, o ex-escravo e defensor de direitos humanos Frederick Douglass entalhou uma observação muito profunda; "Nenhum homem pode colocar uma corrente no tornozelo do seu próximo sem, finalmente, descobrir a outra extremidade amarrada ao seu próprio pescoço." No ato de desumanizar os outros, desumanizamo-nos a nós mesmos.

O apóstolo Paulo expressou isso de outra maneira, ao escrever: "Não vos enganeis: de Deus não se zomba; pois aquilo que o homem semear, isso também ceifará" (Gálatas 6:7). As palavras de Paulo constituem um forte lembrete, para nós, de que as nossas escolhas têm consequências — e isso inclui a maneira como escolhemos tratar os outros. Quando escolhemos odiar, esse ódio pode retornar a nós na forma de consequências para as quais nunca conseguimos nos preparar totalmente. Podemos nos encontrar alienados dos outros, irritados com nós mesmos e cerceados em nossa capacidade de servir a Cristo de maneira eficaz.

Em vez disso, "...não nos cansemos de fazer o bem, porque a seu tempo ceifaremos [...] enquanto tivermos oportunidade, façamos o bem a todos..." (vv.9-10). —WEC

AS SEMENTES QUE PLANTAMOS HOJE DETERMINAM O TIPO DE FRUTO QUE COLHEREMOS AMANHÃ.

29 de dezembro

TODAVIA, EU ME ALEGRO

Leitura: **Habacuque 3:11-19**

... todavia, eu me alegro no SENHOR*, exulto no Deus da minha salvação.* —HABACUQUE 3:18

A vida em nosso mundo pode ser difícil. Em algum momento, a maioria de nós imaginou: "Onde Deus está quando estou em tribulação?" E podemos ter pensado: "Parece que a injustiça está vencendo e Deus está silente." Podemos escolher como reagir às nossas tribulações. O profeta Habacuque teve uma atitude digna de ser seguida: Ele escolheu exultar.

Habacuque viu o rápido aumento das falhas morais e espirituais de Judá e ficou profundamente perturbado. Mas, a resposta de Deus lhe trouxe ainda mais tribulação. Deus usaria a perversa nação da Babilônia para punir Judá. Habacuque não compreendeu isso totalmente, mas pôde regozijar-se porque aprendera a confiar na sabedoria, justiça e soberania de Deus. Ele concluiu seu livro com uma maravilhosa afirmação: "...todavia, eu me alegro no SENHOR, exulto no Deus da minha salvação" (3:18). Embora não tenha ficado claro como Judá sobreviveria, o profeta Habacuque aprendera a confiar em Deus em meio à injustiça, sofrimento e perda. Ele viveria somente por sua fé em Deus. Com esse tipo de fé, veio a alegria em Deus, a despeito das circunstâncias ao seu redor.

Nós também podemos exultar em nossas provações, ter firme confiança em Deus e viver nas altitudes da Sua soberania. —MLW

LOUVAR A DEUS EM NOSSAS TRIBULAÇÕES TRANSFORMA FARDOS EM BÊNÇÃOS.

30 de dezembro

FAZENDO A SUA PARTE

Leitura: **Romanos 12:1-8**

Porque assim como num só corpo temos muitos membros, mas nem todos os membros têm a mesma função. —ROMANOS 12:4

Há vários anos, minha filha Rosie é diretora de artes dramáticas numa escola local de ensino médio. Os alunos comparecem ao teste e alguns são selecionados para os papéis principais. Mas, existem muitos outros papéis coadjuvantes importantes que precisam ser desempenhados — papéis vitais para a produção.

Existem outras pessoas jovens que querem fazer parte do espetáculo, mas não gostam de estar na linha de frente. São as pessoas que trocarão os cenários, abrirão e fecharão as cortinas, cuidarão da iluminação e ajudarão na maquiagem e na troca dos figurinos. Depois, existem os pais na comunidade, que fornecem pizza e biscoitos para os ensaios, doam mercadorias, constroem cenários, costuram os trajes, fazem cartazes e distribuem o programa do espetáculo.

O sucesso das atuações é o auge de um intenso processo que dura quatro ou cinco meses, e que depende do trabalho duro de uma gama de dedicados voluntários.

De igual maneira, para que o corpo de Cristo seja totalmente funcional, cada um de nós precisa desempenhar um papel. Cada cristão é singularmente dotado para servir. Quando esses dons são parte de um todo que inclui a colaboração "...a justa cooperação de cada parte..." (Efésios 4:16) as partes em separado constituem esse todo (Romanos 12:5).

Precisamos uns dos outros. Qual papel você está desempenhando na vida da igreja? —CHK

PARA A IGREJA SER SAUDÁVEL, SEUS MEMBROS DEVEM EXERCITAR SEUS DONS ESPIRITUAIS.

31 de dezembro

REFLEXÕES ESPIRITUAIS

Leitura: **Salmo 40:1-5**

Tirou-me de um poço de perdição [...] colocou-me os pés sobre uma rocha... —SALMO 40:2

Não muito tempo atrás, ultrapassei o marco de 20 anos desde que comecei a manter um diário espiritual. Ao reler meus primeiros registros, fiquei maravilhado por tê-lo continuado. Mas, agora, você não poderia pagar-me para parar!

Esses são alguns benefícios que recebi por registrar minhas experiências: Com base nas experiências da vida, vejo que o progresso e o fracasso fazem parte da jornada. Sou lembrado da graça de Deus quando leio como Ele me ajudou a encontrar uma solução para um grande problema. Obtenho discernimento a partir de tribulações passadas que me ajudam nos problemas que enfrento atualmente. E, mais importante, registrá-las mostra-me como Deus tem operado fielmente em minha vida.

Muitos salmos são parecidos com um diário espiritual. Frequentemente, eles trazem à memória a ajuda de Deus em momentos de provação. No Salmo 40, Davi escreve: "Esperei confiantemente pelo SENHOR; ele se inclinou para mim e me ouviu quando clamei por socorro. Tirou-me de um poço de perdição, de um tremedal de lama; colocou-me os pés sobre uma rocha e me firmou os passos" (vv.1-2). Mais tarde, Davi só precisava ler esse salmo para lembrar-se do fiel livramento de Deus.

Registrar suas experiências pode ser útil para você também. Pode lhe ajudar a ver melhor os ensinamentos de Deus na jornada da vida e permitir que você reflita sobre a Sua fidelidade. —HDF

REFLETIR SOBRE A FIDELIDADE DE DEUS NO PASSADO TRAZ ESPERANÇA PARA O FUTURO.

A BÍBLIA EM UM ANO

JANEIRO
❒ 1 Gênesis 1–3; Mateus 1
❒ 2 Gênesis 4–6; Mateus 2
❒ 3 Gênesis 7–9; Mateus 3
❒ 4 Gênesis 10–12; Mateus 4
❒ 5 Gênesis 13–15; Mateus 5:1-26
❒ 6 Gênesis 16–17; Mateus 5:27-48
❒ 7 Gênesis 18–19; Mateus 6:1-18
❒ 8 Gênesis 20–22; Mateus 6:19-34
❒ 9 Gênesis 23–24; Mateus 7
❒ 10 Gênesis 25–26; Mateus 8:1-17
❒ 11 Gênesis 27–28; Mateus 8:18-34
❒ 12 Gênesis 29–30; Mateus 9:1-17
❒ 13 Gênesis 31–32; Mateus 9:18-38
❒ 14 Gênesis 33–35; Mateus 10:1-20
❒ 15 Gênesis 36–38; Mateus 10:21-42
❒ 16 Gênesis 39–40; Mateus 11
❒ 17 Gênesis 41–42; Mateus 12:1-23
❒ 18 Gênesis 43–45; Mateus 12:24-50
❒ 19 Gênesis 46–48; Mateus 13:1-30
❒ 20 Gênesis 49–50; Mateus 13:31-58
❒ 21 Êxodo 1–3; Mateus 14:1-21
❒ 22 Êxodo 4–6; Mateus 14:22-36
❒ 23 Êxodo 7–8; Mateus 15:1-20
❒ 24 Êxodo 9–11; Mateus 15:21-39
❒ 25 Êxodo 12–13; Mateus 16
❒ 26 Êxodo 14–15; Mateus 17
❒ 27 Êxodo 16–18; Mateus 18:1-20
❒ 28 Êxodo 19–20; Mateus 18:21-35
❒ 29 Êxodo 21–22; Mateus 19
❒ 30 Êxodo 23–24; Mateus 20:1-16
❒ 31 Êxodo 25–26; Mateus 20:17-34

FEVEREIRO
❒ 1 Êxodo 27–28; Mateus 21:1-22
❒ 2 Êxodo 29–30; Mateus 21:23-46
❒ 3 Êxodo 31–33; Mateus 22:1-22
❒ 4 Êxodo 34–35; Mateus 22:23-46
❒ 5 Êxodo 36–38; Mateus 23:1-22
❒ 6 Êxodo 39–40; Mateus 23:23-39
❒ 7 Levítico 1–3; Mateus 24:1-28
❒ 8 Levítico 4–5; Mateus 24:29-51
❒ 9 Levítico 6–7; Mateus 25:1-30
❒ 10 Levítico 8–10; Mateus 25:31-46
❒ 11 Levítico 11–12; Mateus 26:1-25
❒ 12 Levítico 13; Mateus 26:26-50
❒ 13 Levítico 14; Mateus 26:51-75
❒ 14 Levítico 15–16; Mateus 27:1-26
❒ 15 Levítico 17–18; Mateus 27:27-50
❒ 16 Levítico 19–20; Mateus 27:51-66
❒ 17 Levítico 21–22; Mateus 28
❒ 18 Levítico 23–24; Marcos 1:1-22
❒ 19 Levítico 25; Marcos 1:23-45
❒ 20 Levítico 26–27; Marcos 2
❒ 21 Números 1–3; Marcos 3
❒ 22 Números 4–6; Marcos 4:1-20
❒ 23 Números 7–8; Marcos 4:21-41
❒ 24 Números 9–11; Marcos 5:1-20
❒ 25 Números 12–14; Marcos 5:21-43
❒ 26 Números 15–16; Marcos 6:1-29
❒ 27 Números 17–19; Marcos 6:30-56
❒ 28 Números 20–22; Marcos 7:1-13

MARÇO
❒ 1 Números 23–25; Marcos 7:14-37
❒ 2 Números 26–27; Marcos 8:1-21
❒ 3 Números 28–30; Marcos 8:22-38
❒ 4 Números 31–33; Marcos 9:1-29
❒ 5 Números 34–36; Marcos 9:30-50
❒ 6 Deuteronômio 1–2; Marcos 10:1-31
❒ 7 Deuteronômio 3–4; Marcos 10:32-52
❒ 8 Deuteronômio 5–7; Marcos 11:1-18
❒ 9 Deuteronômio 8–10; Marcos 11:19-33
❒ 10 Deuteronômio 11–13; Marcos 12:1-27
❒ 11 Deuteronômio 14–16; Marcos 12:28-44
❒ 12 Deuteronômio 17–19; Marcos 13:1-20
❒ 13 Deuteronômio 20–22; Marcos 13:21-37
❒ 14 Deuteronômio 23–25; Marcos 14:1-26
❒ 15 Deuteronômio 26–27; Marcos 14:27-53
❒ 16 Deuteronômio 28–29; Marcos 14:54-72
❒ 17 Deuteronômio 30–31; Marcos 15:1-25
❒ 18 Deuteronômio 32–34; Marcos 15:26-47
❒ 19 Josué 1–3; Marcos 16
❒ 20 Josué 4–6; Lucas 1:1-20
❒ 21 Josué 7–9; Lucas 1:21-38
❒ 22 Josué 10–12; Lucas 1:39-56
❒ 23 Josué 13–15; Lucas 1:57-80
❒ 24 Josué 16–18; Lucas 2:1-24
❒ 25 Josué 19–21; Lucas 2:25-52
❒ 26 Josué 22–24; Lucas 3
❒ 27 Juízes 1–3; Lucas 4:1-30
❒ 28 Juízes 4–6; Lucas 4:31-44
❒ 29 Juízes 7–8; Lucas 5:1-16
❒ 30 Juízes 9–10; Lucas 5:17-39
❒ 31 Juízes 11–12; Lucas 6:1-26

A BÍBLIA EM UM ANO

ABRIL
- ❒ 1 Juízes 13–15; Lucas 6:27-49
- ❒ 2 Juízes 16–18; Lucas 7:1-30
- ❒ 3 Juízes 19–21; Lucas 7:31-50
- ❒ 4 Rute 1–4; Lucas 8:1-25
- ❒ 5 1 Samuel 1–3; Lucas 8:26-56
- ❒ 6 1 Samuel 4–6; Lucas 9:1-17
- ❒ 7 1 Samuel 7–9; Lucas 9:18-36
- ❒ 8 1 Samuel 10–12; Lucas 9:37-62
- ❒ 9 1 Samuel 13–14; Lucas 10:1-24
- ❒ 10 1 Samuel 15–16; Lucas 10:25-42
- ❒ 11 1 Samuel 17–18; Lucas 11:1-28
- ❒ 12 1 Samuel 19–21; Lucas 11:29-54
- ❒ 13 1 Samuel 22–24; Lucas 12:1-31
- ❒ 14 1 Samuel 25–26; Lucas 12:32–59
- ❒ 15 1 Samuel 27–29; Lucas 13:1-22
- ❒ 16 1 Samuel 30–31; Lucas 13:23-35
- ❒ 17 2 Samuel 1–2; Lucas 14:1-24
- ❒ 18 2 Samuel 3–5; Lucas 14:25-35
- ❒ 19 2 Samuel 6–8; Lucas 15:1-10
- ❒ 20 2 Samuel 9–11; Lucas 15:11-32
- ❒ 21 2 Samuel 12–13; Lucas 16
- ❒ 22 2 Samuel 14–15; Lucas 17:1-19
- ❒ 23 2 Samuel 16–18; Lucas 17:20-37
- ❒ 24 2 Samuel 19–20; Lucas 18:1-23
- ❒ 25 2 Samuel 21–22; Lucas 18:24-43
- ❒ 26 2 Samuel 23–24; Lucas 19:1-27
- ❒ 27 1 Reis 1–2; Lucas 19:28-48
- ❒ 28 1 Reis 3–5; Lucas 20:1-26
- ❒ 29 1 Reis 6–7; Lucas 20:27-47
- ❒ 30 1 Reis 8–9; Lucas 21:1-19

MAIO
- ❒ 1 1 Reis 10–11; Lucas 21:20-38
- ❒ 2 1 Reis 12–13; Lucas 22:1-20
- ❒ 3 1 Reis 14–15; Lucas 22:21-46
- ❒ 4 1 Reis 16–18; Lucas 22:47-71
- ❒ 5 1 Reis 19–20; Lucas 23:1-25
- ❒ 6 1 Reis 21–22; Lucas 23:26-56
- ❒ 7 2 Reis 1–3; Lucas 24:1-35
- ❒ 8 2 Reis 4–6; Lucas 24:36-53
- ❒ 9 2 Reis 7–9; João 1:1-28
- ❒ 10 2 Reis 10–12; João 1:29-51
- ❒ 11 2 Reis 13–14; João 2
- ❒ 12 2 Reis 15–16; João 3:1-18
- ❒ 13 2 Reis 17–18; João 3:19-36
- ❒ 14 2 Reis 19–21; João 4:1-30
- ❒ 15 2 Reis 22–23; João 4:31-54
- ❒ 16 2 Reis 24–25; João 5:1-24
- ❒ 17 1 Crônicas 1–3; João 5:25-47
- ❒ 18 1 Crônicas 4–6; João 6:1-21
- ❒ 19 1 Crônicas 7–9; João 6:22-44
- ❒ 20 1 Crônicas 10–12; João 6:45-71
- ❒ 21 1 Crônicas 13–15; João 7:1-27
- ❒ 22 1 Crônicas 16–18; João 7:28-53
- ❒ 23 1 Crônicas 19–21; João 8:1-27
- ❒ 24 1 Crônicas 22–24; João 8:28-59
- ❒ 25 1 Crônicas 25–27; João 9:1-23
- ❒ 26 1 Crônicas 28–29; João 9:24-41
- ❒ 27 2 Crônicas 1–3; João 10:1-23
- ❒ 28 2 Crônicas 4–6; João 10:24-42
- ❒ 29 2 Crônicas 7–9; João 11:1-29
- ❒ 30 2 Crônicas 10–12; João 11:30-57
- ❒ 31 2 Crônicas 13–14; João 12:1-26

JUNHO
- ❒ 1 2 Crônicas 15–16; João 12:27-50
- ❒ 2 2 Crônicas 17–18; João 13:1-20
- ❒ 3 2 Crônicas 19–20; João 13:21-38
- ❒ 4 2 Crônicas 21–22; João 14
- ❒ 5 2 Crônicas 23–24; João 15
- ❒ 6 2 Crônicas 25–27; João 16
- ❒ 7 2 Crônicas 28–29; João 17
- ❒ 8 2 Crônicas 30–31; João 18:1-18
- ❒ 9 2 Crônicas 32–33; João 18:19-40
- ❒ 10 2 Crônicas 34–36; João 19:1-22
- ❒ 11 Esdras 1–2; João 19:23-42
- ❒ 12 Esdras 3–5; João 20
- ❒ 13 Esdras 6–8; João 21
- ❒ 14 Esdras 9–10; Atos 1
- ❒ 15 Neemias 1–3; Atos 2:1-21
- ❒ 16 Neemias 4–6; Atos 2:22-47
- ❒ 17 Neemias 7–9; Atos 3
- ❒ 18 Neemias 10–11; Atos 4:1-22
- ❒ 19 Neemias 12–13; Atos 4:23-37
- ❒ 20 Ester 1–2; Atos 5:1-21
- ❒ 21 Ester 3–5; Atos 5:22-42
- ❒ 22 Ester 6–8; Atos 6
- ❒ 23 Ester 9–10; Atos 7:1-21
- ❒ 24 Jó 1–2; Atos 7:22-43
- ❒ 25 Jó 3–4; Atos 7:44-60
- ❒ 26 Jó 5–7; Atos 8:1-25
- ❒ 27 Jó 8–10; Atos 8:26-40
- ❒ 28 Jó 11–13; Atos 9:1-21
- ❒ 29 Jó 14–16; Atos 9:22-43
- ❒ 30 Jó 17–19; Atos 10:1-23

A BÍBLIA EM UM ANO

JULHO

❒ 1 Jó 20–21; Atos 10:24-48
❒ 2 Jó 22–24; Atos 11
❒ 3 Jó 25–27; Atos 12
❒ 4 Jó 28–29; Atos 13:1-25
❒ 5 Jó 30–31; Atos 13:26-52
❒ 6 Jó 32–33; Atos 14
❒ 7 Jó 34–35; Atos 15:1-21
❒ 8 Jó 36–37; Atos 15:22-41
❒ 9 Jó 38–40; Atos 16:1-21
❒ 10 Jó 41–42; Atos 16:22-40
❒ 11 Salmos 1–3; Atos 17:1-15
❒ 12 Salmos 4–6; Atos 17:16-34
❒ 13 Salmos 7–9; Atos 18
❒ 14 Salmos 10–12; Atos 19:1-20
❒ 15 Salmos 13–15; Atos 19:21-41
❒ 16 Salmos 16–17; Atos 20:1-16
❒ 17 Salmos 18–19; Atos 20:17-38
❒ 18 Salmos 20–22; Atos 21:1-17
❒ 19 Salmos 23–25; Atos 21:18-40
❒ 20 Salmos 26–28; Atos 22
❒ 21 Salmos 29–30; Atos 23:1-15
❒ 22 Salmos 31–32; Atos 23:16-35
❒ 23 Salmos 33–34; Atos 24
❒ 24 Salmos 35–36; Atos 25
❒ 25 Salmos 37–39; Atos 26
❒ 26 Salmos 40–42; Atos 27:1-26
❒ 27 Salmos 43–45; Atos 27:27-44
❒ 28 Salmos 46–48; Atos 28
❒ 29 Salmos 49–50; Romanos 1
❒ 30 Salmos 51–53; Romanos 2
❒ 31 Salmos 54–56; Romanos 3

AGOSTO

❒ 1 Salmos 57–59; Romanos 4
❒ 2 Salmos 60–62; Romanos 5
❒ 3 Salmos 63–65; Romanos 6
❒ 4 Salmos 66–67; Romanos 7
❒ 5 Salmos 68–69; Romanos 8:1-21
❒ 6 Salmos 70–71; Romanos 8:22-39
❒ 7 Salmos 72–73; Romanos 9:1-15
❒ 8 Salmos 74–76; Romanos 9:16-33
❒ 9 Salmos 77–78; Romanos 10
❒ 10 Salmos 79–80; Romanos 11:1-18
❒ 11 Salmos 81–83; Romanos 11:19-36
❒ 12 Salmos 84–86; Romanos 12
❒ 13 Salmos 87–88; Romanos 13
❒ 14 Salmos 89–90; Romanos 14
❒ 15 Salmos 91–93; Romanos 15:1-13
❒ 16 Salmos 94–96; Romanos 15:14-33
❒ 17 Salmos 97–99; Romanos 16
❒ 18 Salmos 100–102; 1 Coríntios 1
❒ 19 Salmos 103–104; 1 Coríntios 2
❒ 20 Salmos 105–106; 1 Coríntios 3
❒ 21 Salmos 107–109; 1 Coríntios 4
❒ 22 Salmos 110–112; 1 Coríntios 5
❒ 23 Salmos 113–115; 1 Coríntios 6
❒ 24 Salmos 116–118; 1 Coríntios 7:1-19
❒ 25 Salmos 119:1-88; 1 Coríntios 7:20-40
❒ 26 Salmos 119:89-176; 1 Coríntios 8
❒ 27 Salmos 120–122; 1 Coríntios 9
❒ 28 Salmos 123–125; 1 Coríntios 10:1-18
❒ 29 Salmos 126–128; 1 Coríntios 10:19-33
❒ 30 Salmos 129–131; 1 Coríntios 11:1-16
❒ 31 Salmos 132–134; 1 Coríntios 11:17-34

SETEMBRO

❒ 1 Salmos 135–136; 1 Coríntios 12
❒ 2 Salmos 137–139; 1 Coríntios 13
❒ 3 Salmos 140–142; 1 Coríntios 14:1-20
❒ 4 Salmos 143–145; 1 Coríntios 14:21-40
❒ 5 Salmos 146–147; 1 Coríntios 15:1-28
❒ 6 Salmos 148–150; 1 Coríntios 15:29-58
❒ 7 Provérbios 1–2; 1 Coríntios 16
❒ 8 Provérbios 3–5; 2 Coríntios 1
❒ 9 Provérbios 6–7; 2 Coríntios 2
❒ 10 Provérbios 8–9; 2 Coríntios 3
❒ 11 Provérbios 10–12; 2 Coríntios 4
❒ 12 Provérbios 13–15; 2 Coríntios 5
❒ 13 Provérbios 16–18; 2 Coríntios 6
❒ 14 Provérbios 19–21; 2 Coríntios 7
❒ 15 Provérbios 22–24; 2 Coríntios 8
❒ 16 Provérbios 25–26; 2 Coríntios 9
❒ 17 Provérbios 27–29; 2 Coríntios 10
❒ 18 Provérbios 30–31; 2 Coríntios 11:1-15
❒ 19 Eclesiastes 1–3; 2 Coríntios 11:16-33
❒ 20 Eclesiastes 4–6; 2 Coríntios 12
❒ 21 Eclesiastes 7–9; 2 Coríntios 13
❒ 22 Eclesiastes 10–12; Gálatas 1
❒ 23 Cânticos 1–3; Gálatas 2
❒ 24 Cânticos 4–5; Gálatas 3
❒ 25 Cânticos 6–8; Gálatas 4
❒ 26 Isaías 1–2; Gálatas 5
❒ 27 Isaías 3–4; Gálatas 6
❒ 28 Isaías 5–6; Efésios 1
❒ 29 Isaías 7–8; Efésios 2
❒ 30 Isaías 9–10; Efésios 3

A BÍBLIA EM UM ANO

OUTUBRO
❑ 1 Isaías 11–13; Efésios 4
❑ 2 Isaías 14–16; Efésios 5:1-16
❑ 3 Isaías 17–19; Efésios 5:17-33
❑ 4 Isaías 20–22; Efésios 6
❑ 5 Isaías 23–25; Filipenses 1
❑ 6 Isaías 26–27; Filipenses 2
❑ 7 Isaías 28–29; Filipenses 3
❑ 8 Isaías 30–31; Filipenses 4
❑ 9 Isaías 32–33; Colossenses 1
❑ 10 Isaías 34–36; Colossenses 2
❑ 11 Isaías 37–38; Colossenses 3
❑ 12 Isaías 39–40; Colossenses 4
❑ 13 Isaías 41–42; 1 Tessalonicenses 1
❑ 14 Isaías 43–44; 1 Tessalonicenses 2
❑ 15 Isaías 45–46; 1 Tessalonicenses 3
❑ 16 Isaías 47–49; 1 Tessalonicenses 4
❑ 17 Isaías 50–52; 1 Tessalonicenses 5
❑ 18 Isaías 53–55; 2 Tessalonicenses 1
❑ 19 Isaías 56–58; 2 Tessalonicenses 2
❑ 20 Isaías 59–61; 2 Tessalonicenses 3
❑ 21 Isaías 62–64; 1 Timóteo 1
❑ 22 Isaías 65–66; 1 Timóteo 2
❑ 23 Jeremias 1–2; 1 Timóteo 3
❑ 24 Jeremias 3–5; 1 Timóteo 4
❑ 25 Jeremias 6–8; 1 Timóteo 5
❑ 26 Jeremias 9–11; 1 Timóteo 6
❑ 27 Jeremias 12–14; 2 Timóteo 1
❑ 28 Jeremias 15–17; 2 Timóteo 2
❑ 29 Jeremias 18–19; 2 Timóteo 3
❑ 30 Jeremias 20–21; 2 Timóteo 4
❑ 31 Jeremias 22–23; Tito 1

NOVEMBRO
❑ 1 Jeremias 24–26; Tito 2
❑ 2 Jeremias 27–29; Tito 3
❑ 3 Jeremias 30–31; Filemon
❑ 4 Jeremias 32–33; Hebreus 1
❑ 5 Jeremias 34–36; Hebreus 2
❑ 6 Jeremias 37–39; Hebreus 3
❑ 7 Jeremias 40–42; Hebreus 4
❑ 8 Jeremias 43–45; Hebreus 5
❑ 9 Jeremias 46–47; Hebreus 6
❑ 10 Jeremias 48–49; Hebreus 7
❑ 11 Jeremias 50; Hebreus 8
❑ 12 Jeremias 51–52; Hebreus 9
❑ 13 Lamentações 1–2; Hebreus 10:1-18
❑ 14 Lamentações 3–5; Hebreus 10:19-39
❑ 15 Ezequiel 1–2; Hebreus 11:1-19
❑ 16 Ezequiel 3–4; Hebreus 11:20-40
❑ 17 Ezequiel 5–7; Hebreus 12
❑ 18 Ezequiel 8–10; Hebreus 13
❑ 19 Ezequiel 11–13; Tiago 1
❑ 20 Ezequiel 14–15; Tiago 2
❑ 21 Ezequiel 16–17; Tiago 3
❑ 22 Ezequiel 18–19; Tiago 4
❑ 23 Ezequiel 20–21; Tiago 5
❑ 24 Ezequiel 22–23; 1 Pedro 1
❑ 25 Ezequiel 24–26; 1 Pedro 2
❑ 26 Ezequiel 27–29; 1 Pedro 3
❑ 27 Ezequiel 30–32; 1 Pedro 4
❑ 28 Ezequiel 33–34; 1 Pedro 5
❑ 29 Ezequiel 35–36; 2 Pedro 1
❑ 30 Ezequiel 37–39; 2 Pedro 2

DEZEMBRO
❑ 1 Ezequiel 40–41; 2 Pedro 3
❑ 2 Ezequiel 42–44; 1 João 1
❑ 3 Ezequiel 45–46; 1 João 2
❑ 4 Ezequiel 47–48; 1 João 3
❑ 5 Daniel 1–2; 1 João 4
❑ 6 Daniel 3–4; 1 João 5
❑ 7 Daniel 5–7; 2 João
❑ 8 Daniel 8–10; 3 João
❑ 9 Daniel 11–12; Judas
❑ 10 Oseias 1–4; Apocalipse 1
❑ 11 Oseias 5–8; Apocalipse 2
❑ 12 Oseias 9–11; Apocalipse 3
❑ 13 Oseias 12–14; Apocalipse 4
❑ 14 Joel 1–3; Apocalipse 5
❑ 15 Amós 1–3; Apocalipse 6
❑ 16 Amós 4–6; Apocalipse 7
❑ 17 Amós 7–9; Apocalipse 8
❑ 18 Obadias 1; Apocalipse 9
❑ 19 Jonas 1–4; Apocalipse 10
❑ 20 Miqueias 1–3; Apocalipse 11
❑ 21 Miqueias 4–5; Apocalipse 12
❑ 22 Miqueias 6–7; Apocalipse 13
❑ 23 Naum 1–3; Apocalipse 14
❑ 24 Habacuque 1–3; Apocalipse 15
❑ 25 Sofonias 1–3; Apocalipse 16
❑ 26 Ageu1–2; Apocalipse 17
❑ 27 Zacarias 1–4; Apocalipse 18
❑ 28 Zacarias 5–8; Apocalipse 19
❑ 29 Zacarias 9–12; Apocalipse 20
❑ 30 Zacarias 13–14; Apocalipse 21
❑ 31 Malaquias 1–4; Apocalipse 22

ÍNDICE TEMÁTICO

ÍNDICE TEMÁTICO

ÍNDICE TEMÁTICO

CK438

ISBN 978-1-60485-559-3

9 781604 855593

Religião / Vida cristã / Devocional